白宇飞
郭雨鑫
杨心仪
著

谈冰论雪一百年

Encyclopedia
of Centennial
Winter Olympics

(京) 生活·讀書·新知 三联书店

Copyright © 2024 by SDX Joint Publishing Company.
All Rights Reserved.
本作品版权由生活·读书·新知三联书店所有。
未经许可，不得翻印。

图书在版编目（CIP）数据

谈冰论雪一百年/白宇飞，郭雨鑫，杨心仪著. —
北京：生活·读书·新知三联书店，2023.3（2024.1重印）
ISBN 978 – 7 – 108 – 07602 – 1

Ⅰ. ①谈… Ⅱ. ①白…②郭…③杨… Ⅲ. ①冬季奥运会—通俗读物 Ⅳ. ①G811.212 – 49

中国国家版本馆 CIP 数据核字（2023）第 008885 号

责任编辑　王婧娅
装帧设计　崔欣晔
责任印制　洪江龙
出版发行　生活·讀書·新知 三联书店
　　　　　（北京市东城区美术馆东街 22 号）
邮　　编　100010
印　　刷　上海丽佳制版印刷有限公司
版　　次　2023 年 3 月第 1 版
　　　　　2024 年 1 月第 2 次印刷
开　　本　880 毫米×1230 毫米　1/32　印张　11.125
字　　数　284 千字
定　　价　75.00 元

前 言

1924年1月25日，由现代奥林匹克之父顾拜旦亲力推动的"国际冬季运动周"在阿尔卑斯山勃朗峰脚下的法国小镇夏蒙尼盛大开幕，来自欧美16个国家的逾200名运动员参加了16个小项的比赛。无论从参赛国家和运动员的数量、赛事组织的规范性，还是比赛的精彩程度来看，彼时的"国际冬季运动周"都堪称"无与伦比"。

夏蒙尼"国际冬季运动周"的空前成功让国际奥委会对发展冬季奥林匹克运动信心倍增，并于不久后将"国际冬季运动周"更名为"第一届冬季奥林匹克运动会"，波澜壮阔的人类百年冬奥征程就此开启。

2022年2月4日，第二十四届冬奥会于中国首都北京隆重开幕，历时19天，共有91个国家和地区的近3000名运动员参加了109个小项的比赛，全球转播观众人数创纪录地突破 20 亿,与夏蒙尼遥相呼应的又一个"无与伦比"再次惊艳世界。

如今,时间的指针即将拨至 2023 年。在冬季奥林匹克运动会第一百年和北京冬奥会一周年两个重要时间交汇点马上到来之际,我们这本策划许久的《谈冰论雪一百年》也终于收官完稿。

全书分为四篇,共计 70 章。第一篇聚焦赛会,在对从夏蒙尼到北京的 24 届冬奥会进行全景扫描和精彩回顾的同时,也对将于 2026 年举行的米兰-科尔蒂纳丹佩佐冬奥会进行了展望;第二篇侧重项目,趣味描绘了包括花样滑冰、速度滑冰、短道速滑、冰球、冰壶、雪车、雪橇、钢架雪车、越野滑雪、跳台滑雪、北欧两项、冬季两项、高山滑雪、自由式滑雪、单板滑雪在内的冬奥会 15 个分项的前世今生和独特魅力;第三篇以国家分述,囊括了法国、瑞士、挪威、美国、加拿大等历届冬奥会的举办国,也选取了最具代表性的因各种原因而与冬奥会举办权擦肩而过的如瑞典、芬兰等冰雪强国,对每个国家的冰雪资源、冬奥表现、优势项目等进行专门分析;第四篇选取人物,每章讲述一位冰雪明星的成长故事,如彪炳史册的"双奥"冠军艾迪·伊根、坐拥 15 枚冬奥奖牌的越野滑雪皇后玛丽特·比约根、钢架雪车无冕之王马丁斯·杜库尔斯、单板滑雪巨星肖恩·怀特、励志电影《飞鹰艾迪》的原型迈克尔·爱德华兹等。

一百年来,冰雪运动逐渐从小众走向普及,获得大发展;冰雪赛事日益从欧美扩至全球,实现大跨越;冰雪健儿不断挑战极限、创造奇迹,取得大成就。《谈冰论雪一百年》谈的即是百年冬奥的精彩与辉煌,论的恰是冰雪百年的光荣与梦想!

历史长河滚滚向前,一百年起步正当时!

目录

赛会篇

冬季奥林匹克运动在此起航
——1924年夏蒙尼冬奥会 / 3

"名正言顺"的冬奥会
——1928年圣莫里茨冬奥会 / 8

经济大萧条下的小镇冬奥会
——1932年普莱西德湖冬奥会 / 13

冬夏"同国"就此完结
——1936年加米施-帕滕基兴冬奥会 / 18

二战后的复兴冬奥会
——1948年圣莫里茨冬奥会 / 22

奥林匹克到访冬季运动发源地
——1952年奥斯陆冬奥会 / 27

苏联强势登场
——1956年科尔蒂纳丹佩佐冬奥会 / 32

冬奥会二度到访北美洲
——1960年斯阔谷冬奥会 / 37

气氛非同寻常的冬奥会
　　——1964 年因斯布鲁克冬奥会 / 42

阿尔卑斯山间浪漫之约
　　——1968 年格勒诺布尔冬奥会 / 46

冬奥会首次亚洲行
　　——1972 年札幌冬奥会 / 50

"最佳替补"
　　——1976 年因斯布鲁克冬奥会 / 54

中国冬奥史在此开篇
　　——1980 年普莱西德湖冬奥会 / 58

南斯拉夫的最后献礼
　　——1984 年萨拉热窝冬奥会 / 62

三十年的等待
　　——1988 年卡尔加里冬奥会 / 66

中国冬奥健儿首登领奖台
　　——1992 年阿尔贝维尔冬奥会 / 71

绿色奥运的典范
　　——1994 年利勒哈默尔冬奥会 / 75

20 世纪最后的盛会
——1998 年长野冬奥会 / 79

"整风运动"的前夜
——2002 年盐湖城冬奥会 / 83

德意志战队第三次问鼎双榜
——2006 年都灵冬奥会 / 88

打破"主场魔咒"
——2010 年温哥华冬奥会 / 93

俄罗斯的辉煌与苦难
——2014 年索契冬奥会 / 98

开启新世纪的"奥林匹克亚洲时间"
——2018 年平昌冬奥会 / 103

"双奥之城"演绎冰雪奇缘
——2022 年北京冬奥会 / 108

冬奥重返阿尔卑斯
——2026 年米兰-科尔蒂纳丹佩佐冬奥会 / 114

项 目 篇

力与美的艺术
　　——花样滑冰 / 121

冬奥赛场上最激烈的集体项目
　　——冰球 / 127

"冰上田径"
　　——速度滑冰 / 133

冰场上的谋略之战
　　——冰壶 / 138

历史最悠久的雪上基础大项
　　——越野滑雪 / 143

雪上一级方程式
　　——雪车 / 149

"勇敢者游戏"
　　——跳台滑雪 / 154

冬季运动中的全能比赛
　　——北欧两项 / 158

冬奥"肉包铁"项目
　　——钢架雪车 / 162

速度与技巧的完美结合
　　——高山滑雪 / 166

雪地中的"军事"科目
　　——冬季两项 / 171

风驰电掣中"躺赢"的运动
　　——雪橇 / 176

高山滑雪的"叛逆弟弟"
　　——自由式滑雪 / 181

智勇双全方为胜
　　——短道速滑 / 187

自由、率性、不羁的"雪上冲浪"
　　——单板滑雪 / 194

国 家 篇

冬奥会皇冠上的明珠
　　——挪威／203

四届冬奥会举办国
　　——美国／209

命运多舛的顶尖冬奥强国
　　——德国／214

冰雪世代相伴
　　——俄罗斯／220

两个"冬奥六分之一"
　　——加拿大／225

面面俱到的滑雪王国
　　——奥地利／230

未曾做过东道主的冬奥强国
　　——瑞典／234

世界雪上运动中心
　　——瑞士／239

速滑王国
——荷兰 / 244

冰雪运动好朋友
——芬兰 / 248

冬奥圣火将再度降临
——意大利 / 252

冬奥起源地
——法国 / 257

短道速滑奖牌榜上的亚洲之光
——韩国 / 261

冬季奥林匹克运动的亚洲拓荒者
——日本 / 265

新晋冰雪大国
——中国 / 270

人 物 篇

实力与美丽并存的"超级巨星"
　　——索尼娅·海妮 / 277

冰球大帝
　　——韦恩·格雷茨基 / 281

速滑"全能王"
　　——埃里克·海登 / 284

天生的冰壶运动员
　　——尼克拉斯·埃丁 / 288

冬奥女王
　　——玛丽特·比约根 / 291

"双奥"冠军
　　——艾迪·伊根 / 295

了不起的飞鹰
　　——迈克尔·爱德华兹 / 301

十战七胜
　　——埃里克·弗伦泽尔 / 305

钢架雪车无冕之王
　　——马丁斯·杜库尔斯 / 309

专为冬奥会而生的比赛型选手
　　——谢蒂尔·安德烈·奥莫特 / 313

冬季两项之王
　　——奥勒·埃纳尔·比约恩达伦 / 317

意大利"食人族"
　　——阿尔明·佐格勒 / 321

自由式滑雪之父
　　——斯坦·埃里克森 / 324

命运沉浮，逆水行舟
　　——维克多·安 / 328

单板滑雪巨星
　　——肖恩·怀特 / 334

后记 / 339

1 赛会篇

冬季奥林匹克运动在此起航
——1924年夏蒙尼冬奥会

随着1896—1904年三届奥运会的如期举办,现代奥林匹克运动逐步走向蓬勃。与此同时,冰雪运动也在19世纪末和20世纪初的欧美国家得到进一步普及发展,部分冬季单项体育组织、各类冰雪俱乐部陆续成立,不少区域性甚至国际性的冰雪赛事相继诞生且受到越来越多的关注。由此,让跨越千年历史的奥林匹克圣火燃烧在纯洁的冰雪世界、在夏季奥运会之外单独举办冬季奥运会的构想渐渐浮现于法国人顾拜旦的脑海中。不过,因担心对仍处在襁褓中的北欧运动会构成冲击,北欧国家联合祭出了威力十足的"反冬奥大旗",国际奥委会经过慎重考虑和充分权衡,决定先采取将冬季运动项目小幅渗透进奥运赛场的过渡方式,花样滑冰随之被列为1908年伦敦奥运会的正式项目,冰球也出现在了1920年安特卫普奥运会上。

事实证明,国际奥委会的"迂回"策略非常成功,花样滑冰和冰球在奥运会上的受关注度超越了很多夏季运动项目，决赛现场更是人山人海。此般非同凡响的效果无疑证明了冬季运动与奥林匹克的"兼容性"，也进一步增强了国际奥委会关于单独举办冬奥会的信心。1921年7月，在瑞士洛桑召开的国际奥委会第19次全会上，经时任主席顾拜旦的努力斡旋，一份折中方案破茧而出——作为1924年巴黎奥运会的庆祝活动组成部分，于同年初先在法国冰雪小城夏蒙尼举办仅设冬季项目比赛的"国际冬季运动周"。

1924年1月25日，夏蒙尼银装素裹，来自14个欧洲国家和美国、加拿大的260名运动员在本国体育代表团旗手的带领下，穿街过巷一路行至新建成的户外冰场——开闭幕式所在地和主要冰上项目赛场。看台上座无虚席，时任法国奥委会主席查士丁尼·克拉里伯爵早已等候多时，开幕致辞、运动员代表宣誓顺次进行，每个细节都充满了奥运会的仪式感。国际冬季运动周共设置了冰球、冰壶、雪车、花样滑冰、速度滑冰、北欧两项、跳台滑雪、越野滑雪以及军事巡逻9个分项，具体包括16个小项。

开幕式后的第一个比赛项目是速度滑冰，美国纽约州普莱西德湖小镇青年查尔斯·朱特劳以44秒整的成绩率先冲线，收获男子500米冠军，也顺势成为首枚冬奥金牌得主。芬兰选手包揽了速度滑冰其余小项的金牌。其中，克拉斯·桑伯格的表现最为突出，不仅在1500米、5000米比赛中所向披靡，还赢得了10000米银牌和500米铜牌，因而无可争议地拿到了全能金牌——冬奥史上唯一一次颁发速度滑冰全能奖牌，3金1银1铜的惊人战绩让他成为夏蒙尼的超级明星。

挪威运动员以绝对优势称霸越野滑雪、跳台滑雪和北欧两项赛场——这三个项目可统称为北欧滑雪——将12枚奖牌中的10

枚收入囊中。索莱夫·豪格一人独得3金，并在跳台滑雪比赛中获得铜牌，当然，事后证明这枚铜牌其实"另有所属"。时钟转至1974年，挪威体育史学家雅各布·万格经过反复计算发现，索莱夫·豪格在国际冬季运动周跳台滑雪项目上的正确得分应是17.821，而非获得铜牌的18.000，如此，便低于美国运动员安德斯·豪根的17.916分，换句话说，后者才是当年跳台滑雪的真正第三名。半个世纪的尘封掩盖不住奥林匹克的公正之光，国际奥委会随即在挪威首都奥斯陆举行了一场特别的仪式，索莱夫·豪格的女儿郑重地将阔别整整50年的铜牌交还给已经86岁的安德斯·豪根。

瑞典花样滑冰名将吉利斯·格拉夫斯特伦创造了奥运征程中不可复制的奇迹，由于他曾在1920年安特卫普奥运会上折桂男子单人滑，这次力压奥地利选手维利·伯克尔再次取得胜利，意味着已经手握冬、夏两季奥运会的金牌，虽然八年之后会有"双奥"冠军艾迪·伊根横空出世——1920年安特卫普奥运会轻重量级拳击和1932年普莱西德湖冬奥会四人雪车的金牌得主，但在同一个人小项上取得如此成就，格拉夫斯特伦之外再无一人。花滑的女单和双人滑金牌均由奥地利人获得。不到12岁的挪威小姑娘索尼娅·海妮初登女单赛场，虽然成绩排名不佳，但稚嫩的脸庞为在场的观众留下了深刻印象。

国际冬季运动周的团体项目包括冰球、冰壶和军事巡逻。加拿大冰球队势不可挡，不但5战全胜，而且3场零封对手，累计打进110球，仅失3球，位居个人积分榜榜首的哈利·沃森5场比赛打入37个进球的纪录至今高悬。冰壶和军事巡逻比赛的冠军分别由英国队、瑞士队获得。有意思的是，这两个项目在此后的很长时间都"销声匿迹"，冰壶直到1998年长野冬奥会才固定为正式比赛项目，军事巡逻则几乎被彻底移出冬奥大家庭，仅能从如今的冬季两项和 2026 年米兰-科尔蒂纳丹佩佐冬奥会新增的滑雪登山项目中找到些"影子"。拔得军事巡逻头筹的瑞士队同时登上了雪车项目的最高领奖台。

  1924 年 2 月 5 日，国际冬季运动周落下帷幕。挪威队以 4 金 7 银 6 铜的成绩高居奖牌榜榜首，芬兰队与之并列金牌榜第一，奥地利、瑞士、英国、美国、瑞典、加拿大、法国和比利时都有奖牌进账。由于规模宏大且精彩纷呈的国际冬季运动周在世界范围引起轰动，小城夏蒙尼声名鹊起，各国游客蜂拥前往，很快就跻身为全球顶级冰雪度假胜地。国际奥委会也借势发力，不久之后便追溯性地将国际冬季运动周认定为"第一届冬季奥林匹克运动会"，并明确自 1928 年起每四年举办一次独立的冬奥会。至此，法国人顾拜旦继成功穿越时间线重振古希腊体育赛会传统后，终于再度跨越空间轴，将斯堪的纳维亚半岛上的冰雪运动推广到了全球，冬季奥林匹克运动由此迎来了属于自己的星辰大海。

赛会篇

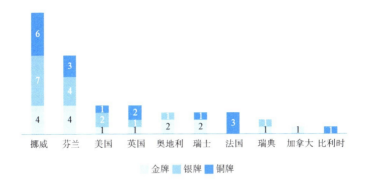

1924年夏蒙尼冬奥会奖牌榜（全部）

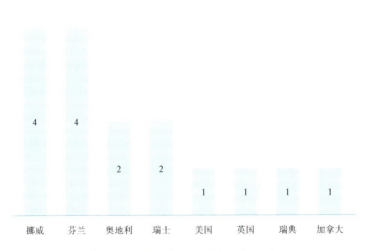

1924年夏蒙尼冬奥会金牌榜（全部）

注：1. 本书图表数据均来自国际奥委会官方网站。
    2. 本届冬奥会速度滑冰500米比赛出现了2人并列第三名的情况，故铜牌数变为17枚。

"名正言顺"的冬奥会
——1928年圣莫里茨冬奥会

相对于首届冬奥会的"事后追认",第二届冬奥会无疑是名正言顺的。延续1924年的逻辑,1928年的冬奥会应与当年的奥运会同在荷兰举办,然而荷兰国内地势平坦且常年少雪,不具备举办大型冬季运动会的地理气候条件,遂将举办权移交给瑞士。彼时,瑞士共有达沃斯、恩格尔堡、圣莫里茨三座候选城市。其中,圣莫里茨位于瑞士东南部,四周被阿尔卑斯山峰环抱,地势高耸,风景优美,交通畅达,早在17世纪就已成为欧洲首屈一指的上流社会疗养地及冬季度假胜地,并拥有开展冬季奥林匹克运动的必要基础设施,还与国际奥委会希望借助主办城市的形象来赋予冬奥会优雅、高贵之魅力的诉求十分贴切。于是,经1926年的国际奥委会第24次全会确认,瑞士小城圣莫里茨正式获得第二届冬奥会的举办权。

有了首届冬奥会的经验参考,加之交通更便捷、配套更齐全、宣传更到位,圣莫里茨冬奥会的规模大幅扩增,总计有来自25个国家的464名运动员参加了14个小项的比赛。不过,有意思的是,14枚金牌的最后归属却与初始设置的14个小项"略有出入"。具体来说,一向气候稳定的圣莫里茨在冬奥会期间一反常态,出现了历史罕见的高温,导致原本应产生4枚金牌的速度滑冰比赛只完成了500米、1500米、5000米3个小项,10000米决赛则因冰面融化而不得不取消。与此同时,上届冬奥会拿下3金1银1铜的芬兰速度滑冰选手克拉斯·桑伯格在500米比赛中与挪威运动员伯恩特·埃文森都滑出了43秒4的成绩,组委会最终判定两人同为冠军。由此一减一增,将金牌总数巧妙地维持在了14枚。

异乎寻常的高温同样影响了越野滑雪赛事。50公里比赛中,气温由开赛时的0摄氏度左右急速升至恐怖的25摄氏度,融雪重创了上届王者挪威队,瑞典运动员取而代之包揽了前三名,获得金牌的佩尔埃里克·赫德伦德到达终点的时间比上届冠军慢了一个多小时,但仍然领先于亚军13分钟完成比赛。3天后气温回归常态,挪威人没有放过这个证明实力的机会,将男子18公里的奖牌全部收入囊中,上届亚军约翰·格勒图姆斯布罗滕夺得金牌,并在北欧两项比赛中再添一金。

除了克拉斯·桑伯格在速滑项目上再续辉煌——夺得500米和1500米两项冠军,加拿大队也蝉联了冰球比赛的冠军,他们以11比0、14比0和13比0的成绩横扫瑞典、英国、瑞士三个国家,实现了自1920年安特卫普奥运会起的"三连冠"。同样取得"三连冠"的还有瑞典花滑领军人物吉利斯·格拉夫斯特伦,1枚夏季奥运会金牌和2枚冬季奥运会金牌足以让他笑傲男单江湖。值得一提的是,花样滑冰也是圣莫里茨冬奥会上唯一允许女性运动员参赛的项目，挪威小将索尼娅·海妮在女单比赛中将各种旋转跳跃动作与芭蕾舞姿融为一体，梦幻般的滑行陶醉了现场的所有观众。四年前她初登冬奥赛场一试身手，四年后她以15岁零10个月的年龄成为最年轻的冬奥冠军，并将这项纪录保持了70年之久，直到1998年长野冬奥会，美国花滑选手塔拉·利平斯基才将之打破。圣莫里茨冬奥会仅仅是超级巨星海妮辉煌生涯的起点，她用一生演绎了赛场内外同样精彩的传奇故事。

本届冬奥会上，最吸引眼球的莫过于马术滑雪表演赛，这项运动将赛马与滑雪相结合，比赛中马前人后，运动员脚踩滑雪板仅以拖拽绳索"驾驭"前方飞驰的马匹，因速度极快且采取集体出发模式，场面十分壮观，观赏性很高，当然也非常危险。东道主瑞士队包揽了冠亚季军，不过因属表演赛性质，故最终成绩未列入总奖牌榜，之后马术滑雪项目也再未出现在冬奥赛场。与之经历相似但稍显幸运的是钢架雪车，圣莫里茨曾于19世纪就依靠着天然山体修建了全世界第一条雪车雪橇赛道，并在这次家门口的冬奥会上将其确定为正式比赛项目。基于安全的考虑，钢架雪车被接下来的冬奥会叫停，直到20年后圣莫里茨再度举办冬奥会，才得以重返赛场，但随后又被取消，至2002年盐湖城冬奥会终"修成正果"，稳定延续至今。

本届冬奥会历时9天，奖牌榜第一名挪威队以6金4银5铜的成绩遥遥领先第二名美国队的6枚奖牌，瑞典队紧随其后位列第三。金牌榜上，美国、瑞典、芬兰均以2枚的成绩并列第二。主办国瑞士只得到1枚铜牌，由此成为冬奥会历史上获奖牌数量最少的东道主。日本队派出6名运动员参加了越野滑雪、跳台滑雪和北欧两项的比赛，代表亚洲国家完成了冬奥赛场上的首秀。

东道主国家成绩趣谈

纵观百年冬奥史,当届未能揽金的东道国只有1924年夏蒙尼冬奥会上获得3枚铜牌的法国、1984年萨拉热窝冬奥会上收获1枚银牌的南斯拉夫、1988年卡尔加里冬奥会上夺得2银3铜的加拿大以及本届仅有1枚铜牌入账的瑞士。美国则在1932年普莱西德湖冬奥会上成为第一个同时占据冬奥会金牌榜和奖牌榜头名的东道主。在此之后,1952年奥斯陆冬奥会的举办国挪威、2014年索契冬奥会的举办国俄罗斯也实现了这样的辉煌,加拿大还以14枚的纪录成为迄今斩获金牌最多的东道国。1948年,圣莫里茨时隔20年后再次举办冬奥会,瑞士队凭借3金4银3铜的成绩分别位列奖牌榜第一和金牌榜第三,一雪前耻。

得益于本届冬奥会留下的场地设施,圣莫里茨于1948年举办了第五届冬奥会,由此成为世界上第一座两次举办冬奥会的城市①。更值得纪念的是,从本届起,冬奥会完全成为独立的体育盛会,冬季奥林匹克运动波澜壮阔的新征程就此开启。

---

① 目前,举办过两届冬奥会的城市共有3个,按时间顺序分别是瑞士的圣莫里茨、奥地利的因斯布鲁克、美国的普莱西德湖。

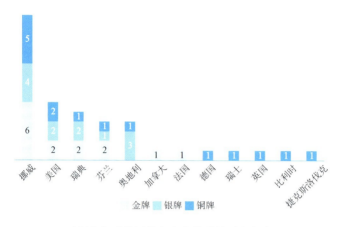

1928年圣莫里茨冬奥会奖牌榜（全部）

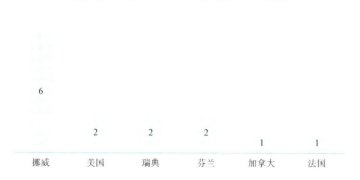

1928年圣莫里茨冬奥会金牌榜（全部）

注：本届冬奥会的速度滑冰10000米比赛因天气原因取消，500米比赛出现了2人并列第一和3人并列第三的情况，故金牌数仍保持14枚，但银牌和铜牌分别变为12枚和15枚。

经济大萧条下的小镇冬奥会
——1932年普莱西德湖冬奥会

　　夏蒙尼和圣莫里茨两届冬奥会的盛况让全世界领略到了超大型冬季赛事的魅力，申请举办1932年冬奥会的城市数量飙升至上届的两倍有余。出于进一步扩大冬季奥林匹克运动全球影响力的考虑，位于美加交界处的普莱西德湖得到了国际奥委会的青睐。这个纽约州东北部宁谧无争的边境小镇，处在以无敌风光著称的阿迪朗达克山脉林区之中，因环绕其旁的普莱西德湖而得名，19世纪后半叶就是美国上流社会钟爱的避暑胜地，小镇上的普莱西德湖俱乐部更是名扬美利坚。

　　尽管冬季的普莱西德湖气候适宜、雪道天成、冰面广阔，吸引力丝毫不输夏秋，但很长一段时间"养在深闺人未识"，直到梅尔维尔·杜威的力推和查尔斯·朱特劳的夺冠才声名鹊起。1904年，美国图书馆专家、杜威十进制分类法的发明者、普莱西德湖俱乐部创始人梅尔维尔·杜威，为了充分利用当地得天独厚的冬季资源，将俱乐部打造成四季皆宜的度假天堂，决定修建冰雪运动场地，并专门从欧洲进口了一批冬季运动器材，同时着手组织各类冰雪比赛吸引俱乐部成员参加。随着设施日渐完备、赛事日益丰富、服务日趋周到，普莱西德湖的冬季慢慢人潮汹涌。1924年，正在为找工作发愁的普莱西德湖土生土长的年轻人查尔斯·朱特劳，被推荐参加于法国夏蒙尼举办的"国际冬季运动周"活动，抱着开眼界的心态而去却捧回冬奥首金的朱特劳瞬时提升了普莱西德湖的世界知名度，也让国际奥委会记住了这个距离欧洲数千公里的美国小镇。顺理成章，在1929年的国际奥委会第27次全会上，普莱西德湖被确定为第三届冬奥会的主办地。

在普莱西德湖获得冬奥会举办权的同年10月，爆发于美国的经济危机迅速席卷整个资本主义世界，史无前例的"大萧条"让之前风光无限的美欧多国举步维艰，冬奥会也被波及。原本最不成问题的经费来源变为普莱西德湖冬奥会筹办过程中面临的最大考验，为此，梅尔维尔·杜威之子、时任美国冬奥组委主席的格德弗雷·杜威，在多方筹措资金的同时甚至捐出自己家族的一块土地修建了著名的范霍文伯格山奥林匹克雪车赛道，这条有纪念意义的赛道一直沿用至今。深谙"基建投资提振经济、体育精神激励人心"之道的时任纽约州州长罗斯福也尽心竭力，不仅在普莱西德湖冬奥会筹办期间给予了最大限度的支持，还亲自出席了开幕式。投桃报李，闭幕式结束的9个月后，罗斯福借助举办冬奥会的良好声誉在总统竞选中力克对手，最终以绝对优势当选，人们在其上任后推行的赫赫有名的"罗斯福新政"中仍能清晰感受到他主政纽约州时的些许方略。

"大萧条"阴霾下的普莱西德湖冬奥会虽如期举办，但规模相较上届已大幅缩水。仅有17个国家的体育代表团到场，参赛人数也从圣莫里茨冬奥会的464名骤减至252名,甚至比夏蒙尼冬奥会还少了8人,不需跋山涉水的美加两国共派出106名运动员,占比超过总运动员人数的40%。

除了受经济危机的影响,普莱西德湖还遭遇了百年难遇的"暖冬"天气。直到开幕式前10天,小镇都没有丝毫降雪的迹象,组委会迫不得已只好将雪、冰块装在火车集装箱里从北部海拔更高的加拿大运到比赛场地。即便是此般周折,冰雪仍难在高温下留存至比赛结束。越野滑雪比赛中,泥泞的融雪场地导致挪威队几乎全线尽墨,芬兰选手包揽了18公里比赛的冠亚军,瑞典队在烈日之下延续了上届的好运,拿下50公里小项的金银牌。不过,越野滑雪比赛的失利并没有打乱实力雄厚的挪威队阵脚,其在北欧两项和跳台滑雪项目上重整旗鼓,皆包揽了前三名。

反常气候同样干扰了雪车比赛,高温和降雨使得赛道"面目全非",夺冠呼声最高的德国队因在受损严重的场地上出现罕见失误仅得到铜牌,美国队则借机一举拿下四人雪车1金1银2枚奖牌。值得一提的是,雪车冠军队伍中诞生了两个传奇人物,一位是艾迪·伊根,虽然是首次参加冬奥会,但在此之前他已经是1920年安特卫普奥运会男子拳击轻重量级金牌得主,也因此成为历史上唯一一位在冬季和夏季奥运会不同项目上均实现问鼎的传奇运动员。另一位是比利·菲斯克,这个蝉联两届冬奥会雪车冠军的领袖舵手同时是伟大的反战斗士,他后来拒绝参加1936年的加米施-帕滕基兴冬奥会,并成为第一位加入英国皇家空军的美国人,在1940年的一次对德空战中重创敌机后壮烈牺牲。比利·菲斯克的事迹在战时的英美两国被广泛传颂,1941年美国独立日当天,其纪念碑被安置于伦敦圣保罗大教堂。为了纪念他,美国雪车和钢架雪车联盟将全美四人雪车比赛的奖杯命名为比利·菲斯克纪念奖杯。

取得雪车项目的冠亚军后，美国人又在速度滑冰比赛中利用"独特的规则"包揽了全部金牌。开幕式前，国际滑冰联盟接受东道主的游说修改了比赛规则，将原本的两人一组起跑出发改为美国国内常用的多人共同出发。来自欧洲的运动员对这个临时变化感到明显不适并表达了强烈不满，却未能让规则"返回常态"，这直接导致了包括两届冬奥会速滑项目5枚金牌得主克拉斯·桑伯格在内的多位欧洲顶级运动员放弃比赛。熟悉的规则和劲敌的退出，使美国速度滑冰队成为最大赢家，两名运动员横扫速度滑冰全部小项的冠军。事后来看，尽管临阵改规的确有失公平，多人共同起跑在当时的环境下也显得荒诞无稽，但冥冥之中却为另一滑冰项目的诞生做足了铺垫——1988年短道速滑首次出现在冬奥会上采用的就是这套集体出发的规则，运动员们在比赛中摩肩接踵、争相超越，此时人们才真正领略到了该模式的精彩之处。

美国队在速度滑冰项目上的好运没能于冰球赛场延续，作为北美洲的传统冬季运动项目，普莱西德湖冬奥会冰球比赛自然万众瞩目，美加争霸更是让仅能容纳3000人的冰场涌进了7000名观众，依靠1个净胜球的微弱优势，加拿大冰球队艰难实现了奥运"四连冠"。

虽然没能在主场夺得冰球金牌，但美国队已将东道主风采展现得淋漓尽致，豪取6金4银2铜共12枚奖牌，是冬奥史上首次有主办国占据奖牌榜和金牌榜的第一名。挪威队以3金4银3铜的战绩位列奖牌榜和金牌榜第二，捍卫了欧洲冰雪强国的尊严。加拿大也在"家门口"斩获7枚奖牌，位居挪威之后，并与瑞典、芬兰、奥地利、法国并列金牌榜第三。

从欧洲大陆远赴北美，尽管本届冬奥会筹备举办过程颇为曲折艰辛,比赛项目和运动员数量都大打折扣,但相较越洋之旅的时代价值和历史意义而言,所有的意外、遗憾、不足都可忽略不计,所有的投入、努力、坚持都物超所值,普莱西德湖无可争议地为冬季奥林匹克运动的全球化留下了浓墨重彩的一笔。无人料到,48年之后,这座北美小镇将再次举办冬奥会,而中国运动健儿也正是从此真正走上冬季奥林匹克的国际舞台。

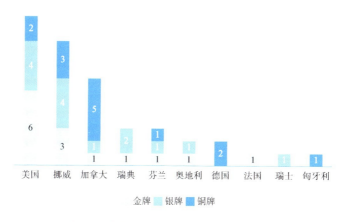

1932年普莱西德湖冬奥会奖牌榜(全部)

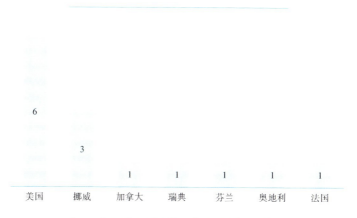

1932年普莱西德湖冬奥会金牌榜(全部)

冬夏"同国"就此完结

——1936年加米施-帕滕基兴冬奥会

考虑到柏林已于 1931 年获得了第十一届奥运会的举办权,国际奥委会最终在 1933 年的全会上"顺水推舟"同意了德国以"优先权"为由提出的在 1936 年同时举办冬奥会的要求——虽然所谓的"优先权"纯属子虚乌有——并确定加米施-帕滕基兴为第四届冬季奥林匹克运动会的主办地。加米施-帕滕基兴是彼时德国乃至欧洲的著名冬季运动胜地,不仅场馆众多,而且交通发达,度假酒店也能满足需求。尽管如此,主办方还是设立了"取之不竭"的专项资金,用于冬奥会相关的基础设施建设。

1936 年 2 月 6 日,第四届冬奥会如期开幕。约 3 万人聚集在古迪贝格奥林匹克滑雪场,德国元首阿道夫·希特勒身着军装在熊熊燃烧的冬奥圣火下进行了慷慨激昂的致辞,这也是冬奥会历史上第一次点燃标志性的圣火。共有来自 28 个国家的 646 名运动员参加了 17 个小项的角逐。

高山滑雪首次成为正式比赛项目，设男、女全能 2 个小项。德国女子运动员克里斯特尔·克兰茨以绝对实力问鼎，成为冬奥史上第一位高山滑雪冠军，她的队友凯特·格拉瑟格尔获得银牌。男子方面，由于国际奥委会坚持业余原则不肯妥协，奥地利、瑞士等国的不少好手无奈放弃了比赛，两位名不见经传的东道主运动员顺势包揽了冠亚军。德国高山滑雪队由此整体站上了领奖台。

花样滑冰项目上，德国组合力压奥地利搭档获得双人滑胜利，上届男单金牌得主奥地利选手卡尔·舍费尔则轻松击败德国双人滑冠军中的恩斯·特巴耶尔实现卫冕，已手握 2 枚冬奥女单金牌的挪威明星运动员索尼娅·海妮毫无悬念地再次折桂。如今回看历史，海妮与舍费尔都堪称花样滑冰界的丰碑式人物，前者创造的女子单人滑冬奥"三连冠"纪录自此再未有人触及，如后者一样蝉联冬奥男单金牌的也只有瑞典前辈吉利斯·格拉夫斯特伦、美国巨星迪克·巴顿和日本国民偶像羽生结弦。同在滑冰场上，有人欢喜有人忧，加拿大冰球队奥运"五连冠"的梦想正是在此破灭，只不过，比痛失冠军更令其感到悲哀的是，阻止这支常胜之师的英国队竟是由多位持英国护照的加拿大同胞组成。

速度滑冰赛场上，挪威人伊瓦尔·巴兰格鲁德勇夺男子速滑 500 米、5000 米、10000 米 3 枚金牌以及 1500 米银牌，当之无愧地荣膺本届冬奥会"奖牌王"，1500 米的冠军则是由他的队友查尔斯·马蒂森斩获，挪威队因而横扫了速滑项目全部金牌。与此同时，北欧两项的冠亚季军第四次被挪威运动员牢牢占据。

瑞士选手在雪车项目上表现出色，不仅在四人雪车比赛中摘金夺银,还拿到男子双人雪车的亚军,冠军和季军则由两支美国队伍获得。越野滑雪比赛的最大赢家是瑞典队,男子18公里金牌、50公里的金银铜牌都由该国运动员获得,并在4×10公里接力赛中紧随芬兰队和挪威队之后捧得铜牌。本届冬奥会人气最旺的比赛项目当属跳台滑雪,包括希特勒在内的逾3万名观众现场目睹了上届冬奥会跳台滑雪冠军挪威选手比格尔·鲁德战胜队友雷达尔·安德森再次称雄的风采。

1936年2月16日,加米施-帕滕基兴冬奥会圆满收官。挪威队以7金5银3铜共15枚奖牌的无敌战绩重回金、奖牌双榜榜首,东道主德国居金牌榜第二、奖牌榜第三,瑞典队列金牌榜第三、奖牌榜第二。

1936年8月1日,第十一届夏季奥运会于德国柏林正式举行,这是奥运史上第三次也是最后一次冬、夏季奥运会于一年内在同一国家举行。在此前后不久,东京和札幌相继获得了1940年夏奥会和冬奥会的举办权,但日本因发动全面对外侵略战争而无暇筹办,遂不得不将举办权"交还"给国际奥委会。尽管有其他城市在此阶段表示愿意"接盘",国际奥委会也有"中意"之选,可随着第二次世界大战的爆发,接下来的两届冬奥会只能按下"暂停键",各国冰雪健儿直至12年后才得以再次聚首。

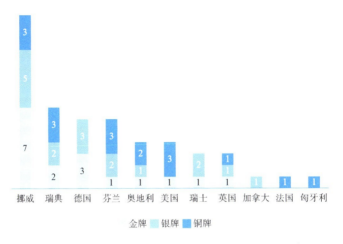

1936年加米施-帕滕基兴冬奥会奖牌榜（全部）

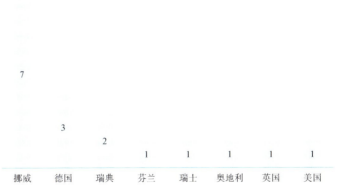

1936年加米施-帕滕基兴冬奥会金牌榜（全部）

二战后的复兴冬奥会

——1948年圣莫里茨冬奥会

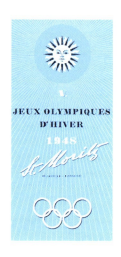

在经历了第二次世界大战的浩劫后,奥林匹克运动重新焕发出生机和活力。当国际奥委会发出举办第五届冬奥会的号召时,美国的普莱西德湖和瑞士的圣莫里茨均提出了申办请求——这两国受战争影响较小,且都曾举办过冬奥会,冬季运动设施相对完善。1946年,国际奥委会第39次全会上确认圣莫里茨赢得了第五届冬奥会的举办权,主要原因是它属于中立国瑞士,能够更好地避免各交战国在冬奥会上采取政治对抗手段,圣莫里茨也因此成为第一个举办过两次冬奥会的城市。瑞士方面并未进行过多投资,基本沿用了1928年冬奥会留下的比赛场地设施。

夏季奥运会与冬季奥运会届次计算的区别

受两次世界大战影响,1916年(第六届)、1940年(第十二届)、1944年(第十三届)的夏季奥运会虽然停摆,但均计入历史序列之中,即1920年安特卫普奥运会和1948年伦敦奥运会分别为第七届、第十四届夏季奥运会。因第二次世界大战取消的两届冬奥会则并没在百年冬奥长河中留下"印记",于是1948年圣莫里茨冬奥会直接接棒1936年加米施-帕滕基兴冬奥会(第四届),成为历史上的第五届冬奥会。

1948年1月30日,在12年间经历了多次"易主"、两次停摆的第五届冬奥会终于顺利开幕。开幕式仅用时一个小时,尽管简短,但游行、演讲、宣誓等奥林匹克元素应有尽有。来自28个国家的669名运动员参加了本届冬奥会,他们中有不少人亲历了残酷的第二次世界大战。德国和日本作为二战的策源地被剥夺了参赛资格。韩国则是首次出现在冬奥赛场,也是本届冬奥会上唯一的亚洲身影。

第五届冬奥会的竞赛项目有了进一步增加,分项达到9个,小项从上一届的17个攀升至22个,金牌总量也因此突破了20大关。高山滑雪是扩容的最大受益者,继在加米施-帕滕基兴冬奥会成为正式项目后,本届冬奥会保持高山滑雪全能比赛的同时,隶属其中的回转和滑降也成为独立小项。法国男选手亨利·奥雷耶获得了全能和滑降比赛的2枚金牌以及回转铜牌,2金1铜的佳绩也让他成为第五届冬奥会上的"多金王"。瑞士人同样在这个项目上满载而归,2金2银2铜共6枚奖牌的好成绩,占本届冬奥会瑞士总奖牌的五分之三。

除了高山滑雪新增的4个小项外,另一个"新面孔"则是钢架雪车。作为钢架雪车的发源地,圣莫里茨在举办1928年第二届冬奥会时曾短暂地令钢架雪车进入冬奥赛场,彼时来自美国的希顿兄弟包揽了金银牌。时隔 20 年后，钢架雪车再次回归，兄弟俩中的弟弟也重新披挂上阵，并获得了第二枚冬奥会银牌。获得金牌的是意大利选手尼努·比比亚，这也是意大利在冬奥赛场上赢得的第一枚奖牌。

虽然东道主在钢架雪车比赛中表现得不尽如人意，但在雪车赛场上彰显了"发源地"的雄厚实力，最终瑞美两国"平分秋色"，前者包揽了男子双人雪车金银牌，后者拿到四人雪车的金铜牌以及男子双人雪车的铜牌。对于美国队在传统强项上的获奖人们并不意外，但其在花样滑冰赛场上的崭露头角却格外惹人注目。

1948 年冬奥会的花滑格局已较战前发生了翻天覆地的变化，传统欧洲花滑强国日渐衰微，北美花滑逐渐兴起。曾获得多枚金牌的挪威女单选手索尼娅·海妮、法国双人滑组合布吕内夫妇纷纷移居美国，促进了这项运动在北美的蓬勃发展，不少优秀运动员相继涌现。来自美国的 18 岁小将迪克·巴顿在比赛中出色完成了阿克塞尔两周跳这一当时最高难度动作，毫无悬念地赢得了男单金牌。四年之后，巴顿又在奥斯陆冬奥会上成为历史上第一位在正式比赛中完成三周跳的运动员，并成功卫冕了男单金牌。女单赛场上，素有"加拿大甜心"之称的巴尔巴拉·斯科特实力过人，作为 1947 年世锦赛冠军和知名电影演员，盛名之下的斯科特发挥完美，轻松摘得女单桂冠。加拿大人在上届冬奥会冰球赛场上痛失冠军，这次他们抱着必胜的信心而来，最终顺利拿下了这个项目的第五枚奥运金牌。而美国队内部则争执不断，美国业余体育联合会和业余冰球联合会分别派出一支队伍参加本届冬奥会的冰球比赛，但两支队伍代表一个国家参赛并不符合冬奥会规则，互不相让的结果是竹篮打水一场空。

花样滑冰格局的改变未能影响北欧国家在其他项目上的继续强势。越野滑雪比赛中，3个小项产生的9枚奖牌被瑞典人拿走了6枚，同时弥补了前辈在加米施-帕滕基兴冬奥会上因大意未能包揽全部金牌的遗憾。瑞典队在本届冬奥会获得的另外1枚宝贵金牌来自速度滑冰10000米比赛，而速滑赛场上其余3个小项的金牌则皆由挪威运动员获得。跳台滑雪赛场上的挪威队同样出色，他们轻松囊括了该赛事的所有奖牌。值得一提的是，蝉联前两届冬奥会跳台滑雪冠军的挪威老将比格尔·鲁德，曾在二战中被入侵挪威的纳粹德国关进集中营。1948年，36岁"高龄"的鲁德再战冬奥会跳台滑雪项目并获得银牌，这枚银牌也因此被赋予了更多和平的意义。自1924年以来，挪威选手在前四届冬奥会中均包揽了北欧两项的前三名，却在1948年意外失手，最佳成绩仅为第六，冠亚军由芬兰队夺得。四年后，冬奥会即将在他们的首都奥斯陆举行，这次失利也让挪威人对这个传统强项的主导位置产生了丝丝担忧。

第五届冬奥会的整个赛程安排非常紧凑，从开幕到闭幕仅仅用了10天。不过，奖牌的分布较之前各届更加均衡，共有13个国家登上奖牌榜，获得金牌的国家数量也史无前例地达到10个。挪威和瑞典同以4金3银3铜的成绩居金牌、奖牌榜首位。瑞士队一改1928年成绩最差东道主的颓势，以3金4银3铜总计10枚的成绩与挪威、瑞典并列奖牌榜第一。

回眸历史，冬季奥林匹克运动的复兴无疑为满目疮痍、百废待兴的世界带来了久违的活力。冬奥赛场上，来自战时敌对国家的运动员们相互借用装备、攀谈技术，因战争而产生的分歧在纯洁的冰雪间悄然弥合。冬奥赛场外，运动员们勇敢拼搏、轻不言弃的精神也鼓舞着世界各国人民全力投入到重建家园的热潮中。

历经磨难的冬奥会充分地诠释了奥林匹克珍视和平的深刻内涵，四年一届的全球盛会此后再未中断。

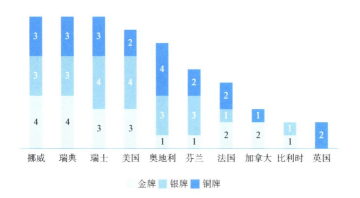

1948年圣莫里茨冬奥会奖牌榜（前十）

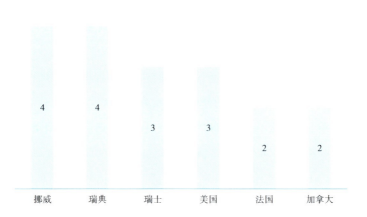

1948年圣莫里茨冬奥会金牌榜（前五）

奥林匹克到访冬季运动发源地
——1952 年奥斯陆冬奥会

申请举办第六届冬季奥林匹克运动会的城市共有三个，分别是挪威的奥斯陆、美国的普莱西德湖、意大利的科尔蒂纳丹佩佐。最终，奥斯陆凭借挪威古老的冬季运动历史和市民的鼎力支持以及市政当局的重视，赢得了多数国际奥委会委员的赞同。奥斯陆的胜出同时创造了两个有意思的"冬奥纪录"，即第一个举办冬奥会的大型城市——此前五届举办地均为"冰雪小镇"，第一个也是 20 世纪唯一一个举办冬奥会的首都城市。

奥斯陆为迎接冬奥会的到来做足了准备，不仅将奥运会会旗、挪威国旗悬挂于所有醒目之处，把第六届冬奥会宣传海报布置于大街小巷，还着手打造了历史上第一座真正意义上的冬奥村——由专门接待新闻媒体和各国体育代表团的酒店以及供运动员和教练员入住的公寓构成。挪威冬奥组委更是别出心裁地将夏奥会火炬传递仪式正式引入冬奥会。虽然 1936 年加米施

-帕滕基兴冬奥会上安排有隆重的圣火点燃仪式，但彼时的圣火并非由火炬点燃，自然也就没有传递环节。挪威人从桑德雷·诺海姆故居中的壁炉取出火种点燃了冬奥史上第一支火炬，之后由94名火炬手脚踏滑雪板用时两天完成传递，途经的路线则由曾在北欧运动会、冬奥会上取得优异成绩的挪威选手的故乡组成。

首支冬奥火炬的火种来源

在古代奥林匹克运动会上，人们把点燃圣火看作祭祀宙斯的重要仪式，在赫拉神庙点燃的长明灯，象征由宙斯传承而来的自然力量。自1936年柏林奥运会首开现代奥运会火炬传递的先河后，从赫拉神庙点燃圣火并传递便成为奥运会的"经典项目"。相比夏奥会，冬奥会的火炬传递整整晚了16年，1952年在挪威奥斯陆举办的第六届冬奥会上首次出现火炬传递仪式。但当时点燃火炬的圣火并非采集自希腊的古奥林匹亚遗址，因为人们认为冬季奥运会与古代奥运会并无传统上的联系，为了表示对冬季运动源头北欧的追溯和致敬，火炬在挪威冰雪运动奠基人桑德雷·诺海姆生前居住过的莫尔盖尔村一所石房中的壁炉里点燃。直到1964年因斯布鲁克冬奥会，火种才第一次从古奥林匹亚的赫拉神庙采集。

1952年2月14日，伴随主火炬的点燃，第六届冬奥会在毕斯雷特体育场拉开帷幕，共有来自30个国家的694名运动员参加了22个小项的比赛。二战阴霾一扫而光，上届冬奥会被拒之门外的德国（战后分成了民主德国和联邦德国，联邦德国参加了此届比赛）和日本也得以回归。

本土作战的挪威，首要任务就是重新证明其在北欧两项上的王者地位，而1金1铜的成绩显然宣告上届冬奥会的空手而归纯属意外。将北欧两项银牌收入囊中的芬兰人在越野滑雪项目上表现得极为凶悍，除了男子18公里的比拼略输东道主一筹获得第二、三名外，另外3个小项的比赛都以压倒性优势获胜，尤其是将刚刚成为正式比赛项目的女子10公里越野滑雪的全部奖牌包揽，男子50公里比赛收获冠亚军，男子4×10公里接力比赛的成绩领先了第二名挪威队近3分钟，第三名是瑞典队。事实上，这三个北欧国家不只包揽了本届冬奥会越野滑雪的全部奖牌，在过去的五届冬奥会中，越野滑雪领奖台上都从未出现过其他国家运动员的身影。

作为跳台滑雪运动的起源地，该项目冠军争夺战当日，奥斯陆城万人空巷，逾十万名观众聚集于传奇的霍尔门科伦滑雪跳台，屏息凝神关注着包括4名本国选手在内的6名运动员对奖牌的角逐，主场竞技的挪威人最终赢得前两名，延续了自首届冬奥会以来跳台滑雪项目上的金牌不败神话。速度滑冰赛场同样捷报频传，挪威选手斩获了包括3枚金牌在内的5枚奖牌。奥斯陆冬奥会的多金王也在此诞生，28岁的亚尔马·安德森在家乡父老的注视下上演"帽子戏法"，连夺男子1500米、5000米、10000米3枚金牌，其还在5000米比赛中领先第二名11秒完赛，冠亚军间如此大的差距在该项目后续的冬奥赛场上再未出现。速度滑冰500米桂冠由美国选手肯·亨利摘得。

美国队在本届冬奥会上初显冰雪并进的势头。花样滑冰男单运动员迪克·巴顿继续挑战自我，突破了上届冬奥会完成的阿克塞尔两周跳，将最高难度动作提升至后外结环三周跳，成为历史上在正式比赛中完成此动作的第一人。高山滑雪女选手安德利·米德劳伦斯一人独得回转和大回转2枚金牌。雪车比赛中，美国队拿到男子双人和四人雪车2枚银牌，冠军均由德国队占据，而铜牌全部归属于瑞士。冰球赛场上，美国队8战6胜1平1负，获得银牌，加拿大队则收获自1920年安特卫普奥运会起冰球赛事的第六枚金牌，这也是其在20世纪冬奥会冰球比赛中最后的高光时刻，1956年科尔蒂纳丹佩佐冬奥会上苏联队的强势登场，将扭转包括冰球在内诸多项目的竞争格局。

至奥斯陆冬奥会收官，挪威队不负众望，以7金3银6铜共16枚奖牌的成绩第五次荣膺金牌和奖牌榜双榜首之位。美国队紧随其后，金牌、奖牌榜均排名第二，这也是美国在20世纪获得的除1932年普莱西德湖冬奥会外的最好排名。芬兰的奖牌几乎全部来自越野滑雪，但仍位居金牌榜和奖牌榜的第三名。上届冬奥会与挪威并列金牌、奖牌榜第一的瑞典成为本届冬奥会最大的冷门，仅获得4枚铜牌，列奖牌榜第六。

在夏蒙尼后的28年时间里，奥林匹克将冬季运动带出斯堪的纳维亚半岛，向全世界分享了这份独特的体育财富。北欧国家也不再为曾经北欧运动会的停办感到惋惜，当冬奥盛典首次来访之时，挪威人以圣火传递为献礼，给冬季奥林匹克运动增添了更加深邃的精神内核。奥斯陆冬奥会为世界呈现了一场完美的冰雪盛宴，时隔42年之后，桑德雷·诺海姆的壁炉将再次燃起点亮冬奥火炬的火花。

1952年奥斯陆冬奥会奖牌榜（前十）

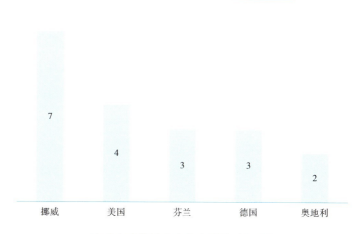

1952年奥斯陆冬奥会金牌榜（前五）

苏联强势登场

——1956年科尔蒂纳丹佩佐冬奥会

1949年的国际奥委会第43次全会上,意大利科尔蒂纳丹佩佐在与加拿大蒙特利尔、美国科罗拉多斯普林斯和普莱西德湖的竞争中脱颖而出,获得第七届冬奥会的举办权。科尔蒂纳丹佩佐是意大利著名的冬季运动中心,在此之前就曾两度举办北欧滑雪世锦赛和高山滑雪世锦赛,也是因第二次世界大战而取消的1944年冬奥会的原定主办城市。故而,此轮申办成功也等于最终圆了意大利人的冬奥之梦。

1956年1月26日,意大利速度滑冰运动员格维多·卡洛里将奥林匹克主火炬点燃,随后高山滑雪名将朱丽安娜·克纳尔·米努佐代表全体运动员宣誓。这是奥运会历史上第一次由女子运动员宣读誓言,标志着女性开始全面走入冬奥赛场,对吸引更多女性加入到冰雪运动中有着积极的意义。来自32个国家的体育代表团参加了本届冬奥会,其中苏联队的到来格外引人注目,他们用成绩诠释了何谓"出道即巅峰"。

苏联的科尔蒂纳丹佩佐冬奥会成绩是7金3银6铜，共计16枚奖牌，不仅金牌、奖牌数量双双第一，而且多点开花，彻底改变了不少项目原有的势力格局。最具代表性的即是冰球，苏联队以全胜的战绩进入最后一轮比赛，决赛阶段先以4比0的成绩轻取美国，再直落两局将加拿大冰球队拉下神坛。至此，属于六届冬奥会五次问鼎的加拿大冰球的时代正式落幕，苏联队九届冬奥会的七次夺冠之旅由此开启。速度滑冰赛道上的苏联运动员同样表现神勇，叶夫根尼·格里辛在500米比赛中两次刷新世界纪录强势夺冠后，与队友尤里·米哈伊洛夫并肩以2分08秒6的新世界纪录滑完1500米——这也使得苏联在该小项上意外收获了2枚金牌。另一位苏联选手鲍里斯·希尔科夫则在5000米比赛中以7分48秒7的成绩刷新了奥运纪录。

越野滑雪赛场上的苏联也从北欧国家手中分得了一杯羹，以至冬奥会越野滑雪领奖台首次出现了非北欧面孔。科尔蒂纳丹佩佐冬奥会的越野滑雪比赛项目较之前有所变化，男子15公里取代了原来的18公里，并新增了男子30公里集体出发和女子3×5公里接力赛。在女子越野滑雪比赛中，苏联选手柳博夫·巴拉诺娃先是在10公里小项中摘金，又在之后的接力赛中为苏联再赢1枚银牌，冠军由上届包揽女子越野滑雪奖牌的芬兰队获得，但领先优势仅为0.27秒。男子越野滑雪方面，挪威、芬兰、瑞典、苏联各赢得1枚金牌。奥斯陆冬奥会18公里冠军挪威选手哈尔吉尔·布伦登此次拿下了15公里金牌，而取得上届50公里桂冠的芬兰选手维科·哈库利宁则夺得了30公里集体出发的冠军。前两个项目都收获银牌的瑞典选手西克腾斯·伊恩伯格在第三项50公里比赛中终于摘金，整体实力雄厚的苏联队以领先第二名1分钟的巨大优势将接力赛金牌收入囊中，芬兰队和瑞典队分获银牌、铜牌，传统强队挪威被挤出奖牌榜。

对比此前的六届冬奥会，挪威运动员在科尔蒂纳丹佩佐的表现的确不尽如人意，除了越野滑雪，只在北欧两项上拿到1枚金牌，跳台滑雪冬奥"六连冠"的神话也被芬兰队终结，后者包揽了本届跳台滑雪比赛的冠亚军。当然，落寞的不只是挪威队，原本踌躇满志的东道主意大利队，最后也仅仅是利用主场作战熟悉赛道的地理优势，在雪车赛场上收获了1金2银，奖牌榜和金牌榜都位列第八。值得一提的是，意大利的2枚银牌均有雪车选手欧金尼奥·蒙蒂参与，这位在8年后的因斯布鲁克冬奥会上慷慨相助争冠对手维修雪车的传奇人物被盛赞为冬奥史上最仗义和最无私的运动员，而2金2银2铜的冬奥总战绩也使其成为名副其实的"雪车之王"。为向蒙蒂致敬，科尔蒂纳丹佩佐冬奥会的雪车雪橇赛道后来被更名为欧金尼奥·蒙蒂奥林匹克赛道，并已确定为2026年米兰-科尔蒂纳丹佩佐冬奥会的雪车、雪橇、钢架雪车比赛场地。

高山滑雪的最大赢家是奥地利队，他们在5个小项中拿到9枚奖牌，安顿·塞勒更是一人独得男子回转、大回转、滑降比赛全部3枚金牌，由此助力奥地利一举跃升至本届冬奥会金牌榜和奖牌榜的双料第二名。日本选手竹谷千春获得高山滑雪回转项目的银牌，这是亚洲人在冬奥会上首次获得奖牌。美国队则统治了花样滑冰赛场，他们史无前例地包揽了男单全部奖牌，海斯·艾伦·詹金斯和大卫·詹金斯"亲兄弟齐上阵"，前者斩获金牌，小他3岁的弟弟则是铜牌获得者。女单的金银牌也被美国运动员收入囊中，冠军得主田莉·奥尔布莱特曾身患脊髓灰质炎，一度面临瘫痪，在与病魔斗争中笑到最后，站上了花样滑冰的最高领奖台。不得不说的是，这是冬奥会花滑比赛最后一次在室外举行，而选择室外办赛主要是为了达到良好的转播效果。

  作为文艺复兴的起源地，这个浪漫国度对美的追求始终热烈而执着并勇于探索。本届冬奥会上，意大利人不顾国际奥委会的保守态度，坚持将电视转播技术引入冬奥会，尽管转播的是黑白画面，但无疑为新兴媒体融入冬奥会开辟了先河，科尔蒂纳丹佩佐这个藏在多洛米蒂山脉间的小城也借助荧屏一炮而红。时间之轴向后快进 70 年，这座小城将于 2026 年再聚全球目光。

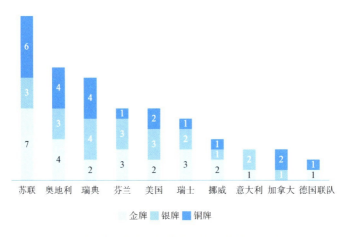

1956年科尔蒂纳丹佩佐冬奥会奖牌榜(前十)

1956年科尔蒂纳丹佩佐冬奥会金牌榜(前五)

冬奥会二度到访北美洲
——1960年斯阔谷冬奥会

第八届冬奥会举办地的竞选城市可谓"豪门云集",加米施-帕滕基兴、因斯布鲁克、圣莫里茨等一众老牌滑雪胜地原本志在必得,但默默无闻的小城斯阔谷的"搅局"让形势出现了戏剧性变化。事实上,无论从冰雪运动设施的完善程度,还是国际社会的认知度而言,斯阔谷都乏善可陈。这里曾是印第安人居住的部落,20世纪40年代纽约律师亚历山大·库欣来到此地,用时三年开辟了初具规模的滑雪场,但若按冬奥会的场地要求来衡量,尚有天壤之别。不过,从硬币的另一面看,这也给场馆建设打开了充足的空间,库欣将花掉他5800美元制作的斯阔谷模型搬到了国际奥委会全会上,拍着胸脯承诺将严格按照冬奥会的要求量身定制赛事场馆,最终斯阔谷以2票的微弱优势获得了1960年冬奥会的举办权。

冬奥会再次远渡重洋从欧洲大陆来到北美洲,彼时美国经济雄踞全球第一，GDP 占到了世界的一半以上。家底丰厚自然出手阔绰，小到污水处理厂大到电力系统及机场，小城的基建设施很快焕然一新。在时任美国总统艾森豪威尔的支持下，专供运动员和随队官员住宿的冬奥村得以按高标准建造，所有赛事场馆围绕冬奥村有序排列，场馆间距步行可至，观众和运动员都可以畅通往返。其中最著名的莫过于造价 400 万美元、能容纳 8500 人的布莱斯体育馆，这里见证了开闭幕式以及首届在室内举办的花样滑冰和冰球比赛。

大名鼎鼎的华特·迪士尼策划了童话般的开幕式。1960 年 2 月 18 日，速度滑冰运动员肯·亨利点燃主火炬塔"万国塔"——火种取自挪威现代滑雪运动先驱桑德雷·诺海姆故居壁炉，两千只白鸽同时放飞，奥林匹克会歌随之奏响。也正是从这届冬奥会开始，奥林匹克会歌被用在此后各届开幕式的奥林匹克会旗升旗仪式上。八响礼炮为庆祝第八届冬奥会的举办而鸣放，经典迪士尼元素烟火秀也必不可少，当三万只气球迎风飘起，比赛正式开始。

来自 30 个国家的 665 名运动员参加了斯阔谷冬奥会 27 个小项的角逐，雪车比赛因报名队伍少加之新建场地的性价比过低，被组委会宣布取消，这是迄今为止雪车项目唯一一次缺席冬奥会。冬季两项是新增赛事，只设男子 20 公里个人赛一个小项。该运动从军事训练中演变而来，由越野滑雪和射击两个部分组成，要求选手既要滑得快又要打得准。作为全场唯一 20 发全中的选手，瑞典运动员克拉斯·莱斯坦德尔成为冬奥史上第一位冬季两项冠军。除冬季两项外，1932 年普莱西德湖冬奥会上的表演项目女子速度滑冰，也在本届冬奥会"转正"，设有 500 米、1000 米、1500 米和 3000 米 4 个小项。苏联运动员克拉拉·古塞娃在 1000 米比赛中封后，21 岁的同胞小将莉迪亚·斯科布利科娃则先以打破世界纪录的成绩夺得 1500 米冠军，随后在 3000 米比赛中斩获金牌，而这届冬奥会也仅仅是她夺冠生涯的"热身赛"。另一位苏联老将叶夫根尼·格里辛延续了上届冬奥会斩获两金的强势，勇提男子 500 米和 1500 米比赛金牌。男子 5000 米冠军由另外一位苏联运动员维克多·柯西奇于 22 岁生日当天获得。除速度滑冰的 6 枚金牌外，苏联体育代表团还在越野滑雪女子 10 公里小项上收获 1 枚金牌，由此稳居金牌榜首位。越野滑雪比赛仍是传统强队的天下，上届冬奥会男子 50 公里比赛金牌得主瑞典选手西克腾斯·伊恩伯格此次拿下了男子 30 公里集体出发冠军，芬兰队赢得男子 50 公里和 4×10 公里接力两枚金牌。

在斯阔谷冬奥会上，除了来自加拿大的安妮·赫格特维特夺得高山滑雪女子回转项目的金牌外，所有高山滑雪比赛的冠军都来自欧洲。法国队的让·武内尔开创性地使用金属制成的滑雪板代替过去的木制板并获得高山滑雪男子滑降金牌，这次全新的尝试也推动滑雪器材研发进入一个新阶段。女子滑降比赛中，美国观众对第一个出场的本国选手佩内洛普·皮图抱有极高的预期，她的速度也得到了现场观众潮水般的掌声。但 19 岁的海蒂·比布尔技高一筹，皮图只能屈居次席。海蒂·比布尔是德国联队的一员，本届冬奥会上，民主德国和联邦德国继上届冬奥会后再次联手出征展现"团结的力量"，在跳台滑雪、北欧两项、速度滑冰等项目上均有金牌入账，其金牌数量超过东道主，紧随苏联之后排名第二。东道主所获的 3 枚金牌全部在布莱斯体育馆中诞生，花样滑冰男、女单金牌被收入囊中。冰球赛场的"美苏争霸"是本届冬奥会的焦点之一，美国队最终以 3 比 2 取胜。值得一提的是，美国哥伦比亚广播公司特意拿出了 2 个小时来直播这场比赛，并配备了实时解说。

本届冬奥会组委会以 5 万美元的价格将电视转播权独家出售给美国哥伦比亚广播公司，后者则用逾 15 个小时的时间报道了斯阔谷冬奥会。有意思的是，在男子回转比赛中，由于裁判无法确认一名运动员是否错过了旗门，于是向哥伦比亚广播公司电视台问询是否有比赛的录像带，由此启发了电视台在比赛过程中对提供现场慢动作回放的重视。本届冬奥会后，回放逐渐成为裁判进行赛事执法的好帮手，也为体育迷们回味比赛开辟了新途径。

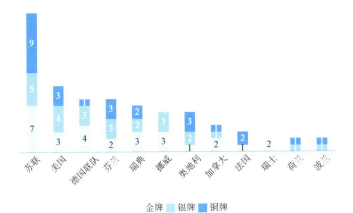

1960年斯阔谷冬奥会奖牌榜（前十）

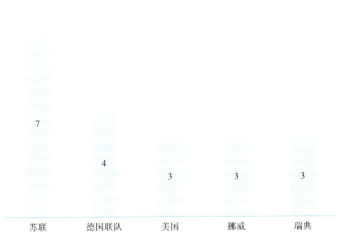

1960年斯阔谷冬奥会金牌榜（前五）

气氛非同寻常的冬奥会

——1964年因斯布鲁克冬奥会

奥地利因斯布鲁克是享誉欧洲的冬季赛事集聚地,早在"二战"前就曾举办过高山滑雪世锦赛、北欧滑雪世锦赛、雪橇欧锦赛,同时还是跳台滑雪四山锦标赛系列赛的固定举办地之一。在以绝对优势领先加拿大卡尔加里和芬兰拉赫蒂获得第九届冬奥会举办权之后,因斯布鲁克又相继承办了1963年雪车世锦赛和冬季两项世锦赛作为冬奥会的测试赛,做足了一切准备工作。

1964年1月29日,第九届冬奥会正式开幕,共有来自36个体育代表团的1091名运动员竞逐102枚奖牌。这串数字彰显了冬奥会影响力的划时代进步:参赛运动员人数首次达到千人以上,比赛小项数量突破30大关。冬奥圣火也第一次从奥林匹克发源地希腊奥林匹亚赫拉神庙前采集。

伯吉瑟尔滑雪跳台见证了冬奥会跳台滑雪项目的扩容——在此前的八届冬奥会中,跳台滑雪比赛只设有男子个人标准台1个小项；而自本届开始，男子大跳台正式入奥。赛制规则也有所调整，以往的两跳成绩相加改为在三跳中取两跳最好的成绩之和。最终，芬兰运动员维科·坎科宁获得标准台金牌和大跳台银牌，挪威选手托拉尔夫·恩根获得大跳台金牌和标准台银牌，另一名挪威人托尔盖尔·布兰斯格拿到 2 枚铜牌，也即相同的三位运动员两登跳台滑雪领奖台。北欧两项比赛中的跳台滑雪规则同样进行了修改，挪威选手托莫德·克鲁特森拿回了挪威队阔别八年之久的北欧两项金牌。

上届冬奥会被取消的雪车比赛重回冬奥大家庭，但反常的高温让雪车赛道难以成形，奥地利政府不得不动用军队从阿尔卑斯山高处切割出 2 万块冰砖送至场地，以整修赛道。英国队幸运地获得了男子双人雪车冠军，加拿大队将四人雪车金牌收入囊中。雪橇在本届冬奥会上成为正式比赛项目，设男单、女单、双人自由性别 3 枚金牌，德国联队成为最大赢家，包揽了男单前三名和女单冠亚军，奥地利队则收获了双人金银牌和女单铜牌。

高山滑雪也受到极为严重的气候挑战，由军队采雪 4 万立方米铺垫场地后，比赛才得以进行。东道主在这个项目上展现了强大实力，埃冈·齐默尔曼和克里斯特尔·哈斯分获男女滑降冠军，约瑟夫·斯蒂格勒摘得男子回转金牌，这也将奥地利推至本届冬奥会金牌榜第二名。法国队同样在高山滑雪比赛中收获丰厚，联手出战的瓦切尔姐妹更堪称全场焦点，二人双双斩获 1 金 1 银，姐姐克里斯汀·瓦切尔赢得了回转金牌和大回转银牌，妹妹玛利埃尔·瓦切尔则是将大回转金牌和回转银牌收入囊中。

除了瓦切尔姐妹双子星，另一位万众瞩目的运动员是速滑赛场上的苏联选手莉迪亚·斯科布利科娃，继上届冬奥会轻取 2 金后，她包揽了本届女子 500 米、1000 米、1500 米、3000 米冠军，并打破3项奥运纪录,历史上第一位在单届冬奥会中获得4枚金牌的运动员就此诞生。速度滑冰赛场还见证了两个不容忽视的第一次:朝鲜体育代表团第一次参加了冬奥会;朝鲜运动员韩弼花在女子3000米比赛中斩获银牌,成为亚洲第一位获得冬奥会奖牌的女运动员。

越野滑雪比赛中,苏联运动员克拉夫蒂加·博尔亚斯基赫一人独揽女子5公里、10公里和3×5公里接力3枚金牌。与此同时,苏联冰球队七战全胜,横扫所有对手。最终,苏联体育代表团以11金8银6铜的出色战绩,连续第三次登上冬奥会金牌、奖牌榜首的宝座。

上届冬奥会遭遇花样滑冰"滑铁卢"的欧洲选手此次包揽了全部金牌,德国联队运动员曼弗雷德·施内尔多费尔男单称王,荷兰选手萧克耶·戴克斯特拉女单封后,双人滑冠军则被苏联组合夺得。花样滑冰势力格局的改变与三年前美国队发生的意外直接相关,1961年2月15日,正前往布拉格参加花样滑冰世锦赛的美国国家队遭遇了空难,18名队员和16名随行人员无一幸免,美国花样滑冰队由此元气大伤。早期的空难阴影,加上开幕前澳大利亚高山滑雪运动员罗斯·米尔恩和英国雪橇选手卡齐米日·凯斯基佩奇在适应场地训练中的不幸身亡,都让本届冬奥会增加了前所未有的肃穆氛围。

值得欣慰的是,尽管命运中难以预料的意外让人痛心,但人性深处的善意始终散发着驱逐阴霾的光芒,寒冷的冬奥赛场也从不缺乏暖心的故事。本届冬奥会上,此前8次获得雪车世锦赛冠军的意大利选手欧金尼奥·蒙蒂对双人雪车金牌志在必得,但在准备阶段,他敏锐察觉到英国组合的雪车螺栓出现故障,于是毫不犹豫地拿出自己雪车上的备用螺栓并相助维修。依靠这颗救命螺栓，英国人拿到了冠军，蒙蒂和搭档只得到了铜牌。尽管与金牌失之交臂，但蒙蒂的善举却感动了无数人，时至今日，人们对当年那场比赛的结果早已记忆模糊，但蒙蒂的形象仍鲜活如初。国际奥委会向其颁出历史上第一枚顾拜旦体育精神奖章，也时刻提醒着竞技场上的每个参与者，奖牌可贵，精神无价！

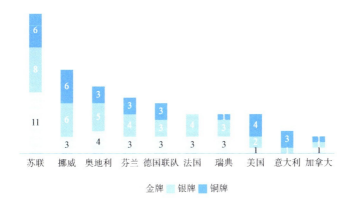

1964年因斯布鲁克冬奥会奖牌榜（前十）

1964年因斯布鲁克冬奥会金牌榜（前五）

阿尔卑斯山间浪漫之约
——1968年格勒诺布尔冬奥会

申请举办第十届冬奥会的城市有加拿大卡尔加里、芬兰拉赫蒂、美国普莱西德湖、日本札幌、挪威奥斯陆和法国格勒诺布尔,最终,格勒诺布尔获得了更多国际奥委会委员的青睐,这也是1924年首届冬奥会以来,法国第二次迎来冬奥会。格勒诺布尔是一座被群山环抱的城市,"每条路的尽头都是一座山",作家司汤达对故乡如是评价。得天独厚的自然环境为滑雪运动创造了良好的条件,山坡上星罗棋布的滑雪场让格勒诺布尔人对滑雪有着深入骨髓的喜爱。当地人将这份喜爱之情刻画在城徽上,其中的三朵红玫瑰就分别象征着格勒诺布尔三大经济支柱:工业、科教和以冬季运动为特色的旅游业。独特的玫瑰元素也体现在这届冬奥会的会徽上,会徽图案即是由三朵红玫瑰围绕着雪花组成,别具一番风味。

如果说斯阔谷冬奥会的开幕式是充满迪士尼元素的"童话世

界",那么格勒诺布尔的开幕式就是一场极具法式风情的"浪漫约会"。组委会别出心裁,使用直升机装载玫瑰花和五环旗盘旋至赛场上空投放,3万朵色泽艳丽的玫瑰花迎着微风从天而降徐徐飘洒,风中泛起沁人心脾的阵阵清香,鲜红的花瓣轻轻滑过观众的肩头,又散落到阿尔卑斯山脉间的皑皑白雪上,现场的每一位观众都陶醉其中。法国总统戴高乐宣布开幕,花样滑冰运动员阿兰·卡马特担任主火炬手,在登上主火炬塔的过程中,他的"心跳声"通过扩音器响彻整个赛场——组委会为增强现场效果而提前设置,让人们再次感受到法兰西的浪漫。除此之外,格勒诺布尔冬奥会还创造了三个"第一届":第一届对参赛运动员进行大规模兴奋剂检测的冬奥会,第一届对女运动员进行性别检测的冬奥会,第一届宣传推广奥林匹克吉祥物(非官方)的冬奥会。

不仅开幕式精彩纷呈,法国人在赛场上的表现也超乎寻常。本土运动员让·克洛德·基利狂卷高山滑雪男子比赛的全部金牌,在滑降比赛中,面对来自29个国家的选手,基利后发制人,在离近终点处全力加速,以0.08秒的微弱优势赢得第一枚金牌。两天后的大回转中,凭借主场作战熟悉地形的优势,基利以3分29秒28的成绩获得第二金。最后一场回转比赛中出现了闹剧,当日浓雾弥漫,以致裁判员难以辨认出雪道上的运动员,混乱的状况引发争议,奥地利选手卡尔·施兰茨在首轮比赛后声称有人闯入赛道影响他的发挥,在获得重赛机会后,施兰茨的表现非常出色,其成绩超过了此前第一名的基利,就当施兰茨以为胜券在握之时,"剧情"再次反转,裁判回看录像后发现,施兰茨在比赛中漏滑了旗门,成绩无效。就这样,基利成为继奥地利选手安顿·塞勒之后第二位在单届冬奥会中包揽3枚高山滑雪金牌的运动员。女子高山滑雪运动员玛利埃尔·瓦切尔的故事同样精彩,上届冬奥会瓦切尔姐妹联手出战，双双斩获 1 金 1 银，本届妹妹玛利埃尔独自征战，以女子回转项目金牌的成绩延续了瓦切尔姐妹的传奇。基利和玛利埃尔共获得 4 枚金牌，助推法国队高居金牌榜第三位，这一成绩至今仍然是法国队的历史最佳。

相比基利在本届冬奥会上气势如虹横扫三金，意大利雪车运动员欧金尼奥·蒙蒂可谓是久经磨难迎来辉煌。早在 1956 年科尔蒂纳丹佩佐冬奥会上，28 岁的蒙蒂就斩获 2 枚银牌，随后 1960 年斯阔谷冬奥会取消雪车比赛的决定让蒙蒂无比不甘。1964 年，苦等了八载的蒙蒂再次站上冬奥赛场，但仅收获 2 枚铜牌。尽管 2 银 2 铜的冬奥成绩已经很了不起，可 40 岁的蒙蒂依旧选择了三战冬奥会。这一次，幸运之神终于降临，男子双人雪车和四人雪车 2 枚金牌使其格勒诺布尔之旅圆满收官。

凭借在越野滑雪和速度滑冰比赛中的出色表现，挪威队继 1952 年奥斯陆冬奥会以来再度问鼎金牌和奖牌双榜榜首。苏联队屈居金牌榜和奖牌榜第二名，部分原因恰是在速滑项目上的折戟。本届冬奥会首次采用了软化水制冰技术，新制冰技术的问世带来了 5 项奥运纪录和 1 项世界纪录。但在上届冬奥会速滑项目上获得 5 枚金牌的苏联运动员却难以适应这样的场地，仅有 1 金入账。与此同时，荷兰队在本届冬奥会上则全线爆发，豪取 3 枚金牌，向世界宣告速滑王国的强势到来。

1968 年 2 月 18 日，格勒诺布尔冬奥会落下帷幕。彩色转播的电视画面让世界认识了这座满是玫瑰花的浪漫城市，格勒诺布尔也在冬奥会后迎来了发展的黄金契机，曾经封闭的山区小城因充沛滑雪资源得到了全球关注，围绕十几个小村庄构建起的冰雪经济带吸引游客纷至沓来。2018 年，格勒诺布尔举办了冬奥会五十周年庆祝活动，彼时城市周边半小时车程的范围内已遍布近 20

座滑雪场，城徽上那朵含有冬季旅游寓意的玫瑰花也更加鲜艳，时刻飘散着独一无二的芳香。

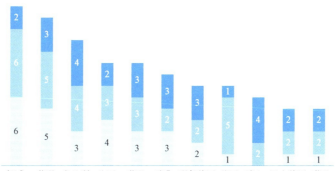

1968年格勒诺布尔冬奥会奖牌榜（前十）

1968年格勒诺布尔冬奥会金牌榜（前五）

冬奥会首次亚洲行
——1972年札幌冬奥会

早在20世纪30年代，札幌就曾成功竞得1940年冬奥会的举办权，虽然后因战争而主动放弃，但日本民众对举办冬奥会的热情一直有增无减。鉴于奥林匹克运动首次亚洲行——1964年东京奥运会的非同凡响，国际奥委会欣然接受了札幌关于举办第十一届冬奥会的申请。为了办好这届冬奥会，札幌市财政投入空前，除了跳台滑雪大跳台外的所有比赛场馆均为新建，并专门修通了札幌市第一条地铁线路和第一条机场高速公路，火爆至今的室内地下商业街也在冬奥会举办时开始营业。

1972年2月3日，札幌冬奥会正式开幕，共有来自35个国家和地区的1006名选手参加了35个小项的比赛。为了让奥林匹克之光普照日本全岛，从希腊采集的圣火抵日后先兵分两路，沿本州岛东、西海岸接力，抵达北海道后又分三路进发，最终由当地学生高田秀喜点燃了真驹内奥林匹克中心的圣火塔。

本届冬奥会之前，日本体育代表团唯一的冬奥收获是 1956 年科尔蒂纳丹佩佐冬奥会上竹谷千春夺得的高山滑雪回转银牌。时过经年，日本迫切渴望能在本土举办的札幌冬奥会上实现突破，而由笠谷幸生、今野昭次、青地清二和藤泽隆四位顶尖跳台滑雪运动员组成的"旭日飞行队"无疑是完成这一使命的最佳组合。其中的笠谷幸生已参加过两届冬奥会，大赛经验十足，是冠军的热门人选。作为领军人物，在跳台滑雪标准台第一轮比赛中，笠谷幸生以近乎完美的姿势跳出 84 米的距离，无可争议地获得头号排名，队友青地清二、今野昭次、藤泽隆成绩紧随其后，占据首轮前四。第二轮比赛，笠谷幸生和今野昭次在风中展开了精彩的冠军争夺战，两人在跳跃距离上出人意料地相同，但飞行姿态让笠谷幸生如愿摘得金牌，今野昭次和青地清二分获亚军和季军。这也是迄今为止唯一一次由单个亚洲国家包揽冬奥会小项前三名。

尽管在跳台滑雪标准台上被东道主牢牢压制，但欧美强队仍在其他项目上展现出绝对实力。瑞士选手称霸了高山滑雪赛场，收获 3 金 2 银 1 铜共 6 枚奖牌。尤为值得一提的是，技惊四座的男子滑降冠军伯恩哈德·鲁西，还是高山滑雪赛道设计的一把好手，退役之后曾亲手勾勒出阿尔贝维尔、利勒哈默尔、盐湖城、都灵、索契等冬奥会的高山滑雪赛道蓝图，古稀之年仍投身一线为平昌、北京冬奥会的赛道设计出谋划策。雪车雪橇赛场上的德国人气势如虹，民主德国运动员狂卷了雪橇项目全部 9 枚奖牌中的 8 枚，联邦德国同胞则将雪车比赛的半数奖牌收入囊中。

越野滑雪赛场上的苏联队似有神助，不仅包揽了女子项目的全部金牌，还打下了男子金牌的半壁江山。其中，加利娜·库拉科娃的表现最为出彩，她先是斩获 5 公里和 10 公里 2 枚金牌，接着又携手队友勇克强敌，夺得了 3×5 公里接力冠军。男选手维切斯夫·韦杰宁的表现也是可圈可点，在摘得 30 公里金牌和 50 公里铜牌后，一鼓作气带队站上接力项目最高领奖台。

冰球赛场上的苏联队同样难遇对手。虽然世锦赛"九连冠"的大部分功勋名将都已是运动生涯暮年，但新老交替并未影响冠军的延续，以年轻球员为班底的苏联队敢打敢拼，取得了四胜一平的佳绩，第四次获得冬奥会男子冰球比赛冠军，美国队和捷克斯洛伐克队分别获得银牌和铜牌。

在速滑项目上，荷兰队继续大放异彩。28 岁的男选手阿德·申克继格勒诺布尔冬奥会以 1500 米银牌小试牛刀后，在札幌独揽三金。更令人惊叹的是，他在职业生涯中共 18 次打破了世界纪录，该战绩至今无人超越。为纪念其卓越成就，荷兰人还用他的名字命名了当地所产的一种金盏番红花。荷兰女队的表现丝毫不弱，1 金 2 银 2 铜的成绩既稳固了速滑王国的地位，又将荷兰的金牌榜排名带到前所未有的高度。

1972 年 2 月 13 日，真驹内奥林匹克中心人潮褪去，冬奥会的首次亚洲之旅圆满落幕。苏联队凭借 8 金 5 银 3 铜的耀眼成绩，重回金牌、奖牌榜榜首。民主德国、瑞士、荷兰三个国家均有四金入账，并列金牌榜第二。挪威以 12 枚奖牌的总数排在民主德国之后，居奖牌榜第三。

日本虽未能进入金牌和奖牌榜前十，但包揽跳台滑雪标准台全部奖牌的成绩已足以让全民振奋。从更广阔的视角来看，东道主其实获益良多。一方面，冬奥会的举办成功把冰雪运动全面带入日本社会，不少地区将滑雪、滑冰列入小学课程，一代岛国少年由此尽享冬奥红利，为 26 年后长野冬奥会的成绩飞跃奠定基础。另一方面，欧美国家因札幌冬奥会而"意外发现"了一个优质冰雪度假胜地——北海道，高质量的冬季旅游种子在此后的五十年中生根发芽,"粉雪"美名飘扬世界,各类冰雪节吸引游人不断。于国际奥委会来说,更是不虚此行,毕竟札幌冬奥会意味着冬季奥林匹克运动终于开辟出欧洲和北美洲之外的第三疆土。

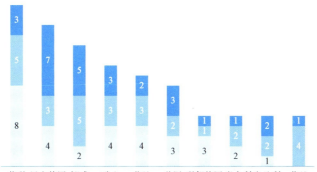

1972年札幌冬奥会奖牌榜(前十)

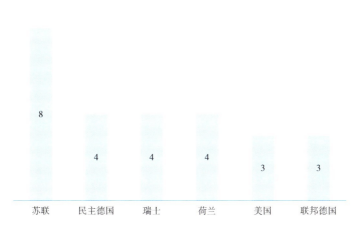

1972年札幌冬奥会金牌榜(前五)

"最佳替补"
——1976年因斯布鲁克冬奥会

当58岁的爱尔兰人基拉宁正式接替布伦戴奇成为国际奥委会第六任主席时，1976年冬奥会的"选址"成了他面临的首个棘手难题。早先选定的举办地美国丹佛已明确表示放弃举办权，原因是丹佛所在的科罗拉多州民众认为设施建设会破坏环境，巨额的经费支出将加重居民经济负担。国际奥委会随之将目光投向加拿大惠斯勒，但由于政府的更迭，惠斯勒也是爱莫能助。几经辗转，正当新主席一筹莫展之际，奥地利的因斯布鲁克及时出来"救场"。1964年冬奥会举办地的身份让因斯布鲁克半路接手仍从容不迫，跳台滑雪四山锦标赛系列赛等大型赛事的不间断到访更让其办赛能力持续"在线"。因斯布鲁克就此成为继圣莫里茨后第二个两次举办冬季奥林匹克运动会的城市。

1976年2月4日，第十二届冬奥会正式拉开帷幕。与十二年前如出一辙，开幕式还是选在伯吉瑟尔跳台滑雪场。当然，旧场地也有新面貌，新圣火台与 1964 年冬奥会的圣火台并立，象征两届冬奥会举办地的荣光，而当 2012 年首届冬季青年奥运会圣火在因斯布鲁克点燃时，矗立起的第三座圣火台则向世人昭告着这是历史上第一个三次举办奥林匹克运动会的城市。让人印象深刻的还有首个名为施尼曼德尔（即雪人）的冬奥官方吉祥物，吉祥物圆圆滚滚的身子加上一根长长的红鼻子，惹得现场观众爱不释手。

  每届冬奥会都有横空出世的国民英雄，格勒诺布尔冬奥会上让·克洛德·基利横扫高山滑雪的全部三金创造历史，札幌冬奥会中"旭日飞行队"包揽跳台滑雪标准台所有奖牌荣耀亚洲，本届冬奥会也不例外。奥地利高山滑雪运动员弗朗茨·科拉莫是此前的世界杯滑降冠军，年仅 22 岁的他作为头号种子，以第 15 顺位出发，前半程上届冬奥会金牌得主瑞士人伯恩哈德·鲁西领先其 0.2 秒，在场边家乡父老的鼓励呐喊中，为了追上这五分之一秒的差距，科拉莫决定放手一搏，最后一公里接近极限的冲刺速度让他原本标准的动作明显走形，并在几乎摔倒的边缘冲过终点。最终，科拉莫以 0.33 秒的优势超越鲁西勇夺男子滑降金牌，为奥地利赢取本届冬奥会的开门红。

  女子高山滑雪赛场上，联邦德国运动员罗西·米特梅耶的表现同样让人印象深刻，她接连赢得女子滑降和回转 2 枚金牌。由于此前从未有包揽单届赛会 3 枚高山滑雪金牌的女运动员，于是，米特梅耶在大回转比赛中以此为目标发起冲击，但最终以 0.12 秒的微弱劣势憾负加拿大对手凯西·克莱娜，不过 2 金 1 银的成绩已经让她成为冬奥史上最成功的高山滑雪女运动员之一，这也是联邦德国队在本届冬奥会上的全部金牌收获。来自民主德国的同胞将雪车、雪橇两项目的全部 5 枚金牌收入囊中，与此同时，汉斯·格奥尔格·阿申巴赫获得了跳台滑雪男子个人标准台金牌，乌尔里希·韦林成功卫冕了北欧两项冠军。7枚金牌让民主德国再次高居金牌榜第二位。

遥遥领先的依旧是苏联队，他们仅在越野滑雪比赛中就拿到4金2银4铜共计10枚奖牌。赖萨·斯梅塔尼娜和上届冬奥会独揽三金的女将加利娜·库拉科娃功不可没，两人先是在5公里比赛中摘银夺铜，接着同登10公里小项领奖台，并联手拿下接力赛冠军。有必要指出的是，本届冬奥会只是前者辉煌冬奥战绩序幕的开始，对后者来说也可谓"记忆深刻"——其5公里比赛的铜牌最终因麻黄碱兴奋剂检测为阳性而被取消。冰上项目方面，苏联运动员接连砍下4枚速度滑冰和2枚花样滑冰金牌，并实现了自1964年冬奥会以来的冰球"四连冠"。值得一提的是，在花滑男单赛场上，英国选手约翰·库利以一支芭蕾舞剧《堂吉诃德》的改编曲目技压群雄，他天生的优雅自带独特的艺术表现力，当完美结束一系列令人惊艳的高难度跳跃动作后，赛场上掌声经久不息。

1976年2月15日，伯吉瑟尔跳台滑雪场再度人头攒动，作为跳台滑雪四山锦标赛系列赛的固定举办地，跳台滑雪大跳台比赛"压轴出场"，奥地利人对这场比赛满怀期望，结果也好事成双，两位本土运动员包揽冠亚军，东道主由此收获本届冬奥会的另一枚金牌。第十二届冬奥会在掌声和欢笑中圆满落幕，至此，因斯布鲁克及其周边三小时车程内的圣莫里茨、加米施-帕滕基兴、科尔蒂纳丹佩佐已悄然承办了六届冬奥会，基拉宁见证了这一历史性的成就，而属于他的征程才刚刚开始。

"最佳替补"的圆满完赛成功燃起新主席上任后的"第一把火"。基拉宁力排众议继续吹起奥林匹克运动的新风，1977年9

月，他亲自率团访问中国，两年之后的"名古屋决议"一经公布就迅速传遍世界，新中国在国际奥委会上的合法席位正式恢复。此时距1980年冬奥会开幕仅剩百天，五星红旗即将飘扬在普莱西德湖的上空，近十亿人口的大国为此开始了紧锣密鼓的筹备。

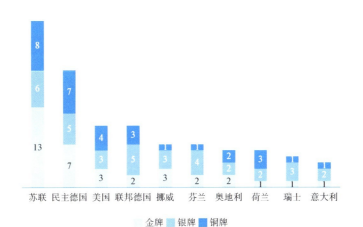

1976年因斯布鲁克冬奥会奖牌榜（前十）

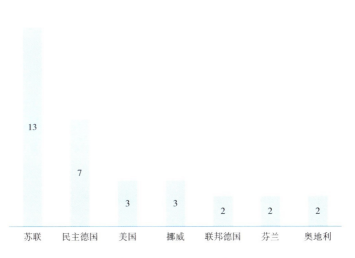

1976年因斯布鲁克冬奥会金牌榜（前五）

中国冬奥史在此开篇

——1980年普莱西德湖冬奥会

举办过1932年冬奥会后的普莱西德湖显然意犹未尽,累计六次再申冬奥的坚毅终于打动了国际奥委会,如愿成为继圣莫里茨、因斯布鲁克之后第三个两次承办冬季奥运会的城市。1980年冬奥会的筹办让不足3000人口的小镇重新焕发出生机与活力,崭新的冰上运动中心、跳台滑雪场、奥运村等接连拔地而起,宽敞明亮、功能多样的冰雪场馆设施彻底弥补上次承办冬奥会时因囊中羞涩而带来的遗憾。

1980年2月13日,第十三届冬奥会正式开幕,共设38个小项,吸引了37个国家的1072名运动员前来参加。刚刚恢复国际奥委会合法席位不久的中国派出28名运动员参加了速度滑冰、花样滑冰、高山滑雪、越野滑雪、冬季两项等赛事。

本届冬奥会上,"一个传奇人物"和"一支传奇队伍"缔造了两个"冰上奇迹",为冬季奥林匹克运动书写了足以载入史册的绚丽篇章。"传奇人物"自然是开幕式上的宣誓运动员埃里克·海登,这位耀眼的明星参加了速度滑冰全部5项比赛并无一例外地都登上了最高领奖台,且每项均刷新了奥运纪录,同时还创造了1项世界纪录。从短距离的无氧到中长距离的有氧,兼具两种超常运动天赋的运动员本就凤毛麟角,连续进行5项比赛的强度更是身心双重负荷的极限"奇迹"。如今,回顾百年冬奥历程,横扫男子速滑赛场包揽全部金牌的精彩场面也仅此一次,单届获得5金的冬奥壮举同样绝无仅有。

"传奇队伍"则是美国冰球队。置身美苏争霸的时代背景下,两国在"没有硝烟的战场"上的对决自然会被赋予更多含义,加之奥运赛场的"旧恨"——苏联队于1972年夏季奥运会上演的"绝杀慕尼黑"终结了美国队自1936年设项以来蝉联男篮奥运冠军的纪录,美苏在冰球决赛到来前的狭路相逢无疑是万众瞩目的焦点。从阵容看,双方相差悬殊,苏联队名将满门,对"五连冠"志在必得,而受限于业余原则,美国队的班底只是平均年龄20岁出头的在校大学生。虽然胜利的天平明显倾向于苏联队,但未到最后一刻,尘埃就不会落定,结果的不确定性正是竞技比赛的最大魅力。距离终场还剩20分钟时,苏联队仍以3比2领先,但顺境之中已略有松弛,背水一战的美国小将们敏锐捕捉到千载难逢的机会,在10分钟内打出了先追平再反超的连环盘,意识到形势急转直下的苏联队随即展开疯狂反攻,奈何发挥超常的美国门将以近40次的神扑救牢牢捍卫住了最后的防线,当比赛结束哨声响起,苏联冰球队"五连冠"梦碎,整个美利坚瞬时沸腾。这场比赛后来被评为美国体育史上最伟大的比赛,神奇逆袭的故事也被翻拍成电影《冰上奇迹》,激励一代人的成长。

除了冰球赛场上美苏的激烈角逐,高山滑雪比赛也精彩纷呈。女子运动员汉尼·文策尔来自全国总人口仅有区区 2.5 万的列支敦士登，她先是在滑降中获得银牌，随后又在回转和大回转比赛中夺冠，近乎完美地复刻了四年前罗西·米特梅耶的传奇。她的弟弟安德烈亚斯·文策尔则拿到了男子大回转银牌。值得一提的是，文策尔家族的滑雪基因得到了很好的延续，汉尼·文策尔的女儿蒂娜·维拉瑟也是 2018 年平昌冬奥会女子超级大回转小项的季军，迄今为止，文策尔家族已为列支敦士登贡献了全国冬奥奖牌的十分之七。

除了横空出世的汉尼·文策尔，本届冬奥会不少项目都由传统强国的名将续写辉煌。花样滑冰赛场上，苏联选手伊琳娜·罗德尼娜搭档亚历山大·扎伊采夫再次折桂双人滑，民主德国运动员乌尔里希·韦林继续称霸北欧两项赛场，实现第三次问鼎。雪车雪橇比赛中的民主德国队照常强势发挥，苏联运动员依旧是从越野滑雪项目中拿走 4 枚金牌，其中尼古拉·齐米亚托夫一人狂卷男子 30 公里集体出发、50 公里和接力赛 3 枚金牌，创造历史的同时也将苏联的金牌总量推至 10 枚。

最终，苏联体育代表团以 10 金 6 银 6 铜的成绩第六次占据金牌榜榜首位置，奖牌榜第一的荣耀归属民主德国队。东道主获得 6 金 4 银 2 铜，成功跻身金、奖牌榜第三名。

首次站上冬奥会舞台的中国运动员，通过与各国高手进行切磋，了解了最前沿的竞技技术，丰富了国际大赛的实战经验，为加速冰雪运动的发展起到了重要的助推作用。而重返阔别已久的奥运大家庭，标志着中国体育发展进入一个新的历史阶段，也是提升国际社会地位的"里程碑式事件"。自此，国际奥委会对社会主义国家有了更多期待，同属这一阵营的南斯拉夫即将燃起四年之后的奥运圣火，美丽的萨拉热窝将为冬奥会留下精彩的一页。

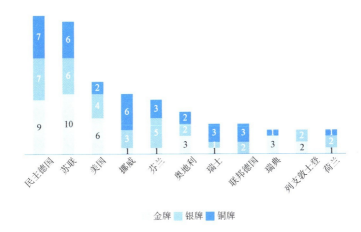

1980年普莱西德湖冬奥会奖牌榜（前十）

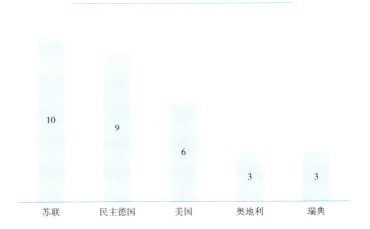

1980年普莱西德湖冬奥会金牌榜（前五）

南斯拉夫的最后献礼

——1984年萨拉热窝冬奥会

萨拉热窝既是第一次世界大战的策源地,又是南斯拉夫人民在第二次世界大战时反击法西斯的英雄城市。城周山峦起伏,积雪多长达半年,有时虽是4月时令,山上仍有雪花飞飘,高山滑雪世界杯就不止一次到访过此地。虽然竞争对手1972年冬奥会举办地札幌看似更有优势,但此时的国际奥委会希望开辟新的冬奥版图,于是,天平向萨拉热窝微倾。艰难赢得第十四届冬奥会举办权后,萨拉热窝即投身于紧张的筹备,社会主义国家的高度动员能力从中体现,近十万名志愿者参与服务,建造工作日夜兼程,高标准的雪车雪橇赛道、花滑及闭幕式场馆、奥运村等全部如期完工,始建于1947年的科舍沃城市体育场也用焕然一新的面貌迎接开幕式到来。

1984年2月8日,第十四届冬奥会正式开幕,这也是萨马兰奇自1980年接任基拉宁成为国际奥委会新任主席后所经历的第一届冬奥会。共有49个国家和地区的1272名运动员齐聚萨拉热窝，参赛规模为历史新高。中国体育代表团第二次参战冬奥会，派出37名运动员参加了39个小项中的26个小项的角逐。值得一提的是，当时的花样滑冰搭档栾波/姚滨在赛后回国不久便退役转型为教练，后者培养出了申雪/赵宏博、庞清/佟健、张丹/张昊三对顶级花滑组合，前者则挖掘了隋文静/韩聪这对"当红花旦"，对我国花滑运动的崛起可谓厥功至伟。

萨拉热窝冰球赛场上的"战事"惹人注目。在上届冬奥会兵败普莱西德湖后，苏联人卷土重来，以五战全胜的姿态挺进最后一轮比赛，面对加拿大和捷克斯洛伐克更是一球未失轻松夺冠，以七战全胜的战绩，第六次获得了冬奥会男子冰球赛冠军。在普莱西德湖上演"冰上奇迹"的美国队被寄予厚望，但其全程表现始终不温不火，最终仅以第七名的成绩收场。

越野滑雪和高山滑雪的比赛令人印象深刻。芬兰越野滑雪运动员玛利亚·丽莎·基尔维斯涅米作为名将之后——其父是1960年斯阔谷冬奥会越野滑雪50公里金牌得主——在1976年和1980年冬奥会上的表现极为普通，个人最佳排名从未突破过第18，但面对两届冬奥会一无所获的状况和媒体贬讽的巨大压力，玛利亚并未一蹶不振，凭借寒暑不歇的科学训练和不屈不挠的强大意志，三战冬奥的她终于在萨拉热窝一飞冲天，独揽女子5公里、10公里、20公里比赛的全部金牌，不仅荣膺本届冬奥会唯一的"三金王"，更成为冬奥会越野滑雪史上第一个在个人项目上取得如此成就的女选手。与越野滑雪赛场上的"女承父业"相呼应，高山滑雪比赛中上演了"亲兄弟齐上阵"的好戏，来自美国的菲尔·梅尔和史蒂夫·梅尔是一对双胞胎兄弟，两人的"滑雪基因"一致强大，在回转比赛中兄弟二人交替领先不分伯仲，最终成绩仅仅相差0.21秒，分获金银牌，冬奥历史上因此首现双胞胎兄弟共同站上领奖台之景。南斯拉夫选手尤尔·弗兰科在男子大回转比赛中获得银牌，这是东道主获得的首枚也是唯一一枚奖牌。

速滑赛场上，上届冬奥会豪取五金的埃里克·海登选择急流勇退，转战职业自行车，男子速度滑冰赛场群雄逐鹿的局面顺势开启。5枚金牌归属3个国家的4名运动员，苏联选手获得10000米、500米金牌，瑞典运动员夺得5000米冠军，加拿大人盖伊丹·鲍彻拿到1000米和1500米2枚金牌。女子速滑则是一家独大，民主德国队包揽了全部4枚金牌，23岁的凯琳·恩克在1000米和1500米小项上夺冠，并于1500米的比赛中以2分03秒42的成绩创造了本届冬奥会速滑赛场上唯一的世界纪录。除此之外，她还拿到500米和3000米银牌，这2个小项的金牌分属其队友克里斯塔·卢丁和安德雷·埃里希。雪车雪橇赛道上的民主德国队同样当仁不让，将雪车项目的所有金银牌及女子雪橇的全部奖牌收入囊中。

最终，民主德国队以9枚金牌居金牌榜首位，苏联队的金牌数虽与之相差3枚，但奖牌总量仍保持第一。闭幕式上，吉祥物小狼武科和海迪、豪迪两只小熊（1988卡尔加里冬奥会吉祥物）紧紧拥抱在一起，这幅象征着友谊与团结的和谐画面让世界为之动容，如果吉祥物有表情，那此刻一定是掩面轻泣，既留恋精彩纷呈的冬奥盛会，又惋惜稍纵即逝的现世和平。

本届冬奥会结束不久，美苏争霸再度升级，苏联抵制了同年的洛杉矶夏季奥运会。数年之后，南斯拉夫解体，萨拉热窝的体育场馆设施也在炮火中毁于一旦，第十四届冬奥会成为南斯拉夫留给世界的最后美好回忆。2019年2月，第十四届欧洲冬季青年奥林匹克节在萨拉热窝隆重开幕，小狼武科的"返场"也让1984年冬奥会的记忆被同步唤起，正如萨马兰奇评价："这是冬季奥运会六十年历史上开得最好、最精彩的一届。"

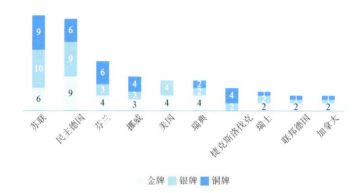

1984年萨拉热窝冬奥会奖牌榜（前十）

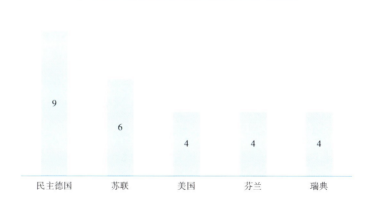

1984年萨拉热窝冬奥会金牌榜（前五）

三十年的等待
——1988 年卡尔加里冬奥会

冬季奥运会的前六十载岁月，先从欧洲起步，然后踏足北美，再到访亚洲，由 9 个国家举办了 14 届，其中两届及以上主办国多达 4 个，三届东道主美国更是其中的佼佼者，但同在北美大陆的枫叶兄弟就没那么幸运。加拿大曾在过去的 30 年里参与六届冬奥会的申办竞选，直到第七次也即卡尔加里的第四次才等到了国际奥委会的垂青。为迎接这场盼望已久的冬奥盛会，包括举办冰球、花样滑冰赛事的马鞍体育馆，集跳台滑雪、雪车雪橇、自由式滑雪功能于一身的加拿大奥林匹克公园等冰雪运动场地相继以超高标准建成。

1988 年 2 月 13 日，第十五届冬奥会正式开幕，来自 57 个国家和地区的 1423 名运动员参赛。与上届相比，小项从 39 个增长到了 46 个。除此之外，组委会还将当时在加拿大广受欢迎的冰壶、短道速滑、自由式滑雪等纳入表演项目。由于项目大幅扩容,原本 12 天左右的赛程已不能满足实际需要,因此,从此届冬奥会开始,赛程调整为 16 天,横跨三个周末,这一方案一直延续至今。

花样滑冰赛场上演了精彩的"布莱恩之战"。美国人布莱恩·博伊塔诺和加拿大人布莱恩·奥瑟分别是 1986 年、1987 年花滑世锦赛冠军,二人在男单决赛狭路相逢,博伊塔诺在规定动作环节领先于奥瑟,但短节目中的加拿大人表现更为出色,前两项比赛过后,两位布莱恩的总成绩只有毫厘之差,胜负将由第三项自由滑决定,奥瑟在微小的技术动作上略有失误,而博伊塔诺则凭借完美姿态的三周跳从容不迫夺得冠军。不过,摘得银牌的布莱恩·奥瑟的冬奥故事并未就此完结,20 多年后,他带领金妍儿和羽生结弦在温哥华、索契、平昌三届冬奥会上接连夺冠,于弟子们身上实现了自己的金牌梦想。女单赛场上,民主德国运动员卡特琳娜·维特成为继索尼娅·海妮之后的又一位冬奥花滑女单卫冕冠军,本土选手伊丽莎白·曼丽紧随其后夺得银牌。花样滑冰的两枚银牌是东道主在本届冬奥会上获得的最好成绩。实际上,加拿大在举办 1976 年蒙特利尔奥运会时也没能在主场收获金牌,两次东道国未得一金也堪称奥运史上的另类纪录。值得一提的是,得益于高效地遗产利用,随后数年,卡尔加里冬奥场馆群作为赛事基地举办了超过百余场国际和北美地区比赛,逐渐成为孕育加拿大顶级冰雪运动人才的摇篮,并最终成功将卡尔加里的"金牌荒"逆转为温哥华的"金牌王"——加拿大在 2010 年温哥华冬奥会登顶金牌榜榜首。

位于卡尔加里大学内的奥林匹克椭圆速滑馆见证了本届冬奥会的诸多奇迹。速度滑冰全部 10 个小项的奥运纪录均被改写,其中有 7 个也是世界纪录。来自速滑王国的女运动员伊冯·范·

根尼普荣膺"三冠王",一人赢得了1500米、3000米和5000米3枚金牌,并刷新了后两项的世界纪录。速滑500米摘银,又以破纪录的成绩夺得1000米金牌的民主德国女选手克里斯塔·卢丁·罗滕伯格,曾在夏季通过自行车训练来保持竞技水平,却从中发现了天赋,于是,先在1986年世界自行车锦标赛中夺取1枚金牌,又在1988年汉城奥运会上获得场地自行车女子个人追逐赛的银牌。由此成为历史上唯一一位在同一年获得冬季和夏季奥运会奖牌的运动员。

开创先河的还有牙买加雪车队。虽然在比赛中人仰马翻,但4名牙买加选手扶起雪车,坚持徒步走完了赛程,全场内外的感动和尊重取代了嘲讽,他们的努力也赢得了国际赞赏,这段故事后来被翻拍为电影《冰上轻驰》,体育的魅力在此彰显——向上攀爬的道路比站在顶峰更让人心潮澎湃,热带国家运动员都能站上冬奥会的赛场,参加门槛最高的雪车比赛,你我的人生又何须设限?

取材本届冬奥会的另一部电影是《飞鹰艾迪》。怀揣跳台滑雪梦想的英国人迈克尔·爱德华兹资质平平,一路磕磕绊绊终达冬奥殿堂,尽管他在空中的飞行时间很短,每次成绩都是垫底,但为热爱而战的艾迪每次跳跃都是对自己的超越。他的风头甚至盖过了包揽本届冬奥会跳台滑雪全部金牌的马蒂·尼凯宁。这位"飞翔的芬兰人"先在标准台中轻松夺冠,接下来又在大跳台比赛中实现卫冕,最后带队赢得团体赛冠军。一届冬奥会上包揽跳台滑雪3枚金牌的壮举从此"绝迹江湖",总计4金1银的战绩也让尼凯宁成为冬奥史上最耀眼的跳台滑雪明星。

冰球赛场上,苏联第七次获得冠军,他们又在随后的双人雪车比赛中以不足1秒的优势从民主德国人手中夺走金牌。冬奥赛场捷报频传，苏联举国沉浸在胜利的喜悦中，没人会预料到这支冬奥劲旅即将成为历史。本届冬奥会结束的不到四年时间里，德国统一，苏联解体，卡尔加里也成为这三支队伍"冬奥之舞"的最后赛场。苏联队获得包括 11 枚金牌在内的 29 枚奖牌，第七次荣膺金牌榜榜首，也是第七次位居奖牌榜第一。民主德国以 9 金 10 银 6 铜的成绩，排名金、奖牌榜第二。瑞士队凭借在高山滑雪 8 个小项上的多点开花，列金、奖牌榜第三。

  第三次参加冬奥会的中国体育代表团并未空手而归，如今的功勋教练、当时不满 22 岁的李琰在表演项目短道速滑 1000 米中摘金，按照正式项目的颁奖程序，中华人民共和国国旗在《义勇军进行曲》的旋律中缓缓升起，同样的场面直到 14 年后才在盐湖城重现。加拿大组委会为此特制了一张海报，李琰舒展的滑冰姿态剪影浮现在鲜红的五星红旗背景板上，并配有四个中文大字：神龙腾飞。这张海报的美好寓意于四年后"应验"，中国冰雪健儿的奖牌之路也自阿尔贝维尔冬奥会全面开启。

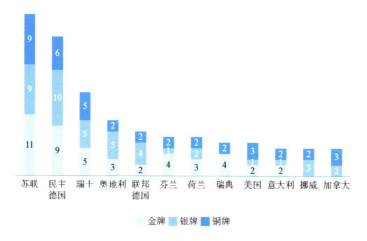

1988年卡尔加里冬奥会奖牌榜（前十）

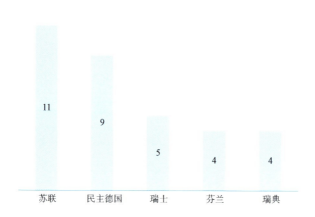

1988年卡尔加里冬奥会金牌榜（前五）

中国冬奥健儿首登领奖台
——1992年阿尔贝维尔冬奥会

如果说加拿大 30 年的等待还不足以证明冬奥会举办权的"抢手",那么包括美国、挪威、意大利在内的 7 个国家同时竞争申办第十六届冬奥会则绝对是其巨大魅力的生动彰显。由于对手数量众多且均实力雄厚,法国的阿尔贝维尔直到第五轮投票才确定优势。随后,这座地处阿尔卑斯山区的冰雪小城携手同属于萨瓦省的高雪维尔、拉普拉涅、蒂涅等一众老牌滑雪胜地一起完成了比赛场馆的布局建设。1968 年冬奥会高山滑雪三金得主让·克洛德·基利以冬奥组委联合主席的身份前来助阵,在他的策划和建议下,新增了 11 个小项,还列出 8 个表演项目,这也是最后一次在冬奥会中设立表演项目。

1992 年 2 月 8 日,第十六届冬奥会正式开幕,法式浪漫再次惊艳世界,航空大队歼击机在体育场上空呼啸而过,留下象征奥运的五彩颜色,以往的"团体操式"表演不见踪影,取而代之的是声光电相结合的舞台艺术，让人感到神秘又惊喜。足球明星米歇尔·普拉蒂尼携手一名小男孩共同跑到主火炬台下，并由后者点燃了主火炬，尽显冬奥会的包容与开拓纳新。阿尔贝维尔冬奥会的参赛国家和地区达到 64 个，其中，两德在"分久必合"的大势中"重归于好"，硬币的另一面则是数个苏联加盟共和国组成的"独联体"。中国体育代表团派出 34 名运动员参加了高山滑雪、越野滑雪、冬季两项、速度滑冰、花样滑冰、短道速滑 6 个分项的比赛。

滑冰赛场上掀起了一阵"亚洲风暴"。速度滑冰女子 500 米决赛中，世锦赛冠军得主叶乔波在遭受换道"意外"干扰的情况下仍滑出了 40 秒 51 的优异成绩，斩获中国运动员在冬奥会正式比赛项目上的首枚奖牌。接下来的 1000 米较量中，她则进一步将与冠军的差距从 500 米的 0.18 秒缩至 0.02 秒，拿到个人的第二枚冬奥银牌。于卡尔加里冬奥会上演"神龙腾飞"的短道女将李琰状态正佳，一路过关斩将为中国队夺得 1 枚宝贵银牌，并由此开启了中国短道速滑的辉煌时代。韩国短道速滑选手金基勋也是"亚洲风暴"的重要一员，他在问鼎男子 1000 米小项的同时，还与队友合作赢得 5000 米接力冠军，撑起了韩国队在阿尔贝维尔冬奥会上的全部金牌。花样滑冰单人滑项目规则有所变动，原本三个环节之一的规定动作不再保留，短节目和自由滑成为决定胜负的唯二因素。美籍日裔选手克里斯汀·山口在短节目和自由滑比赛中均排名第一，将金牌轻松收入囊中。日本选手伊藤绿凭借自由滑比赛中超高难度的阿克塞尔三周跳弥补了短节目阶段的失误而获得银牌，也成为第一位获得冬奥会花样滑冰奖牌的亚洲人。年仅 15 岁的中国小将陈露初登冬奥赛场便跻身前六，积攒了难得的大赛经验。

雪上项目的拿牌大户仍是欧洲国家，越野滑雪比赛成就了两个"三金王",挪威选手比约恩·戴利和队友维加德·乌尔旺先是平分了男子个人项目中的全部 4 枚金牌,随后两人与队友合力拿下接力赛金牌。此外,比约恩·戴利还获得了 30 公里集体出发比赛的银牌,但 3 金 1 银远不是他的终点,在 1994 年和 1998 年两届冬奥会上,戴利再攀高峰,以 8 金 4 银的无敌战绩成为 20 世纪当之无愧的越野滑雪之王。

高山滑雪的看点十足。自 1936 年被纳入冬奥会比赛项目以来,从来没有任何一位高山滑雪选手在任何一个小项上成功卫冕,意大利旗手阿尔伯托·汤巴因此成为打破"魔咒"的第一人——蝉联卡尔加里和阿尔贝维尔两届冬奥会的大回转冠军。值得一提的是,大回转比赛的第二名马克·吉拉尔德利是本届冬奥会上卢森堡派出的"独苗"运动员,他在超级大回转比赛中也摘得银牌,若计算单届冬奥会的体育代表团得牌效率,卢森堡无疑是历史最佳。更令人意外和欣喜的是,来自新西兰的选手安娜莉丝·科贝格尔在女子回转小项中勇提银牌,这也是南半球国家的第一枚冬奥奖牌。

自由式滑雪是本届冬奥会的新增项目,其举办地点定在第一届自由式滑雪世锦赛的诞生地蒂涅,设有男、女雪上技巧 2 个小项,冠军分属法国选手埃德加·格罗斯皮龙和美国运动员冬娜·温布雷特,而作为表演项目的空中技巧则在两年后的利勒哈默尔冬奥会上"转正"。

1992 年 2 月 23 日,历史上最后一届与夏奥会同年举办的冬奥会落下帷幕,高达 20 个国家在本届冬奥会上感受到了奖牌的温度,完成统一大业的德国以 10 金 10 银 6 铜拔得金、奖牌榜双头筹,独联体以 9 金 6 银 8 铜的成绩紧随其后,居金、奖牌榜次席。中国体育代表团用时 12 年终于敲开了冬奥会奖牌的大门——叶乔波速度滑冰的 2 银和李琰短道速滑的 1 银，韩国、卢森堡、新西兰等国也都是首获冬奥奖牌。比位列金牌和奖牌榜第七名的成绩更让法兰西人感到骄傲的是，阿尔贝维尔冬奥会的圆满结束标志着法国成为欧洲第一个和世界上第二个举办过三届冬奥会的国家，深厚的奥林匹克文化底蕴于此再添一抹靓丽的色彩。

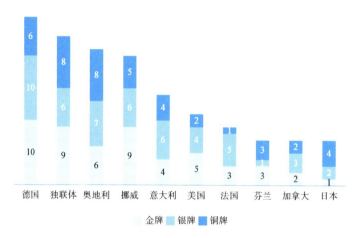

1992 年阿尔贝维尔冬奥会奖牌榜（前十）

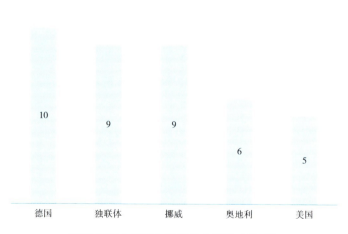

1992 年阿尔贝维尔冬奥会金牌榜（前五）

绿色奥运的典范

——1994 年利勒哈默尔冬奥会

为更好推动奥林匹克运动在全球的普及与发展,萨马兰奇领导下的国际奥委会于 1986 年决定将延续逾 60 年的夏季、冬季奥运会同年进行的传统变更为间隔两年交替举办。挪威的利勒哈默尔由此成为"新政"的首个受益城市。利勒哈默尔有着悠久的冬季运动历史,是越野滑雪经典起源故事的具体发生地,走过近百年岁月的毕克拜纳滑雪比赛就是最好的例子。充沛的冬季运动资源和优美的自然环境,使这座仅有 2.3 万人口的小城在挪威声名远播,不仅是冬季运动训练的上选之所,也是令人向往的旅游胜地。在系统分析上轮申办失败的原因后,利勒哈默尔迅速调整了竞标思路,凭借更为周密的场馆设计方案以及挪威首都奥斯陆曾承办冬奥会的经验,最终获得了具有划时代意义的 1994 年冬奥会的举办权。

1994 年 2 月 12 日,第十七届冬奥会正式开幕,来自希腊奥林匹亚的"官方"火炬,以跳台滑雪的方式被带入开幕式场地中,随后哈康王储点燃了主火炬。与此同时,早前已移至利勒哈默尔主干道斯托尔加塔街的 1952 年冬奥会火炬台也由取自桑德雷·诺海姆故居壁炉的火种燃起,旨在表达对挪威冰雪运动文化和传统的追忆。共有来自 67 个国家和地区的 1737 名运动员参加了 61 个小项的角逐,自由式滑雪男女空中技巧、短道速滑男子 500 米及女子 1000 米均为新增。

花样滑冰赛场上,俄罗斯运动员延续了苏联时代对双人滑小项的统治,1988 年卡尔加里冬奥会冠军叶卡捷琳娜·戈尔迪耶娃/谢尔盖·格林科夫代表俄罗斯赢得金牌。第二次冬奥之旅的女单选手陈露褪去青涩,在短节目中翩翩起舞排名第四,自由滑比赛中选用宫崎骏电影《风之谷》音乐为伴奏,无论是技术动作还是艺术表达都收放自如,最终挺进三甲,为中国赢得了首枚冬奥会花样滑冰奖牌。利勒哈默尔滑冰场上另一位厥功至伟的老将叶乔波以超乎常人想象的强大意志力,忍受严重伤痛在女子 1000 米速度滑冰比赛中拼得一枚悲壮的铜牌,这段"挂着冰刀出征,坐着轮椅凯旋"的故事后来被翻拍成电影《冰与火》,记录下了那一代中国冰雪人的荣耀与情怀。速滑男子方面,东道主选手约翰·奥拉夫·科斯如有神助,三次打破世界纪录,勇夺 1500 米、5000 米、10000 米 3 枚金牌,并将万米小项的世界纪录提升了 12.99 秒。

雪橇赛场上的德国名将乔治·哈克尔开创了卫冕冬奥会单人雪橇金牌的先河,瑞士搭档古斯塔夫·韦德和多纳特·阿克林则是冬奥史上首个双人雪车卫冕冠军组合。北欧两项男子团体赛中,由小野田典和小原健二组成的日本队同样梅开二度,用第一个冬奥会北欧两项团体卫冕冠军为即将到来的长野冬奥会博取好彩头。

高山滑雪项目上，瑞士女子运动员弗雷尼·施奈德成功集齐利勒哈默尔冬奥会的三色奖牌——分别在回转、全能、大回转比赛中获得金牌、银牌、铜牌，并以三届冬奥会累计3金1银1铜的战绩，刷新了女子高山滑雪运动的冬奥金牌和奖牌纪录。越野滑雪健将比约恩·戴利主场作战赢得2金2银，助推挪威攀上奖牌榜第一位，金牌总量的王者则属于首次露面的俄罗斯队。德国队稳定发挥，取得金牌榜第三和奖牌榜第二的佳绩。

除了赛事精彩非凡，在尊重自然和保护环境方面，利勒哈默尔冬奥会更堪称典范。组委会在筹备期间就启动了20多个可持续发展项目，从场馆建设的环保性、赛后利用的可持续性，到赛会期间废物管理、周边野生动物保护等都做了非常充分的考量。例如，举办速度滑冰比赛的哈马尔奥林匹克体育馆外形设计酷似倒扣的海盗船，旨在与周边造船厂遗址景观融为一体并不打扰附近稀有鸟类的栖息；完全依托巨型岩石下的空间而建成的全球首个"山洞滑冰场"——格约威克奥林匹克滑冰场，不仅是空间合理利用的巧妙之举，还因内部自然温度常年稳定，而极大地降低了制冰成本，在出色地承担了利勒哈默尔冬奥会部分冰球赛事后，又受到短道速滑世锦赛、女子手球世锦赛等国际大赛的青睐，时至今日滑冰场也近乎全年对外开放；严格遵循环保原则而建成的吕斯阔郭尔跳台在赛后同样得到了充分利用，跳台滑雪世界杯、北欧两项世界杯十余次到访，位居挪威高人气旅游景点榜单之列，还是众多知名电影、音乐短片的取景地。

1994年冬奥会进一步激发了国际奥委会对环境保护的重视，《奥林匹克宪章》也于1996年增加了环保相关条款。可持续发展的"利勒哈默尔方案"更是经久不衰，甚至2016年第二届冬青奥会的组委会仍然选择从 22 年前的诸多举措中汲取经验。难怪时任国际奥委会主席萨马兰奇多次表示，利勒哈默尔冬奥会为后来者树立了环保典范，这是一场大自然的真正胜利。

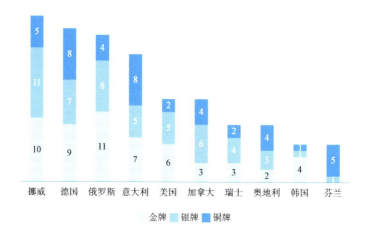

1994 年利勒哈默尔冬奥会奖牌榜（前十）

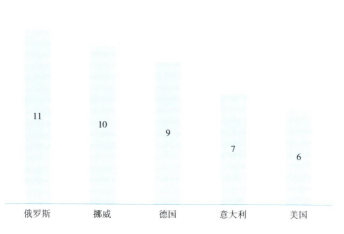

1994 年利勒哈默尔冬奥会金牌榜（前五）

20 世纪最后的盛会
——1998 年长野冬奥会

经 1991 年的国际奥委会全会表决，20 世纪最后一场冬奥盛会的举办权最终花落日本长野。为了迎接冬季奥林匹克运动会的第二次岛国行，主办城市多管齐下，不仅交通"大动脉"新干线高铁轰鸣驶入，多条高速公路也加速建成，与此同时，国别文化培训接连不断，英语学习热潮一浪高过一浪。走过六年半的"内外兼修"成长期，长野已为第十八届冬奥会的到来做足了准备。

1998 年 2 月 7 日，跨越千年历史的善光寺内回荡起悠扬的梵钟声，日本天皇明仁在南长野体育公园庄严宣布第十八届冬奥会开幕，来自五大洲的合唱团通过卫星传送与现场管弦乐团合作演绎的《欢乐颂》给长野冬奥会染上了一层迷人的色彩。总计 72 个国家和地区的 2176 名运动员参加了本届冬奥会，比赛设 14 个分项、68 小项。

冰壶正式回归阔别74年的冬奥赛场，加拿大男女队双双闯进决赛，女队力压丹麦笑到最后，男队惜败瑞士收获银牌。另一边，加拿大、美国、芬兰、中国、瑞典、日本6支队伍向女子冰球金牌发起冲击，幸运之神最终垂青于美国队，加拿大队和芬兰队分获亚军、季军，中国队位居第四，这也是中国女冰在冬奥赛场上的历史最佳战绩。

相对女子冰球的冬奥首秀，男子冰球同样迎来了"第一次"——NHL（北美职业冰球联赛）"放行"联盟球队的职业冰球运动员参加冬奥会。不过让人大跌眼镜的是，拥有众多NHL球员的美加两队都未能站上领奖台，美国队在四分之一决赛就惨遭淘汰，冰球大帝韦恩·格雷茨基率领的加拿大队虽在小组赛时势如破竹，但半决赛点球大战负于捷克队。决赛阶段，捷克和俄罗斯双方门将各自进行了20次精彩扑救后，捷克队攻入制胜一球，锁定胜局。望着第一次站在最高领奖台上手捧冬奥男子冰球冠军奖牌的捷克运动员，俄罗斯人已经开始酝酿盐湖城冬奥会上的"复仇之战"。

赶在世纪之交的最后一届冬奥会上，各国顶尖高手争先恐后欲留下"世纪难忘"的辉煌表现。雪橇赛场上，德国人乔治·哈克尔成为首位实现"三连冠"的雪橇运动员。挪威选手比约恩·戴利在越野滑雪比赛中再度赢得3枚金牌，成为冬奥史上第一位"八金王"。15岁零255天的美国小将塔拉·利平斯基登上花滑女单最高领奖台，将索尼娅·海妮维持70年之久的冬奥会个人项目冠军最小年龄纪录提前了两个月。脚踩克莱普冰刀的荷兰战队在速滑赛道上所向披靡，三破世界纪录又二刷奥运纪录，捧得5金4银2铜满载而归。

中国冰雪健儿同样取得了长足进步。徐囡囡在自由式滑雪空中技巧比赛中斩获银牌，实现中国雪上项目冬奥奖牌"零的突破"。陈露蝉联花滑女单季军。短道速滑比拼中，杨阳赢得女子500米、1000米银牌的同时，与队友杨扬、王春露、孙丹丹合作再添3000米接力银牌。李佳军在男子1000米中位列第二，并携手冯凯、袁野及500米亚军得主安玉龙站上男子5000米接力领奖台。比起1992年李琰和1994年张艳梅的各1枚银牌，5银1铜覆盖全部6个小项的长野短道成绩无疑足够亮眼，也预示着冬奥会短道速滑项目中韩争霸时代的即将到来。

  东道主创造了自参加冬奥会以来的金牌和奖牌数量双新高，其中的5枚金牌更是日本迄今为止的单届最佳表现。与26年前本土举办的札幌冬奥会一样，长野冬奥会上的日本国民英雄也诞生于跳台滑雪项目，22岁的小将船木和喜成为脱颖而出的黑马，先是在标准台比赛中获得银牌，随后凭借姿势分满分的奇迹成为大跳台冠军，继而带领日本队赢得团体赛金牌。

  1998年2月22日，第十八届冬奥会落下帷幕，长野随之迎来了新一轮发展黄金期。凭借20世纪最后一场冬奥会举办地的响亮名号和"冬奥标准"的充裕场地设施，以及本就丰富的观光资源，海量国内外游客陆续光顾长野，推动其真正成为亚洲代表性的冬季旅游目的地之一。时至今日，近九成的长野民众都认为当年的冬奥会意义非凡，为纪念冬奥会而于1999年起举办的每年一度的长野马拉松更是长野人对当年盛会的最美追忆。

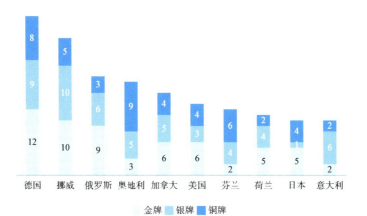

1998年长野冬奥会奖牌榜（前十）

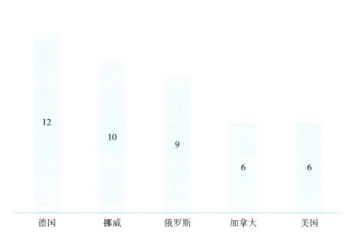

1998年长野冬奥会金牌榜（前五）

"整风运动"的前夜

——2002年盐湖城冬奥会

盐湖城是犹他州首府,因紧靠大盐湖而得名,拥有非常丰富的观光资源,附近不远处的小镇帕克城更是享誉全球的滑雪度假胜地。1991年申冬奥投票时,盐湖城以42比46不敌长野,四年之后,则力压加拿大魁北克、瑞士锡永、瑞典厄斯特松德等一众对手笑到最后。

2002年2月8日,时任美国总统布什宣布第十九届冬奥会正式开幕,冬奥圣火由曾于1980年上演"冰上奇迹"的美国冰球队全体成员点燃。本届冬奥会有来自77个国家和地区的2399名运动员参加,总计设有78个小项,归属于15个分项,分项设置一直延续至今。

钢架雪车时隔54年重返冬奥赛场并由此扎稳脚跟,男子比赛的金牌由美国运动员吉姆·谢亚获得。值得一提的是,吉姆来自体育世家,爷爷杰克·谢亚是1932年普莱西德湖冬奥会速度滑冰 500 米和 1500 米小项的"双冠王",父亲詹姆斯·谢亚参加了 1964 年因斯布鲁克冬奥会的越野滑雪比赛,祖孙三人的形象堪称盐湖城冬奥会的最佳宣传照。由于杰克在开幕前因车祸意外去世,悲痛万分的吉姆将对爷爷的哀思化为不竭之力投入到临战阶段的疯狂训练,随后在犹他奥林匹克公园赛道上力克所有对手。夺冠后的吉姆手握爷爷的照片仰天长啸,现场观众都为这共情时刻潸然泪下,奥林匹克竞技的意义也在此升华。首次"露面"的女子钢架雪车的金牌被美国选手特里斯坦·盖尔收入囊中。同样是"初来乍到"的女子双人雪车的冠军也由美国组合占据,搭档中的沃内塔·弗劳尔斯还由此成为第一位夺得冬奥会金牌的黑人运动员。意大利选手阿尔明·佐格勒赢得了男子单人雪橇金牌,他连续六届冬奥会获得奖牌的纪录正在书写之中。而紧随其后的银牌得主德国人乔治·哈克尔,则已然完成了冬奥史上首张接连参加五届冬奥会且从未空手而归的完美答卷。除此之外的车橇小项的金牌都被德国斩获。

另一位职业生涯"超长待机"的运动员是瑞士人西蒙·阿曼,从 1998 年长野到 2022 年北京的七届冬奥会中都出现了他的身影,因长相酷似哈利·波特而颇受观众喜爱,被冠以名号"飞翔的哈利·波特",是盐湖城跳台滑雪项目男子个人标准台和个人大跳台的双金得主。高山滑雪比赛中,加尼卡·科斯泰里奇一人独揽女子回转、大回转、全能 3 枚金牌以及超级大回转银牌,成为克罗地亚的头号冬奥功臣。冬季两项赛场上,挪威选手奥勒·埃纳尔·比约恩达伦创造了史无前例的伟大成就,狂卷男子 10 公里短距离、20 公里个人赛、12.5 公里追逐以及 4×7.5 公里接力全部金牌,是盐湖城冬奥会上名副其实的最亮之星。越野滑雪比赛结果跌宕起伏,横扫男子双追逐、30 公里集体出发、50

公里 3 个小项的西班牙运动员约翰·米勒格，分获女子双追逐、30 公里冠军的俄罗斯选手奥尔加·达尼洛娃和拉里萨·拉祖蒂纳都因兴奋剂问题被取消了奖牌，紧随其后的多位运动员因此而顺序递补。

速度滑冰赛场上，克莱普冰刀持续发威，加之犹他奥林匹克速滑馆的高海拔，全部 10 个小项中的 8 个世界纪录被刷新，荷兰人与德国人平分 6 个，另 2 个则由东道主运动员创造。回顾冬奥会男子冰球比赛，无论是 1960 年斯阔谷还是 1980 年普莱西德湖，美国队都保持着主场不败的战绩，但这一次，由冰球大帝韦恩·格雷茨基执教的加拿大队技高一筹，力压美国队捧回了阔别 50 年的男冰金牌。俄罗斯则于四分之一决赛中复仇捷克，位列第三。女冰方面，加拿大队击败东道主坐上冠军宝座。

短道速滑 1000 米比赛中，澳大利亚选手斯蒂文·布拉德伯里的故事留下了别样的经典。首先是在四分之一决赛中因小组第二的加拿大人马克·加依被取消资格而递补晋级半决赛。半决赛中布拉德伯里一直落后，但最后一圈时，排在前面的选手接连失误摔倒，他遂以第二名的身份晋级 A 组决赛。决赛中幸运之神再度降临，李佳军、安贤洙、阿波罗·安东·奥诺等一众实力悍将在最后一个弯道发生了集体大碰撞，布拉德伯里则因距离过远而避免了这场意外，得以闲庭信步滑过终点线，澳大利亚也即南半球的第一位冬奥会冠军就此诞生。

短道速滑赛场还见证了中国首枚冬奥金牌的问世，杨扬在女子 500 米决赛中一骑绝尘，以 44 秒 187 的成绩力压所有对手，为中国体育代表团拿到史上第一枚冬奥金牌。几天后，她又站上了 1000 米小项的最高领奖台，并与杨阳、王春露、孙丹丹联手斩获了女子 3000 米接力银牌，加上王春露的女子 500 米铜牌，杨阳的女子1000米铜牌，李佳军的男子1500米银牌及其与安玉龙、李野、冯凯、郭伟携手摘得的5000米接力铜牌，中国短道速滑队尽显王者之师风范。花样滑冰双人滑比赛中，申雪/赵宏博喜提铜牌，开中国双人滑冬奥奖牌先河。凭借2金2银4铜的佳绩，中国队首次进入冬奥会奖牌榜前十名。

2002年2月24日，盐湖城冬奥会落下帷幕，德国队以惊人的36枚奖牌刷新了单届冬奥会奖牌数纪录，美国队以34枚的成绩紧随其后，挪威队居奖牌榜第三和金牌榜榜首。尽管丑闻风波充斥于赛前赛中，如盐湖城奥申委在申冬奥期间行贿国际奥委会委员，花滑赛场上俄、法裁判相互偏袒对方运动员以彼此成就，因兴奋剂问题致多枚奖牌赛后易主，但这也从侧面说明，冬奥会的受重视程度越来越高，同时预示着更为规范的冬季奥林匹克运动时代即将到来。

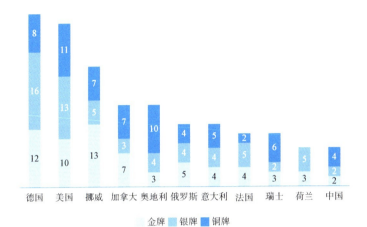

2002年盐湖城冬奥会奖牌榜（前十）

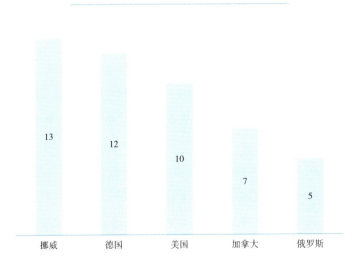

2002年盐湖城冬奥会金牌榜（前五）

德意志战队第三次问鼎双榜
——2006年都灵冬奥会

  2002年盐湖城冬奥会的申办贿选丑闻让国际奥委会不得不祭出重拳，陆续推出多项改革措施以透明化申办程序。与此同时，针对接连不断的兴奋剂事件，在国际奥委会的大力支持下，世界反兴奋剂机构也于2003年通过了《世界反兴奋剂条例》。意大利第三大城市都灵正是在如此"整风运动"的背景下完成了第二十届冬奥会的筹备工作。

  2006年2月10日，都灵冬奥会正式开幕，10枚冬奥奖牌得主、36岁的意大利越野滑雪老将斯特凡尼娅·贝尔蒙多点燃了主火炬。共有来自80个国家和地区的2508名运动员前来参赛。

  高手云集的单板滑雪比赛备受关注，美国队和瑞士队平分了6个小项的金牌。不满20岁的少年肖恩·怀特红发飘扬，轻松赢得U型场地技巧男子金牌，女子金牌同样由美国的19岁小将汉娜·泰特获得。平行大回转比赛则是瑞士队的天下，尤为值得一提的是，上届冬奥会男子冠军瑞士选手菲利普·肖赫在决赛中战胜哥哥西蒙·肖赫，成为历史上第一位卫冕单板滑雪冬奥会冠军的选手。冬奥赛场上亲兄弟夺得一场比赛的金银牌并非个例，在此之前就有两对兄弟幸运达成。① 在新入奥的障碍追逐小项上，美国运动员本有希望男女同胜，不料在女子比赛中发生了戏剧性的一幕，世锦赛冠军琳赛·雅各贝利斯因在决赛前半程确立了绝对领先优势，于是决定在最后关头秀一下自己高超的抓板技术，却未想出现严重的失误而摔倒在雪道上，等她重新站起来时，瑞士选手坦贾·弗里登早已超到了第一位，"煮熟的鸭子"就此飞跑。都灵之后的温哥华、索契、平昌三届冬奥会，雅各贝利斯无一缺席但颗粒无收，直到 2022 年才拿到了 16 年前就该入怀的障碍追逐冬奥金牌，可不再年轻气盛但绝对宝刀未老的雅各贝利斯并未就此满足，一鼓作气与队友搭档又赢得了北京冬奥会新增小项障碍追逐混合团体赛的冠军，这位"五朝元老"终凭借 2 金 1 银成为冬奥史上获得金牌和奖牌最多的单板滑雪女子运动员。

越野滑雪强国挪威在都灵遭遇滑铁卢，全部 12 个小项一金未进，夺冠热门选手玛丽特·比约根因病困扰仅在女子 10 公里比赛中获得 1 枚银牌。意大利人乔治·迪·森塔以 0.8 秒的微弱优势夺得了男子 50 公里冠军，而第二、三名的差距仅有 0.1 秒，耗时 2 小时有余完成的比赛最后差距不足一秒，无疑是该小项冬奥史上最为接近的奖牌距离。

① 美国兄弟詹尼森·希顿和约翰·希顿在 1928 年圣莫里茨冬奥会的钢架雪车比赛中分列冠亚军；美国双胞胎兄弟菲尔·梅尔和史蒂夫·梅尔在 1984 年萨拉热窝冬奥会的高山滑雪回转比赛中包揽金银牌。

冬季两项赛场上，德国队以5金4银2铜的耀眼成绩傲视群雄，仅迈克尔·格雷斯一人就揽得男子15公里集体出发、20公里个人赛以及4×7.5公里接力3枚金牌。雪车雪橇项目的最大赢家也是德国人，他们赢得了雪车比赛的全部3枚金牌，并在雪橇女单比赛中包揽前三。东道主选手阿尔明·佐格勒在雪橇男单比赛中实现了卫冕。两位史诗级人物都在都灵的高山滑雪比赛中完成了绝唱：34岁的挪威男选手谢蒂尔·安德烈·奥莫特第三次拿到冬奥会超级大回转的冠军，4金2银2铜的高山滑雪冬奥战绩至今无人能及。克罗地亚的加尼卡·科斯泰里奇收获了全能金牌和超级大回转银牌，4金2银的出色冬奥表现折服所有高山滑雪女子运动员。自由式滑雪的空中技巧比拼中，中国运动员韩晓鹏异军突起获得金牌，中国队冬奥雪上项目和男子项目金牌"零的突破"同时实现；女子比赛中，2005年世锦赛冠军李妮娜惜败瑞士对手，为中国添银。

短道速滑赛场上，21岁的中国小将王濛在女子500米、1000米、1500米3个小项中分获冠、亚、季军，"濛时代"初露端倪。两名老将同样表现不俗，杨扬和李佳军分别夺得了女子1000米和男子1500米的铜牌。韩国队一举拿下6金3银1铜，安贤洙和陈善有各自手握三金，在帕拉维拉体育馆内风头无二。

速度滑冰10个小项经历1998年长野和2002年盐湖城接连两届冬奥会的纪录频刷后，本届再未有新的世界纪录诞生，不过，比赛的精彩程度依旧。女子团体追逐赛中，上届冬奥会收获2枚金牌的德国老将克劳迪娅·佩希施泰因率队战胜由克拉拉·休斯领衔的加拿大队。当两位宿敌在随后的5000米决赛再度碰面时，后者终于登上了最高领奖台。其实，克拉拉·休斯是百年奥运征程中极少有的"两栖"运动员，她曾在1996年亚特兰大奥运会公路自行车比赛中夺得 2 枚铜牌，随后师从中国教练王秀丽，于 2002 年盐湖城冬奥会获得速度滑冰 5000 米季军，本届冬奥会实现金牌梦后，还于 2010 年温哥华冬奥会再度获得该小项第三名，是全球 6 位在冬、夏两季奥运会不同项目上都有奖牌入账的伟大运动员中所获奖牌最多的一位。速滑王国荷兰此次夺得 3 金 2 银 4 铜，不少明日之星都登场亮相，如未来的"长距离之王"斯文·克拉默赢得了男子 5000 米银牌和团体追逐赛铜牌，日后的速滑女王伊琳·维斯特则是将女子 3000 米金牌和 1500 米铜牌收入囊中。中国速滑队也在 1994 年之后再度迎来收获，老将王曼丽、小将任慧分别夺得了女子 500 米银牌和铜牌。花样滑冰双人滑的亚军、季军同样由中国组合张丹/张昊、申雪/赵宏博获得。

2006 年 2 月 26 日，第二十届冬奥会圆满闭幕，德国队第三次问鼎金、奖牌榜双榜榜首，中国队较上届再进一步，与东道主及韩国并列奖牌榜第九位。对意大利来说，本届冬奥会的意义深远，一方面，因为冬奥镜头两周有余的持续曝光，其"意外"收获了一座继罗马、威尼斯、米兰、佛罗伦萨之后的让世人向往的国际旅游城市——工业重镇都灵的美丽城市风光和厚重人文历史吸引力十足；另一方面，正是有了科尔蒂纳丹佩佐和都灵两届冬奥会的办赛经验支撑，意大利对再办一届冬奥会的信心才大幅提升，并最终成就了米兰-科尔蒂纳丹佩佐的经典组合。

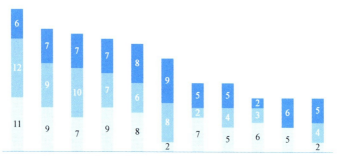

2006年都灵冬奥会奖牌榜(前十)

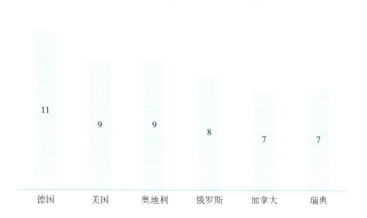

2006年都灵冬奥会金牌榜(前五)

打破"主场魔咒"
——2010年温哥华冬奥会

2003年7月2日,决定第二十一届冬季奥运会举办权归属的国际奥委会第115次全会在捷克首都布拉格举行。奥地利萨尔茨堡于第一轮投票中率先出局,加拿大温哥华则在第二轮时以3票的微弱优势险胜韩国平昌。

经过六年半马不停蹄地筹备,温哥华冬奥会于2010年2月12日在卑诗体育馆隆重开幕,整个开幕式亮点颇多、创意满满,引得观众掌声连连,但主火炬点燃的重磅环节却出现了"小插曲",场地中央原本应同时升起的四根冰柱中的一根无论如何都不肯"露面",无奈只能由三根冰柱支撑点燃了主火炬。不过,勇于自嘲的加拿大人在闭幕式上以别出心裁的设计完美地弥补了这一缺憾。本届冬奥会共有来自82个国家和地区的2566名运动员参赛,设有86个小项。

开幕式后的首场比赛是跳台滑雪男子个人标准台,第四次参加冬奥会的瑞士选手西蒙·阿曼摘得金牌，一个星期后，他又以绝对优势获得男子个人大跳台冠军，职业生涯 4 枚冬奥金牌的总成绩也使其与马蒂·尼凯宁并列为冬奥史上获得跳台滑雪金牌最多的运动员。单板滑雪 U 型场地技巧比拼中，美国人肖恩·怀特轻松卫冕男子冠军。中国运动员在自由式滑雪空中技巧小项上收获颇丰，李妮娜和郭心心分获女子银牌、铜牌，刘忠庆位列男子第三。

雪车雪橇项目的最大赢家仍是德国人，共斩获男、女单人雪橇以及男子双人雪车 3 枚金牌。双人自由性别雪橇决赛中上演了兄弟对决，来自奥地利的林格兄弟以 0.27 秒的优势战胜了拉脱维亚的西斯兄弟，实现卫冕。加拿大选手乔恩·蒙哥马利和英国运动员艾米·威廉姆斯分别站上男、女钢架雪车最高领奖台。越野滑雪比赛中，挪威选手玛丽特·比约根狂卷 3 金 1 银 1 铜，但本届冬奥会也不过是"冬奥女王"传奇的中场阶段而已。

花样滑冰赛场上，"四朝元老"申雪/赵宏博实力碾压所有对手，无可争议地夺得双人滑冠军，不仅实现了几代中国花滑人的夙愿，更是打破了俄罗斯（苏联、独联体）自 1964 年因斯布鲁克冬奥会以来对该小项长达 46 年的统治。另一对中国搭档庞清/佟健紧随其后获得亚军。太平洋体育馆内，中国队的辉煌不只限于双人滑，短道速滑王牌之师同样捷报连连，女队创造历史地横扫全部四金，500 米、1000 米金牌由王濛斩获，1500 米冠军归属不满 19 岁的小将周洋，两人还与孙琳琳、张会搭档以 4 分 06 秒 610 的成绩称雄 3000 米接力赛并打破世界纪录。值得一提的是，女子 3000 米接力小项自 1992 年入奥以来，除首枚金牌被加拿大队获得外，此后的连续四届冠军都由韩国队"把持"，因此，温哥华冬奥会上中国队的胜利也是对 16 年"韩流"的终结，当夺冠的信息得到最终确认后，主教练李琰振臂高呼的画面感染了无数国人。

速度滑冰赛场上，中国女子运动员王北星获得 500 米季军，速滑女王荷兰选手伊琳·维斯特摘得女子 1500 米金牌，她的同胞"长距离之王"斯文·克拉默收获男子 5000 米金牌。不过，令人扼腕的是，克拉默在他更为期待的 10000 米比赛中虽比第二名领先了足足 4 秒完赛，却由于低级换道失误而被取消资格，到手的金牌就此被韩国人李承勋"捡漏"。此后，克拉默在索契、平昌两度冲击万米金牌，结果都未能如愿。因此，虽有 5000 米"三连冠"的耀眼光环和累计 4 金 2 银 3 铜的男子冬奥速滑无敌战绩，但作为"长距离之王"，万米金牌的缺失仍是克拉默一生的遗憾。

冰球比赛"入乡随俗"，相对面积更小的 NHL 场地取代了冬奥标准场地，由此带来更加激烈的身体对抗，诸多 NHL 球员如鱼得水。主场作战的加拿大男子冰球队先后将俄罗斯、斯洛伐克等劲旅斩于马下，决赛时与美国鏖战至加时阶段获胜，历史上第八次赢得奥运会男子冰球冠军。女子方面，同样是加美两国分获金银牌。冰壶项目上，加拿大男队摘金、女队夺银，由王冰玉领衔的中国女子冰壶队，在季军争夺战中以 12 比 6 击败瑞士队，拿到了中国体育代表团迄今为止唯一一枚冬奥会集体项目奖牌。

东道主和中国队在本届冬奥会上都取得了前所未有的成就，前者不仅打破了 1976 年蒙特利尔奥运会和 1988 年卡尔加里冬奥会"零金牌"的"主场魔咒"，更是以 14 枚的惊人数量扶摇直上荣登金牌榜榜首，刷新了苏联、挪威曾创造的单届获得 13 枚金牌的历史纪录；后者则继 2002 年盐湖城和 2006 年都灵两届冬奥会后，再次将奖牌榜排名提升一位至第八，并首次进入金牌榜且位列第七。

2010年2月28日,温哥华冬奥会闭幕式如约在卑诗体育馆举行,当灯光亮起后,首先映入眼帘的便是那座"残缺"的火炬台,接着一个扮成电工模样的小丑出现在观众面前,经过他的"专业"检查和一番处理后,不肯"露面"的冰柱缓缓升起,四根冰柱支撑的主火炬随之熊熊燃烧。不得不说,加拿大人"自嘲式"的幽默不但巧妙化解了开幕式上的尴尬,也为世界留下了一段温馨而美好的回忆。

2010年温哥华冬奥会奖牌榜（前十）

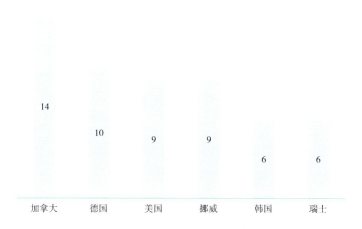

2010年温哥华冬奥会金牌榜（前五）

俄罗斯的辉煌与苦难
——2014年索契冬奥会

当俄罗斯总统普京在危地马拉首都危地马拉城举行的国际奥委会第119次全会上亲自用英文进行陈述,并秀出法语呼吁国际奥委会委员投票索契后,这座地处黑海之畔,以温泉和滑雪而闻名,凭借激励几代人的灯塔之作《钢铁是怎样炼成的》而被国人知晓的俄罗斯小城,终获青睐,拿到了第二十二届冬奥会的举办权。

俄罗斯人用实际行动诠释了对这场冬奥盛会的重视,仅火炬传递的路线就堪称空前:不仅"乘坐"核动力破冰船远赴北极,还"进入"载人飞船遨游太空,既"登上"欧洲最高的厄尔布鲁士峰,又"潜入"世界最深的贝加尔湖底,最后于2014年2月7日抵达开幕式所在的菲什特奥林匹克体育场。共有来自88个国家和地区的2780名运动员参加了索契冬奥会98个小项的角逐。

花样滑冰的新增小项团体赛早在开幕式前一天就已打响,东道主不负众望拔得头筹。单人滑比赛中，19岁的日本少年羽生结弦成为第一位冬奥男单金牌的亚洲得主，俄罗斯女子运动员安迪琳娜·斯托尼科娃则战胜了上届冠军韩国选手金妍儿。两对俄罗斯搭档包揽了双人滑金银牌，中国组合庞清/佟健伴随《我曾有梦》的音律完成了冬奥谢幕战，并在退役后继续献身花滑事业，如今的庞清佟健冰上艺术中心已成业界标杆。

速度滑冰赛场上，首次参加冬奥会的中国运动员张虹在女子1000米比赛中以1分14秒02的成绩力压包括荷兰速滑女王伊琳·维斯特在内的所有对手，强势夺金，实现了从叶乔波首枚冬奥奖牌起中国速滑队22年的夙愿。脱下战袍的张虹近年来始终活跃于体育战线，在国际奥委会和中国奥委会担任重要职务，也是2024年江原道冬青奥会协调委员会主席。短道速滑方面，女将李坚柔和周洋分获女子500米、1500米金牌，范可新列女子1000米第二名，武大靖、韩天宇各自斩获1枚银牌，又同陈德全、石竟男一起登上男子接力小项的领奖台。曾经的韩国明星运动员安贤洙，以维克多·安的新名字和俄罗斯选手的新身份卷土重来，而且完美复制了都灵冬奥会壮举，再次赢得3金1铜，助力俄短道项目实现历史性突破的同时，也荣升为拥有最多冬奥金牌的短道速滑选手。

与安贤洙有些"相仿"的是原籍美国的单板滑雪运动员维奇·维尔德，他在2011年与俄罗斯姑娘阿琳娜·扎瓦尔齐娜喜结连理后便加入俄罗斯国籍，并将娴熟技艺传授于妻子，助力扎瓦尔齐娜的单板滑雪平行大回转成绩从温哥华冬奥会的第17名一举跃升至索契冬奥会的第三名，自己更是独揽平行回转、大回转（单板滑雪男女平行回转仅为本届冬奥会比赛小项）2枚金牌。赛后两人紧紧相拥，爱情与事业双丰收的甜蜜羡煞主场观众。

东道主还将车橇类项目的主场优势发挥到极致，一举拿下男子双人雪车和四人雪车金牌、男子单人雪橇和团体接力银牌，以及钢架雪车的男子金牌和女子铜牌。但因涉兴奋剂问题，国际奥委会于 2017 年批量取消了部分俄罗斯运动员在索契冬奥会上的成绩，尽管一些奖牌经过申诉后失而复得，不过，男子雪车项目的金牌最终"一去不复还"。处罚结果落实之后，男子双人雪车、四人雪车的金牌分别授予了瑞士和拉脱维亚选手，"迟到"的金牌也成为拉脱维亚体育代表团在冬奥会上迄今为止的唯一 1 金。兴奋剂风波丝毫未撼动德国队的雪橇霸主地位，他们包揽了男子单人、女子单人、双人自由性别和团体接力全部 4 枚金牌。40 岁的意大利老将阿尔明·佐格勒以男单铜牌的成绩告别了冬奥雪橇赛场，同时也留下了让后来者膜拜的连续六届冬奥会始终在同一个小项上夺牌的空前战绩。

另一位成就非凡的运动员也在索契冬奥会上迎来了收官之战，40 岁的挪威老将奥勒·埃纳尔·比约恩达伦先是折桂男子 10 公里短距离比赛，随后率队拿到新增小项混合接力的冠军，"冬季两项之王"的冬奥金牌由此定格 8 枚。与此同时，他未来的妻子，白俄罗斯选手达荷亚·多姆拉切娃的表现也相当耀眼，连登女子 10 公里追逐、15 公里个人赛、12.5 公里集体出发最高领奖台，加上平昌冬奥会的女子 4×6 公里接力冠军，手握 12 枚金牌的比约恩达伦和多姆拉切娃组合无疑是冬奥史上最具传奇色彩的冠军夫妻档。

索契冬奥会的女子"三金王"还有比约恩达伦的同胞玛丽特·比约根，她先后赢得越野滑雪 15 公里双追逐、团体短距离、30 公里集体出发 3 个小项冠军，将自己的冬奥金牌数量提高到 6 枚，并暗示将平昌续战。东道主在越野滑雪比赛中同样有夺目之举，3位俄罗斯选手包揽了男子50公里的冠亚季军，3面俄罗斯国旗在闭幕式上一同升起的场面更是将这份荣耀发挥到极致。

  2014年2月23日，索契冬奥会正式落下帷幕，俄罗斯以11金10银9铜①的成绩位居金牌和奖牌双榜榜首，挪威与之并列金牌榜第一且居奖牌榜第三，美加分别排在奖牌榜第二和金牌榜第三。随着五环旗的交接，冬季奥林匹克运动正式进入"平昌周期"，国际奥委会对俄罗斯的严厉制裁则很快到来。

---

① 此成绩为目前国际奥委会的官方统计，剔除了因兴奋剂问题"得而复失"的奖牌。

2014年索契冬奥会奖牌榜（前十）

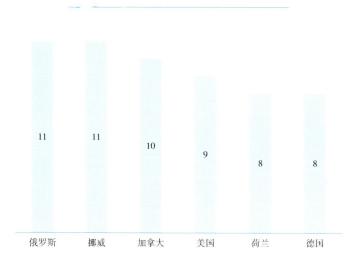

2014年索契冬奥会金牌榜（前五）

开启新世纪的"奥林匹克亚洲时间"
——2018年平昌冬奥会

江原道曾是1999年第四届亚洲冬季运动会举办地,道内平昌郡出色完成了开闭幕式以及高山滑雪、越野滑雪、冬季两项、花样滑冰、短道速滑等赛事的承办。亚冬会闭幕后,江原道人立即将冬奥会锁定为下一个奋斗目标,并选择平昌"独挑大梁"。经历2003年和2007年的两次练兵,平昌终于在2011年的国际奥委会全会上如愿拿到第二十三届冬奥会的举办权。

2018年2月9日,开幕式在平昌奥林匹克体育场举行,朝韩女子冰球联队的两名运动员共擎火炬沿坡道拾级而上,行至主火炬塔前交由韩国国宝级运动员金妍儿点燃引火装置,将现场气氛推至最高潮。共有来自92个国家和地区的2833名运动员参加本届冬奥会的102项比赛,其中,因兴奋剂问题而受到制裁的俄罗斯体育代表团以俄罗斯奥林匹克运动员(OAR)之名登台比拼。

旌善高山滑雪中心诞生了经典传奇,站在女子超级大回转赛道上的捷克姑娘埃丝特·莱德茨卡的主项其实是单板滑雪平行大回转，如果说单板双板兼修还不足以引人注目，那跨项"闯入"冬奥会则绝对史上罕见。不过，更震惊全场的是，因雪板临时出现问题而脚踏"借来之物"的莱德茨卡一路飞驰竟以 0.01 秒的优势胜过上届冠军奥地利运动员安娜·维斯，摘得金牌。几天之后，她又在"主业"单板滑雪平行大回转比赛中以绝对优势夺冠。先后使用 2 种不同的雪具站上同一届冬奥会 2 个分项的最高领奖台，凭借这一成就，莱德茨卡圈粉无数。单板滑雪的其他小项比赛也是精彩纷呈。男子坡面障碍技巧决赛中，美国 17 岁少年雷德蒙德·杰拉德在前两轮表现不佳的情况下，第三轮放手一搏，以 87.16 分逆转夺冠，成为历史上首位"00 后"冬奥冠军，伤愈归来的加拿大单板之王马克·麦克莫里斯摘取铜牌。另一位"00 后"的美国运动员是有着"女版肖恩·怀特"之称的克洛伊·金，她在 U 型场地技巧决赛中以 98.25 分轻松夺金，紧随其后的银牌得主正是中国选手刘佳宇，这也是中国第一枚单板滑雪冬奥奖牌。张鑫、孔凡钰、贾宗洋在自由式滑雪空中技巧小项上均各有收获。

中国体育代表团在平昌成功实现奖牌"拓荒"的项目还有男子速度滑冰，首次参加冬奥会的 20 岁小将高亭宇在 500 米比赛中以 34 秒 65 的成绩获得季军，宣告中国男子速滑"零奖牌"的历史正式翻页。速滑王国荷兰在江陵速滑馆独领风骚，占据全部 14 枚金牌的半壁江山。"四朝元老"伊琳·维斯特赢得了女子 1500 米金牌，3000 米和团体追逐赛银牌，由此将自己的冬奥会奖牌数提升到 5 金 5 银 1 铜。同样是第四次参赛的斯文·克拉默则是于男子 5000 米赛道上实现了"三连冠"。上届冬奥会女子 1500 米金牌得主约琳·特莫尔斯以打破奥运纪录的成绩赢得 1000 米金牌，同时还跨项到江陵冰上运动场参加了短道速滑女子 3000 米接力，助力荷兰队夺得第三名。中国选手李靳宇斩获短道速滑女子 1500 米银牌，再战冬奥的武大靖于短道速滑男子 500 米决赛中一骑绝尘，以 39 秒 584 的成绩打破世界纪录，强势夺冠，为中国队迎来男子冰上项目冬奥第一金。随后，又和任子威、韩天宇、许宏志、陈德全搭档拼下男子 5000 米接力亚军。

如同武大靖是平昌冬奥会上中国体育代表团的一面旗帜，韩国和日本也有各自的标志性人物。日本花样滑冰选手羽生结弦用无可挑剔的高超技术和对花滑的深刻理解，向世界充分展示了东方美学，成为 1952 年奥斯陆冬奥会后第一位蝉联花样滑冰男单冬奥金牌的运动员。韩国钢架雪车健将尹诚彬则以四轮比赛均稳居第一的战绩，无可争议地拿到韩国冬奥史上的首枚雪上金牌，当然这也是亚洲人第一次站到冬奥会钢架雪车的最高领奖台。参加四人雪车比赛的韩国队在主场赛道"轻车熟路"，滑出 3 分 16 秒 38 的佳绩，与由"五朝元老"凯温·库斯克领衔的德国队并列亚军，冠军归属于由双人雪车金牌得主"掌舵"的另一支德国队。德国军团还在女子双人雪车以及雪橇的女子单人、双人自由性别、混合团体接力小项上稳居"头把交椅"，并横扫北欧两项全部 3 枚金牌，更包揽了男子个人大跳台 + 10 公里越野滑雪比赛的冠亚季军。

虽然德国人气势如虹，但 31 枚奖牌的总成绩还是较挪威创纪录的 39 枚有一定差距。本届冬奥会是挪威队历史上第七次雄踞金牌和奖牌双榜榜首，尤其在拥有 12 个小项的越野滑雪比赛中展现了超强实力，共拿到包括 7 枚金牌的 14 枚奖牌。玛丽特·比约根一人收获 5 枚奖牌——女子 30 公里集体出发和 4×5 公里接力的金牌、双追逐银牌、10 公里和团体短距离的铜牌，以累计

8金4银3铜共15枚冬奥奖牌的无敌纪录告别赛场，留给世界一个完美的背影。与此同时，另一位挪威越野滑雪的新星已然崛起，21岁的约翰内斯·赫斯弗洛特·克莱博在首个冬奥之旅即夺得男子4×10公里接力、个人短距离、团体短距离3项冠军，并在四年之后的北京冬奥会上以2金1银1铜的成绩再次证明了自己的绝对实力。

  2018年2月25日，第二十三届冬奥会落下帷幕，圆满完赛的喜悦还未消散，平昌人便重新收拾好行囊，踏寻19年前江原道前辈走过的印记再出发，向第四届冬青奥会发起冲击，并在瑞士洛桑举行的国际奥委会第135次全会上"一发命中"。2024年江原道冬青奥会是年轻的冬季青年奥林匹克运动会首次走出欧洲，也将继2020年东京奥运会和2022年北京冬奥会后再续"奥林匹克亚洲时间"。

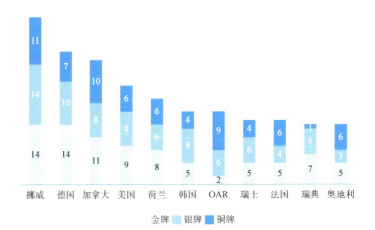

2018年平昌冬奥会奖牌榜（前十）

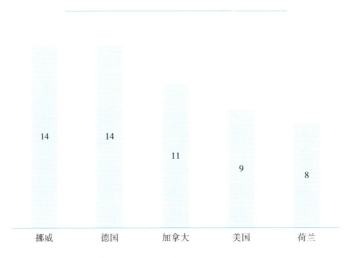

2018年平昌冬奥会金牌榜（前五）

"双奥之城"演绎冰雪奇缘
——2022年北京冬奥会

2015年7月31日,国际奥委会主席巴赫在马来西亚吉隆坡举行的国际奥委会第128次全会上宣布,北京获得第二十四届冬奥会举办权,全球首个"双奥之城"就此确立,为期六年半的筹备工作继而紧锣密鼓地展开。从会徽"冬梦""飞跃"发布到吉祥物"冰墩墩""雪容融"问世,从火炬"飞扬"的美好寓意到主题口号"一起向未来"的真诚呼吁,从三大赛区所有场馆的按时交付到闭环防疫管理方案的全球点赞,一场无与伦比的冬奥盛会伴随壬寅虎年的到来"蓄势待发"。

2022年2月4日,立春,第二十四届冬奥会在国家体育场隆重开幕。极具诗意的倒计时设计,雕刻剔透的冰雪五环,璀璨夺目的数字光影,浪漫唯美的雪花火炬台,百年首现的创意点火,共同绘就恢宏壮美的视听盛宴,奥林匹克之光再度闪耀千年古都北京,中华文明与奥林匹克运动又一次携手,奏响全人类团结、和平、友谊的华美乐章。来自91个国家和地区的2897名运动员共聚五环旗下，109个小项的规模创历史之最。

开幕式后的第一个比赛日，由武大靖、任子威、范可新、曲春雨、张雨婷组成的中国短道速滑战队在新增小项2000米混合接力决赛中率先冲线，取得"开门红"。任子威、李文龙随后包揽了男子1000米金银牌，匈牙利选手刘少昂和韩国名将黄大宪分获男子500米、1500米冠军，手握3枚冬奥金牌的查尔斯·哈梅林领衔的加拿大队则问鼎男子5000米接力小项。女子方面，意大利老将阿莉安娜·方塔娜、荷兰选手苏珊娜·舒尔廷和韩国人崔敏静成为最大赢家。其中，方塔娜继平昌冬奥会后再度称霸500米赛道，并凭借1500米和混合接力的2枚银牌，以累计11枚的辉煌成绩晋升为拥有最多短道速滑冬奥奖牌的运动员；舒尔廷不仅在1000比赛中实现卫冕，还助力荷兰队取得3000米接力金牌，加上500米和1500米的收获，一人独享"四墩"；崔敏静则又一次在1500米小项中封后，同时位列1000米第二名，与队友搭档赢得3000米接力银牌，接力铜牌由中国队拼下。

同样在首都体育馆，花样滑冰男单赛场上，美籍华裔明星运动员陈巍压轴出场，三次世锦赛冠军的他轻松写意、胜券在握，以总分332.6的成绩收获第一枚冬奥金牌，还以高难度动作和完美发挥支撑美国队拿到团体赛银牌。日本名将羽生结弦虽因挑战阿克塞尔四周跳失败而未能站上领奖台，但他突破自我的追求卓越精神极佳地诠释了竞技体育的真正魅力。女单比赛中，俄罗斯奥运队（ROC）"三套娃"之一的安娜·谢尔巴科娃发挥完美赢得冠军，"莎莎"特鲁索娃以五个四周的高难度配置拿下银牌，日本选手坂本花织获得铜牌，在团体赛阶段表现突出的卡米拉·瓦利耶娃发挥失常无缘奖牌。法国搭档加布丽埃拉·帕帕达吉斯/

吉约姆·西泽龙喜提冰舞金牌，俄罗斯奥运队和美国的两支组合紧随其后。手握两届世界冠军、平昌冬奥会亚军的中国组合隋文静/韩聪终达成所愿，将双人滑金牌揽入怀中，银牌和铜牌均归属于俄罗斯奥运队。

  在世界上首个使用二氧化碳临界直冷制冰技术的国家速滑馆内，共诞生了 10 个小项的奥运纪录，其中的一项便是由中国选手高亭宇创造。他在男子 500 米比赛中以 34 秒 32 的成绩让平昌的铜牌换了个颜色，也从中国男子速滑奖牌的拓荒者变为中国男子速滑金牌的第一人，并用实力打破了所谓的"旗手魔咒"。35 岁的荷兰传奇伊琳·维斯特以 1 分 53 秒 28 的成绩刷新了女子 1500 米奥运纪录，拿到个人第六枚冬奥金牌，累计 13 枚奖牌的无敌战绩是她纵横五届冬奥会的最佳写照。另一位不可不提的女选手是"坚持梦想的人永远年轻"的典型——德国"滑冰奶奶"克劳迪娅·佩希施泰因，这是她第八次参加冬奥会，更是史上年纪最大的女子冬奥选手，尽管在 3000 米速滑比赛中位列最末，但她依然笑着滑过终点线，曾获 5 金 2 银 2 铜共计 9 枚冬奥奖牌的她在闭幕式后的第二天迎来了 50 岁生日。

  北京赛区其他冰上场馆的赛事同样精彩。五棵松体育中心内，俄罗斯奥运队与芬兰队展开巅峰对决，前者是男子冰球卫冕冠军，后者因在历届冬奥会上 6 次打进前三，获得 2 银 4 铜而堪称"无冕之王"。这一次，幸运之神终于对之垂青，芬兰由此获得百年冬奥征程的第一枚冰球金牌。女子冰球的冠亚军分属加美。国家游泳中心冰壶赛场上的 3 支冠军队伍都是首次摘金。混双意大利黑马组合斯特凡尼娅·康斯坦丁尼/阿莫斯·莫萨纳以十连胜挺进决赛，最终 8 比 5 击败挪威搭档保持不败金身；女子冰壶的冠军由英国队斩获，瑞典队赢得了男子冰壶金牌。其中，瑞典队的三垒奥斯卡·埃里克森因与阿尔米达·德瓦尔携手还获得了混双铜牌，进而成为史上第一位手握 4 枚冬奥会奖牌的冰壶运动员，德瓦尔则是那位因"请假参加冬奥会，顺手拿了枚铜牌"火遍全网的女选手。

在延庆赛区的"雪游龙"赛道上，德国军团再次展现了对车橇项目的统治力，包揽雪车、钢架雪车、雪橇三个分项 10 枚金牌中的 9 枚。曾经的加拿大名将，后入籍美国的凯莉·汉弗莱斯在新增小项女子单人雪车比赛中夺冠，成为获得最多冬奥金牌的女子雪车选手。中国运动员闫文港创造历史，摘得男子钢架雪车铜牌。

来到张家口赛区的国家越野滑雪中心，挪威运动员继续保持超高的夺金效率。女子双追逐比赛中，33 岁的挪威名将特蕾丝·约海于格以无可比拟的巨大优势夺冠，44 分 13 秒 7 的成绩比银牌得主俄罗斯奥运队的纳塔利娅·涅普里亚耶娃快了将近半分钟，随后，她还拿到了女子 10 公里和 30 公里集体出发的 2 枚金牌。平昌冬奥会的三金得主约翰内斯·赫斯弗洛特·克莱博继续折桂个人短距离、团体短距离两个小项，由此将挪威队的越野滑雪金牌量推至 5 枚。俄罗斯奥运队在越野滑雪项目上的表现也十分亮眼，仅亚历山大·博利舒诺夫一人就独得 3 金 1 银 1 铜。国家冬季两项中心内的挪威运动员近乎所向披靡，约翰内斯·廷内斯·伯厄凭借在男子 10 公里短距离、15 公里集体出发以及 4×7.5 公里接力和 4×6 公里混合接力中的极致表现，成为北京冬奥会登峰造极的"四金王"，在他报名参赛的 6 个小项中，共收获 4 金 1 铜。他的队友，女子选手马特·奥尔斯布·雷塞兰同样参加了 6 项比赛，最终收获 3 金 2 铜，这样算来 2 位挪威人一共拿到了 10 个金墩墩。

位于张家口赛区的云顶滑雪公园和北京赛区的首钢滑雪大跳台见证了中国雪上战队的全面崛起和北美作为自由式与单板滑雪发源地的强大实力。美国老将琳赛·雅各贝利斯在单板滑雪女子障碍追逐和障碍追逐混合团体赛中以绝对优势封后；美籍韩裔明星运动员克洛伊·金成功实现对女子U型场地技巧小项的卫冕，四战冬奥的中国选手蔡雪桐位列第四；男子坡面障碍技巧的冠军和季军分别由加拿大人马克斯·帕洛特、马克·麦克莫里斯获得，不到18岁的中国少年苏翊鸣依靠第二轮的出色发挥摘银，并在大跳台比拼中轻松夺冠。自由式滑雪方面，美加两国共揽得13枚奖牌，中国队则创造了4金2银的史上最佳成绩，也是北京冬奥会此分项的王者之师。其中，谷爱凌先后在女子大跳台和U型场地技巧比赛中强势问鼎，还收获了坡面障碍技巧银牌；由三位"四朝元老"徐梦桃、贾宗洋、齐广璞组成的黄金搭档夺得空中技巧混合团体亚军，齐广璞、徐梦桃还分别斩获男女子空中技巧金牌。

2022年2月20日，北京冬奥会圆满闭幕。老牌劲旅挪威队共获得16金8银13铜，蝉联金牌和奖牌双榜榜首，创造了单届冬奥会获金牌数量最多的新纪录，德国队居金牌榜次席，东道国中国队凭借9枚金牌挺入三甲，无论是金牌数，还是金牌榜排名，均突破历史。

从开幕到闭幕，不足三周的时间，北京留给世界数不尽的美好记忆和无穷回味，更创下多个"历史之最"：全球逾二十亿观众瞩目缔造收视率最高的一届冬奥会，迄今为止第一个"碳中和"冬奥会，有史以来性别最均衡的冬奥会……地球村唯一的"双奥之城"展示了博大精深的中华文明，彰显了以人为本的奥运精神，凝聚了"一起向未来"的伟大力量，更留下了硕果丰厚的冬奥遗产。开幕式迎客松相迎，闭幕式折柳枝相送，《友谊地久天长》的旋律回荡在鸟巢上空，团宠顶流"冰墩墩"和五洲四海的朋友们深情告别，四年一届的冬奥盛会就此落幕。时空切换，场景更迭，冬季奥林匹克运动正式进入意大利时间。

2022年北京冬奥会奖牌榜（前十）

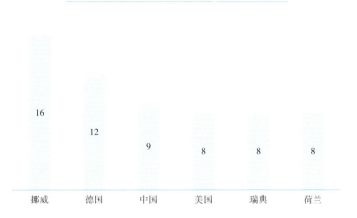

2022年北京冬奥会金牌榜（前五）

冬奥重返阿尔卑斯
——2026 年米兰-科尔蒂纳丹佩佐冬奥会

一座是现代时尚都市，一座是山地风情小城，看似不同，实则互补，和合与共。米兰与科尔蒂纳丹佩佐之间，既有享誉世界的文化和艺术遗产，也有多洛米蒂山区绵延的松林与雪峰，既有星罗棋布的人气餐吧和意式咖啡馆，也有隐于郊野的轻奢小屋及温泉疗愈酒店，既有纵横交错的陆空密网，也有蜿蜒数百公里的徒步小径，由此共同构成了引领潮流又低调无争的令人无限着迷的北意大利。2026 年米兰-科尔蒂纳丹佩佐冬奥会是跨越百年冬奥的历史性盛会，也是冬奥百年史上场地覆盖范围最广的一届冬奥会，米兰所在的伦巴第大区和科尔蒂纳丹佩佐所属的威尼托大区以及特伦蒂诺-上阿迪杰大区的数万平方公里内分布着 8 个大项的若干场馆。

2022 年 6 月 24 日，国际奥委会执委会于瑞士洛桑审议通过 2026 年米兰-科尔蒂纳丹佩佐冬奥会的项目设置和运动员配额方案，原有大项中的冰壶、冰球、滑冰、冬季两项均无任何变化，雪车、雪橇、滑雪则都有小项调整，新增大项滑雪登山的具体比赛设项为男子短距离、女子短距离和混合接力，预计共产生116枚金牌（2个小项待定）——比北京冬奥会多出7枚，运动员配额提升8人至2900人。

雪车大项增设钢架雪车混合团体小项，由男、女各一名运动员参赛，这也意味着米兰-科尔蒂纳丹佩佐冬奥会上的钢架雪车运动员都有机会参加2个小项的比赛。雪橇大项增设女子双人小项。此前，雪橇项目共有男子单人、女子单人、双人自由性别和团体接力4个小项，但由于"众所周知"的原因，双人自由性别比赛时鲜有女性面孔，于是此次还将双人自由性别明确为男子双人。雪车雪橇赛事将在科尔蒂纳丹佩佐进行，经历了1956年冬奥会和多次世锦赛及世界杯的雪车雪橇赛道也即欧金尼奥·蒙蒂奥林匹克赛道——为纪念意大利雪车名将、第一位顾拜旦体育精神奖章获得者欧金尼奥·蒙蒂而命名——将迎来大翻修。

滑雪大项的调整涉及自由式滑雪、高山滑雪、跳台滑雪。其中，自由式滑雪新增了小项雪上技巧男子双人、女子双人。事实上，虽是冬奥新增项目，但雪上技巧双人赛早自1980年起就是自由式滑雪世界杯的常设项目，相较于传统单人雪上技巧比赛，它的观赏性显然更高。自由式滑雪和单板滑雪赛事将设在伦巴第大区的利维尼奥，这座意大利边境度假小镇紧邻瑞士，平均1816米的高海拔、"粉雪天堂"的美誉和近20家滑雪学校的入驻使它成为专业运动员训练的青睐之地，先进的设施加之长达115公里的雪道也让这里成为开展"年轻"项目的最佳选择。

高山滑雪在北京冬奥会上设有11个小项，米兰-科尔蒂纳丹佩佐冬奥会已确定取消混合团体比赛项目，男子、女子全能尚处于待定状态。高山滑雪虽然于全球广泛开展，但顶尖对决始终在欧洲传统强队之间上演。北京冬奥会上，瑞士选手以 5 金 1 银 3 铜的战绩带走了几乎一半金牌，奥地利队收官战斩获混合团体冠军，3 金 3 银 1 铜的表现同样亮眼，2026 年冬奥会对他们来说更像是"回家"，更熟悉的场地或将带来更好的成绩。高山滑雪赛事计划在科尔蒂纳丹佩佐以及伦巴第大区的小镇博尔米奥举行。博尔米奥的斯泰尔维奥滑雪场——高山滑雪世界杯滑降比赛的代表性场地，是世界上最壮观、对技术要求最严苛的滑雪场之一，其所拥有的起点即为 63% 坡度的雪道足以提供让选手突破极限的自然条件，同时这里也将见证滑雪登山的首次亮相。

跳台滑雪在原有的女子标准台基础上增设女子大跳台，使得与男子个人赛设项数量持平。这个"御风而行"的项目将在特伦蒂诺-上阿迪杰大区普雷达佐郊外的滑雪跳台进行。越野滑雪场地选址于特伦蒂诺-上阿迪杰大区的特塞罗。静谧的特塞罗镇坐落在风光如诗如画的史德瓦山谷，有着深厚的越野滑雪和夏季徒步传统，更是多届世锦赛和世界杯的举办地。此外，国际奥委会执委会还对北欧两项的去留进行了专门讨论。在过去三届冬奥会上，北欧两项的收视率是所有分项中最低的，产生的 27 枚奖牌由德国、挪威、奥地利、日本四个国家包揽，在全球的普及度和关注度堪忧。各方充分讨论后，最终决定还是在 2026 年保留这一冬奥会上唯一没有女选手参与的比赛项目，毕竟男运动员为本届赛事备战了多年，且距离开赛已不到一个完整周期。

未做设项变化的大项中，冬季两项比赛将于特伦蒂诺-上阿迪杰大区的安泰塞尔瓦进行，这里近乎可以看作冬季两项世锦赛和世界杯的主场。同属特伦蒂诺-上阿迪杰大区的巴塞尔加迪皮纳是滑冰大项中速度滑冰的理想之地，虽然自 1988 年卡尔加里冬奥会以来，速度滑冰全部改在室内场地进行，但这一次不排除"返璞归真"。滑冰大项中的短道速滑和花样滑冰以及冰球大项的比赛场馆都位于米兰。冰壶大项的所有赛事将在经过彻底整修的1956年科尔蒂纳丹佩佐冬奥会的开闭幕式场地进行。至于2026年冬奥会的开闭幕式，则不在同处——1984年萨拉热窝冬奥会后再未有如此设置，开幕式定于欧洲著名足球圣殿、国际米兰和AC米兰的主场圣西罗球场，闭幕式选在科尔蒂纳丹佩佐的维罗纳球场。

参赛运动员方面，错过了平昌冬奥会和北京冬奥会后，有关各方正在努力敲定NHL球员回归冬奥会的安排，如果能够成行，米兰-科尔蒂纳丹佩佐冬奥会的冰球赛大概率会一票难求并有望创出收视率新高。在北京冬奥会上强势夺金的"00后"明星运动员如克洛伊·金、安娜·谢尔巴科娃、谷爱凌、苏翊鸣等，到2026年冬奥会时将正值职业生涯黄金年龄；已手握多枚冬奥金牌的实力悍将如埃丝特·莱德茨卡、约翰内斯·廷内斯·伯厄、约翰内斯·赫斯弗洛特·克莱博等，届时很可能迎来谢幕之战。他们是否能成功卫冕或续写传奇，带来更惊艳卓绝的表演，值得观众们耐心等待。

过去的24届冬奥会中，有10届在阿尔卑斯山脉所至国家举办，这一次，冬季奥林匹克运动将重返迷人的阿尔卑斯。借鉴1956年科尔蒂纳丹佩佐冬奥会和2006年都灵冬奥会的办赛经验，第二十五届冬奥会正在有条不紊地推进筹办工作，意大利也将创造举办三届冬奥会的辉煌历史。当时间跨越至米兰周期，百年冬奥钟声响彻整个地球村，米兰-科尔蒂纳丹佩佐期待全世界的"一起梦想"。

2 项目篇

力与美的艺术
——花样滑冰

花样滑冰演变自滑冰运动,也被称为"冰上芭蕾",它将体育之美和艺术之美融于一体,是公认的冬奥赛场上最具观赏性的项目之一。通常认为,世界上第一本关于滑冰的指导书籍《论滑冰》由英国炮兵中尉罗伯特·琼斯所著,于1772年在伦敦出版,随着这本书的问世,滑冰被分为两个类别:速度滑冰和花样滑冰。19世纪,花样滑冰从欧洲传入美国后,表现形式发生了巨大转变,现代花样滑冰的雏形随即初显,这要归功于两个美国人。第一位是爱德华·布什内尔,他于1850年发明了钢刀,使得溜冰者能更容易操控并做出复杂动作。第二位是芭蕾舞表演艺术家杰克逊·海因斯,1863年他史无前例地将芭蕾舞动作和音乐融入滑冰,并在欧洲巡回表演,受到广泛欢迎,自此花滑的热度日渐增长,最终发展成为全球流行的现代花样滑冰运动。

1882年,花样滑冰首个国际性大赛在奥地利维也纳举行,一位叫阿克塞尔·保尔森的选手展示了一种全新的跳跃姿势，该姿势便是后来鼎鼎有名的阿克塞尔跳。1892年，国际滑冰联盟成立，作为开展和普及速度滑冰与花样滑冰运动的国际管理机构，其主办的国际大赛包括世界花样滑冰锦标赛、欧洲花样滑冰锦标赛、四大洲花样滑冰锦标赛和世界花样滑冰大奖赛，其中世锦赛各单项第一名享有该年度"世界冠军"的头衔。在国际滑冰联盟成立后的第四年，首届世界花样滑冰锦标赛在今俄罗斯圣彼得堡举行，仅允许男子参赛，1906年开始加入女子项目。两年后，花样滑冰进入1908年伦敦奥运会，这使它成为第一个被纳入奥运会的冬季项目，也是唯一一个在26届奥运会[①]上出现过的冬季项目。1924年，花样滑冰成为在法国夏蒙尼举行的首届冬奥会正式比赛项目。1952年，冰舞进入世锦赛，并作为表演项目首登1968年的冬奥赛场，随后在1976年因斯布鲁克冬奥会上被列为正式项目。至于团体赛，则要等到2014年才真正加入冬奥大家庭。

从全球来看，美俄两国在花样滑冰项目上具有极强的统御力，历届奥运会产生的286枚奖牌中，美国和俄罗斯（含苏联）狂揽104枚[②]，占比超过36%，金牌比例更是高达42%。尤其是在双人滑项目上，自夫妻档运动员柳德米拉·别洛乌索娃/奥列格·普罗托波波夫在1964年因斯布鲁克奥林匹克体育馆强势夺冠

[①] 26届奥运会包括1908年伦敦奥运会、1920年安特卫普奥运会，以及24届冬奥会。
[②] 此处对俄罗斯的奖牌统计包括苏联时期的成绩，但不包括在2022年北京冬奥会上以"俄罗斯奥运队"身份获得的2金3银1铜、2018年平昌冬奥会上以"俄罗斯奥林匹克运动员"身份获得的1金2银，以及1992年阿尔贝维尔冬奥会上以"独联体"身份获得的3金1银1铜。

起,此后逾40年的冬奥比赛中,俄罗斯(苏联、独联体)从未让双人滑金牌旁落,由此创造了百年冬奥史上最长的12届连胜纪录,直到申雪/赵宏博问鼎2010年温哥华冬奥会才被终结。

尽管美俄两国是花样滑冰的奖牌和金牌大户,但花滑赛场上的世界级顶尖运动员却远不局限于这两个国家。男子单人滑方面,首屈一指的当数后内两周跳发明者、1920—1928年连续三届奥运会金牌得主——来自瑞典的吉利斯·格拉夫斯特伦,他的奥运男单"三连冠"纪录至今无人能破。在他之后也仅有3人蝉联过男单冠军,第一位是来自奥地利的卡尔·舍费尔,在1932年和1936年冬奥会上获得冠军,第二位是获1948年和1952年两届冠军的美国巨星迪克·巴顿,第三位便是日本人气选手羽生结弦,继2014年索契冬奥会夺得金牌成为亚洲首位冬奥会男子单人滑冠军后,羽生结弦在2018年平昌冬奥会上成功卫冕。此外,有"冰王子"之称的俄罗斯选手叶甫根尼·普鲁申科也是知名度极高的男单选手,他手握4枚冬奥奖牌[①],是三届世锦赛冠军和七届欧锦赛冠军。女子单人滑方面,挪威传奇运动员索尼娅·海妮拥有1928—1936年的三届冬奥会金牌,连续十年获得世锦赛冠军。来自民主德国的卡特琳娜·维特在职业生涯中共获两届冬奥会冠军、四届世锦赛冠军和六届欧锦赛冠军。双人滑方面,除了上文提到的柳德米拉·别洛乌索娃/奥列格·普罗托波波夫包揽1964年、1968年双人滑冠军外,还有成绩更甚于他们的"接班人"伊琳娜·罗德尼娜和她的搭档们,罗德尼娜先是与阿列克谢·乌拉

---

① 叶甫根尼·普鲁申科获得的冬奥奖牌中,有1枚属于团体赛冠军,即2014年索契冬奥会花样滑冰团体赛第一名,另外3枚均为单人滑项目奖牌,分别是2002年盐湖城冬奥会银牌、2006年都灵冬奥会金牌、2010年温哥华冬奥会银牌。

诺夫合作在 1972 年札幌冬奥会上一举夺冠，接着联袂亚历山大·扎伊采夫在 1976 年和 1980 年冬奥会两次折桂，并同样先后搭档二人收获了 10 枚世锦赛金牌和 11 枚欧锦赛金牌。最后不得不提的就是申雪/赵宏博，这对冰上伉俪不仅是我国冬奥会花滑项目的金牌"破冰者"，还是我国首对花滑世锦赛冠军以及六届花滑大奖赛冠军。

　　事实上，花样滑冰早在 20 世纪 30 年代就已传入我国，北方一些省会城市的不少学校都开展了花滑运动，1935 年在北平举行的华北冰上运动会还进行了花样滑冰表演赛，随后各类花滑赛事更层出不穷。但直到 1979 年我国花样滑冰运动员参加了在日本举行的国际滑联 NHK 杯花样滑冰大奖赛才意味着我国花滑运动与国际接轨。1980 年，中国花样滑冰代表队参加了普莱西德湖冬奥会和世锦赛。1994 年利勒哈默尔冬奥会上，女单选手陈露斩获季军，我国花样滑冰项目的第一枚冬奥奖牌就此诞生，四年后的长野冬奥会她再获铜牌，成为亚洲第一位蝉联冬奥会奖牌的女子单人滑运动员。2002 年和 2006 年两届冬奥会，中国花样滑冰代表队共有 3 枚双人滑奖牌入账，距离冠军已是"一步之遥"。2010 年，四战冬奥的申雪/赵宏博以史诗级的谢幕表演征服了裁判和观众，中国花滑军团三十载的冬奥"金牌荒"也就此画上句号。截至目前，中国花样滑冰代表队在冬奥赛场上共获 2 金 3 银 4 铜，总计 9 枚奖牌，位列奥运会花滑奖牌榜第 11 位、金牌榜第 14 位。其中，两枚金牌中的另一枚正是隋文静/韩聪在北京冬奥会收官前夜所贡献。

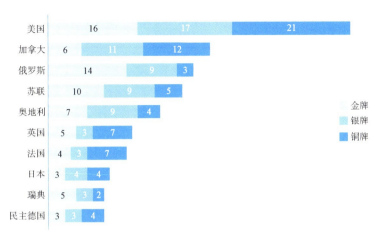

奥运会花样滑冰奖牌榜（前十）

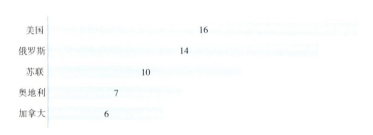

奥运会花样滑冰金牌榜（前五）

注：1. 此处统计包括 1908 年伦敦奥运会上英国 1 金 2 银 3 铜、瑞典 1 金 1 银 1 铜、德国 1 金 1 银、沙皇俄国 1 金的数据，1920 年安特卫普奥运会上瑞典 2 金 1 银、挪威 2 银 1 铜、芬兰 1 金、美国 1 铜、英国 1 铜的数据。

2. 此处对俄罗斯的统计不包括在 2022 年北京冬奥会上以"俄罗斯奥运队"身份获得的 2 金 3 银 1 铜、2018 年平昌冬奥会上以"俄罗斯奥林匹克运动员"身份获得的 1 金 2 银，以及 1992 年阿尔贝维尔冬奥会上以"独联体"身份获得的 3 金 1 银 1 铜。

中国花样滑冰代表队冬奥奖牌一览表
（2金3银4铜）

奖牌	姓名	比赛项目	时间	地点
金牌	申雪/赵宏博	双人滑	2010年	温哥华
	隋文静/韩聪	双人滑	2022年	北京
银牌	张丹/张昊	双人滑	2006年	都灵
	庞清/佟健	双人滑	2010年	温哥华
	隋文静/韩聪	双人滑	2018年	平昌
铜牌	陈露	女子单人滑	1994年	利勒哈默尔
	陈露	女子单人滑	1998年	长野
	申雪/赵宏博	双人滑	2002年	盐湖城
	申雪/赵宏博	双人滑	2006年	都灵

冬奥赛场上最激烈的集体项目

——冰球

冰球是冬奥会的固定集体项目,其以快速滑行、压步转弯、急停急起、合理冲撞、阻截拼抢而闻名,因比赛紧张、戏剧性十足、"暴力美学"的特别魅力吸引了大批观众。

冰球起源于19世纪的加拿大,早在1855年,加拿大金斯顿地区的一些体育爱好者就经常聚集在冰封湖面上,手中拿着曲棍,脚上绑着冰刀,追逐、击打用木片制成的球。1877年,第一支公认的冰球队——麦吉尔大学冰球俱乐部正式诞生。1886年,加拿大业余冰球协会成立,这也是世界上首个冰球协会组织。1893年,由加拿大总督斯坦利公爵捐赠的斯坦利杯开赛,首届杯赛由代表蒙特利尔业余体育协会的球队获胜,如今斯坦利杯是北美职业冰球联赛(NHL)的最高奖项,在每个赛季后颁给联盟的总冠军队伍,更是每个职业球员心中至高无上的荣耀。1894年,世界上第一座人造冰球场在美国巴尔的摩开张,冰球一时间风靡北美乃至欧洲。1908年,国际冰球联合会在法国巴黎成立,受联合会的推动,男子冰球成为1920年安特卫普奥运会的正式比赛项目,加拿大队拿到首金。

自1924年首届冬奥会以来,男子冰球一直是每届的固有项目,作为冰球起源国,加拿大赢得了前三枚冬奥冰球金牌。1936年,英国队出人意料地获胜,然而让人哭笑不得的是,这支金牌队伍的13名球员中竟有9名是持英国护照的加拿大人,当然英国也未再获此殊荣。1940、1944年两届冬奥会因二战取消后,加拿大在1948、1952年冬奥会又摘两金。1924—1952年间,捷克斯洛伐克、瑞典和美国也是颇具竞争力的队伍并赢得了多枚奖牌。苏联于1956年首次派队参加,截至1988年,九次参赛,七获冠军,取代加拿大队成为名副其实的赛场霸主,那两次意外则由本土作战的美国队登顶,分别是1960年斯阔谷冬奥会和1980年普莱西德湖冬奥会。尽管苏联队曾长期占主导地位,但加拿大队凭借2002、2010和2014年的三次问鼎,以累计9枚男子奥运冰球金牌的佳绩,最终超越了所有国家的表现。2006、2018和2022年的男子冰球金牌分别由瑞典队、俄罗斯奥林匹克运动员和芬兰队带走。女子冰球在1998年长野冬奥会上正式亮相,毫无疑问加拿大主导了这个小项,除了美国在1998、2018年获胜以外,其余全部金牌均被加拿大收入囊中。

除了冬奥会以外,美国、加拿大、俄罗斯、瑞典、芬兰等均有著名的职业冰球联赛,其中规模最大的是成立于1917年、北美四大职业联赛之一的北美职业冰球联赛,该联赛在美国和加拿大比赛,分东、西两大联盟,共32个俱乐部;还有成立于2008年的大陆冰球联赛(KHL),在前身俄罗斯冰球超级联赛的基础上吸纳了中国、哈萨克斯坦、白俄罗斯等国的22个俱乐部。此外,国际性的大赛还有分别始于 1920 年和 1990 年的男子冰球世锦赛、女子冰球世锦赛，以及 1997 年起举办的欧洲杯。

从 1924 年至今，冬奥会冰球的规则和形式已经改变了很多次。最大的争论点在于是否允许职业球员参加比赛。20 世纪 70 年代，加拿大和瑞典都曾拒绝派队参加，以反对苏联和捷克斯洛伐克绕过规则在为运动员提供财政支持的同时允许他们进行全职训练。但抵制未能使国际奥委会对规则做出改变，最终加拿大和瑞典在缺席了 1972 年和 1976 年冬奥会后还是参加了 1980 年冬奥会的比赛。不过，国际奥委会随后出台规定：任何与 NHL 球队签订合同并在 NHL 比赛中参赛的都是职业球员，而并非以球员是否获得国家财政支持作为判断职业球员的标准。到 1986 年，国际冰球联合会投票决定完全放开冰球比赛，允许职业球员参赛，这意味着一众 NHL 球星终于能够在冬奥会上大展拳脚。但是，尽管国际奥委会和国际冰球联合会双双开启绿色通道，可由于冬奥会与联盟赛季时间相撞（NHL 不允许球员在赛季中离开球队参加冬奥会），直到 1998 年长野冬奥会，NHL 才首次重新编排赛程，让职业选手们有 19 天的自由时间参加冬奥会比赛，这也意味着冬奥史上第一次有来自 NHL 的顶尖球员参赛，一时间冬奥会冰球赛的吸引力空前。近两届冬奥会，NHL 因为预算、疫情等原因再次禁止其职业球员参赛，何时恢复还需等待。

奥运会业余原则的退场

自 1894 年顾拜旦复兴奥林匹克运动后，国际奥委会曾长期坚持业余原则。历史上发生的最具代表性的违反业余原则事件是美国运动员詹姆斯·弗朗西斯·索普因在参加奥运会前打过棒球赛并从中赚取金钱,而被收回了所获的 1912 年奥运会五项全能和十项全能金牌。业余原则直到国际奥委会第五任主席布伦戴奇就职时都是奥运会的核心原则,但随着时代发展,特别是在他任期的后程,业余原则岌岌可危。一方面,部分国家开始用巨额财政支持运动员选拔与培养,出现了所谓的"国家业余选手";另一方面,不少国家的职业体育已趋成熟,高水平职业运动员却始终被奥运会"拒之门外"。为使奥运会保持最高竞技水准、吸引全球观众、保证运动员公平参与,在布伦戴奇卸任后,业余原则的退场也进入了倒计时阶段。1981 年,在时任主席萨马兰奇的倡议下,国际奥委会于巴登巴登召开会议,将判断参赛选手是否"业余"的权力委托给各国际单项体育组织,次年,国际奥委会执委会决定恢复索普的冠军头衔并补发奖牌。1988 年,职业网球选手首次登上汉城奥运会赛场。1990 年,实施了近一百年的业余原则正式"消失"。1992 年,由诸多职业选手组成的美国男篮"梦一队"出现在了巴塞罗那奥运会上。

冰球和足球、篮球一样,把球击进对方球门算作胜利,比赛结束后得分高的球队获胜。比赛共 3 节,每节 20 分钟,一场球下来,净比赛时间为 60 分钟。如果在规定时间结束后打成平手,则需进行加时赛,加时赛采用"金球制",也就是先进球的一方获胜且比赛立即结束。若加时赛双方还是平分,将开始点球大战。双方分别派出 3 名选手一一点球,比分领先一方获胜,若依然打平,则进行 1 对 1 互射点球决胜。例如,在北京冬奥会女子冰球小组赛中,中国队首节落后、末节扳平,最终就是在点球大战中绝杀日本队。

冬奥会冰球比赛场地长 61 米、宽 30 米,比 NHL(宽 26 米)

场地更宽，冰场四周设有界墙、防护玻璃，场地两端设有防护网。由于冰球比赛速度快、身体对抗激烈，运动员手中又握有球杆，所以除了运动内衣、外衣、防摔裤、冰鞋之外，必须佩戴包括护齿、头盔、护颈、护胸、护肘、护裆、护腿在内的全套防护装备，可谓"武装到牙齿"。区别于职业赛事，冬奥会上的冰球比赛遵循国际冰球联合会的规则，不允许"合法打架"。因此，运动员或许会破口大骂，但冬奥选手互殴的现象还是非常少见，最近一次的"暴力"场面出现在1998年长野冬奥会上，捷克的彼得·邦德拉与德国的埃里希·戈德曼发生冲突后，邦德拉脱掉手套向戈德曼猛击三拳，还把后者和裁判一起摔倒在地，甚至用戈德曼脱落的头盔对其反复击打，当然，结局必然是被请进"小黑屋"。冰球比赛对选手犯规的处罚非常严厉，有小罚、大罚、违例、停赛等，受罚球员会被请进受罚席接受处罚，处罚时间根据判罚结果有所不同，当受罚球员正在经受处罚时不可派出替补队员，因此，冰球比赛中经常会出现双方人数不等的情况。

  冰球运动于20世纪初传入中国，是1953年首届全国冰上运动会的比赛项目之一。1981年，在北京举行的男子冰球C组世锦赛中，中国男子冰球队一路过关斩将获得亚军，首次晋升B组，世界排名达到历史最高的第15，彼时"冲出亚洲，走向世界"的口号为中国男冰喊出，在全国掀起了"冰球热"，大众对冰球的关注达到前所未有的高度。随后，中国男女冰屡创佳绩，包括中国男冰称霸1986年札幌亚冬会并于1991—1994年持续打入世锦赛B组，中国女冰在1998年长野冬奥会上勇夺第四。如今，中国冰球的整体实力虽然与世界强国仍有不小差距，但随着越来越多的青少年开始学习冰球，各级赛事日趋丰富，中国冰球的复兴绝非遥不可期。

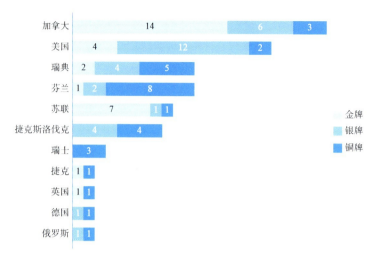

奥运会冰球奖牌榜（前十）

奥运会冰球金牌榜（全部）

注：1. 此处统计包括1920年安特卫普奥运会上加拿大1金、美国1银、捷克斯洛伐克1铜的数据。
2. 此处对俄罗斯的统计不包括在2022年北京冬奥会上以"俄罗斯奥运队"身份获得的1银。

"冰上田径"

——速度滑冰

速度滑冰是历史最悠久、开展最广泛的冰上运动,也是北京冬奥会中产生金牌最多的项目,以 14 枚金牌之巨被视为冰上基础大项,素有"冰上田径"之称。

冬奥会速滑比赛中的最高速度可达 60 千米/小时,2022 年北京冬奥会男子 1500 米冠军,荷兰速滑运动员谢尔德·努伊斯甚至在挪威一座天然冰场上,借助红牛拉力赛车牵引的防风罩滑到惊人的 103 千米/小时。如众所知,阻力越小,速度越快,风阻在速滑总阻力中能占 80% 左右,所以对速度滑冰运动员来说,如何减小风阻是获胜的重中之重,穿着紧身衣、身体平行于地面、手臂放在身后、后方运动员跟紧前方运动员等都是经过亿万次检验后证实有效的减小风阻方式。

目前,冬奥会设有小项男女 500 米、1000 米、1500 米、5000 米、团体追逐、集体出发,以及女子 3000 米和男子 10000

米。在以米数命名的个人赛中,均是两人一组,一人处于内道,一人处于外道,每圈需互换一次内外道位置,最终所有选手成绩按耗时排名,一局定胜负。团体追逐是 2006 年都灵冬奥会上增设的项目,采用淘汰制,两队对决,每队 3 名队员,两队分别在两个直道处同时出发,女子滑 6 圈,男子滑 8 圈,以每队最后一名冲过终点线的队员所用时间作为队伍的比赛成绩,用时短者获胜。集体出发是速度滑冰项目中最新和最特别的比赛形式,于 2018 年平昌冬奥会加入,参加该项目的运动员需佩戴头盔,身着防切割连体服。比赛中运动员在起跑处站成几排同时出发,不论男女都需滑 16 圈。与其他小项以用时最短决胜负的规则不同,集体出发以总积分高低定名次。按北京冬奥会的新规则,第 4、8、12 圈设有途中积分点,通过每个积分点的前三名分别积 3、2、1 分,最后一圈(第 16 圈)的前六名分别积 60、40、20、10、6、3 分,最终以积分之和排名,若没有积分则按完赛时间排名。集体出发赛制特殊,需要队友间战术的紧密配合,充满戏剧性的滑法颇有短道速滑的意味。

速度滑冰源自欧洲,1893 年,在彼时刚刚成立的国际滑联领导下,首届世界男子速度滑冰锦标赛于荷兰阿姆斯特丹举行。随后,男女速度滑冰分别于 1924、1960 年被列为冬奥会比赛项目。作为速滑的起源地之一,荷兰是累计获得冬奥会速滑项目荣誉最多的国家,包揽了将近四分之一的金牌,133 枚奖牌的总量更是一骑绝尘。冬奥会有史以来最伟大的速度滑冰运动员就来自荷兰,伊琳·维斯特 6 金 5 银 2 铜,共 13 枚奖牌的成绩至今无人能及,她还是唯一一位在五届冬奥会上都有金牌入账的运动员。最杰出的男子速滑运动员依旧是荷兰人,斯文·克拉默累计获 4 金 2 银 3 铜,共 9 枚冬奥奖牌,并拥有 9 个速滑全能世锦赛冠军。

除了荷兰，挪威、美国、加拿大在不同小项上都具备竞争力，亚洲国家的近几届表现也十分不俗，其中的日本正逐渐向速滑强国迈进。

速滑运动于20世纪50年代在国内得到长足发展，1963年，罗致焕力压群雄夺得第五十七届速度滑冰世锦赛男子1500米冠军，为新中国拿到第一枚重量级国际冬季赛事金牌。中国体育代表团获得的首枚冬奥奖牌同样诞生于速度滑冰项目，即1992年阿尔贝维尔冬奥运会上叶乔波斩获的女子500米银牌。伴随索契冬奥会张虹1000米折桂和北京冬奥会高亭宇500米夺冠，中国速度滑冰代表队累计收获2金3银4铜，共9枚奖牌。

冬奥速滑赛场上除了各国运动员激烈的比拼外，最大的亮点无疑是频繁被刷新的纪录，"冰丝带"共产生10个小项的奥运纪录，其中包括1项世界纪录，这让北京冬奥会追平2002年盐湖城冬奥会成为历史上创造速滑奥运纪录最多的一届冬奥会。"冰丝带"的"快"得益于最新制冰技术的使用，它是世界上首个采用二氧化碳跨临界直冷制冰技术的大型冰上运动场馆，这使得面积1.2万平方米的冰面温度均匀、硬度相当，"平原上最快的冰"因此而造就。如今，"冰丝带"早已向公众开放，除了举办速滑、花滑、冰球等赛事及大型会展活动外，还可同时接待超2000名市民开展各类冰上活动，手牵冰墩墩、滑奥运健儿同款冰场已成为全新的休闲方式。

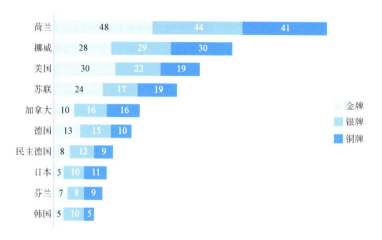

冬奥会速度滑冰奖牌榜(前十)

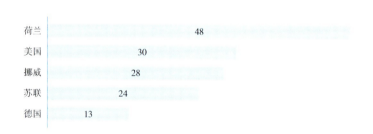

冬奥会速度滑冰金牌榜(前五)

中国速度滑冰代表队冬奥奖牌一览表
（2金3银4铜）

奖牌	姓名	比赛项目	时间	地点
金牌	张虹	女子1000米	2014年	索契
	高亭宇	男子500米	2022年	北京
银牌	叶乔波	女子500米	1992年	阿尔贝维尔
	叶乔波	女子1000米	1992年	阿尔贝维尔
	王曼丽	女子500米	2006年	都灵
铜牌	叶乔波	女子1000米	1994年	利勒哈默尔
	任慧	女子500米	2006年	都灵
	王北星	女子500米	2010年	温哥华
	高亭宇	男子500米	2018年	平昌

冰场上的谋略之战

——冰壶

看似温文尔雅、实则暗流涌动的冰壶运动被誉为"冰上国际象棋"。技术上,强调细腻、精准,性格上,要求沉着、冷静,极其考验运动员排兵布阵的能力。观众常常会为一次惊艳的"解局"拍手叫好,也会为对方投出最终一壶让布局"功亏一篑"而无限惋惜,每一次预判、调整、意外,都牢牢吸引着观众的注意力。

与双人对打的国际象棋不同的是,冰壶是一项集体竞技运动,在冬奥赛场上共有 3 个小项的比赛,即男子冰壶、女子冰壶和混合双人冰壶,前两者都是由 4 人组成的队伍,1 人掷球、2 人刷冰、1 人指挥。一场 4 人冰壶比赛共打 10 局,每局两队轮流投壶,每人投 2 壶,共投 16 壶,每局结束时冰壶最接近圆心的一方得分,累计得分多者获胜。混合双人冰壶则将 10 局缩短为 8 局,每局只投 10 壶,此外还有一些特殊规则,与传统的四人冰壶相比，它局面复杂多变、比赛节奏快、观赏性也更强。

　　目前，世界冰壶联合会在世锦赛、冬奥会等正式比赛中，唯一指定使用的冰壶全部来源于苏格兰的百年老店凯斯冰壶厂，其生产所需的花岗石原料采自一个叫艾尔莎·克雷格的小岛，凯斯冰壶厂拥有岛上花岗石的独家开采权。由于原料稀少、加工繁复的特点，国际赛用冰壶造价相对昂贵，一整套 16 只冰壶的总价可高达 18 万元。冰壶"三件套"中另外两个装备是冰壶鞋和冰刷。运动员所穿的冰壶鞋从表面看和日常鞋履大同小异，但鞋底却暗藏玄机且功能各异，"滑行脚"鞋底有专用滑板，材质为塑料，用于降低摩擦力助力滑行，"蹬冰脚"则为橡胶底，可以增加与冰面的摩擦力。冰刷因其酷似"扫帚"的外形总能给观众留下深刻印象，通常由玻璃纤维或碳纤维的刷柄、合成鬃或马鬃的刷头组成。刷冰时，运动员手持冰刷快速摩擦冰面，使冰面温度升高并融化形成水膜。刷冰的作用一方面在于减小摩擦力让冰壶滑行得更远，另一方面还能在不触碰冰壶的前提下调整它的前行轨迹，起到为冰壶"导航"的作用。刷冰可以说是冰壶运动里的体力活，一名职业冰壶运动员完成一次刷冰后，心率能高达每分钟 180 次。如众所见，冰壶赛场还经常充斥着运动员的"大喊大叫"，除了场地开阔致刷冰指令只有通过大喊才能让队友听见的原因外，还可以增强气势、威慑对手。

　　冰壶诞生至今已有 5 个世纪的历史。16 世纪荷兰画家彼得·勃鲁盖尔的画作描绘了一种在冰冻池塘上玩冰壶的活动，有书面记载的冰壶比试则最早见于苏格兰人约翰·麦克奎林 1540 年的拉丁文手稿中。第一个国际公认的冰壶俱乐部是在英国苏格兰成立，并于 19 世纪传入欧洲其他国家和北美等地。虽然此后并不鲜见多国参与的冰壶比赛,但由于当时世界冰壶联合会尚未成立,各地自发性的冰壶俱乐部并不具备正式国际大赛的办赛资格,因此这一阶段的赛事不能视作真正的国际比赛。1924 年法国夏蒙尼冬奥会的召开,则宣告首个国际冰壶赛的到来,英国、瑞典和法国队获得前三名,不过,这次比赛直到 2006 年才被国际奥委会追认为冰壶在冬奥会上的正式亮相。此后,除了在 1932 年普莱西德湖冬奥会、1988 年卡尔加里冬奥会、1992 年阿尔贝维尔冬奥会上作为表演项目外,冰壶都消失于冬奥赛场,1998 年起终于固定为冬奥会正式比赛项目。代表性的冰壶国际大赛除了冬奥会以外,还有世界冰壶联合会主办的世界冰壶锦标赛、世界青年冰壶锦标赛等一系列赛事。世界冰壶联合会作为冰壶运动的最高组织机构于 1966 年在加拿大、瑞典、瑞士、英国、挪威、美国和法国的联合发起卜成立,总部设在英国苏格兰珀斯,如今这些发起国都堪称冰壶强国,尤其是加拿大,不仅从长野到北京七届五度摘金,还在 2014 年索契冬奥会上创出了男、女子冰壶队同站最高领奖台的佳绩。

虽然冰壶起源于欧洲并长时间由欧美国家统治,但其动静结合、注重技巧的特点非常适合擅长运筹帷幄的亚洲人。冰壶运动于建国初期由日本传入中国,1995 年,在世界冰壶联合会的大力推动下,第一届冰壶培训班于哈尔滨举办。2003 年,中国成为世界冰壶联合会会员国。短短三年后,中国女子冰壶队就在 2006 年世界女子冰壶锦标赛中获得第五名的好成绩,在 2008、2009 年世界女子冰壶锦标赛上,又夺得亚军和冠军,引起世界壶坛关注。夺冠壮举也让时任中国女子冰壶队队长王冰玉为人所知,她凭借冷静的赛场风格和高超的冰壶技术,被人们称赞为"一片冰心在玉壶"。此后,中国冰壶项目喜讯频传:2010 年,中国女子冰壶队在温哥华智取铜牌，开中国冬奥会首枚集体项目奖牌先河；2014年，中国男子冰壶队获得索契冬奥会第四名，创造了历史最好成绩。竞技赛场中的飞跃式进步让中国在世界"冰壶圈"的知名度越来越高，2014年世界男子冰壶锦标赛在首都体育馆打响，这是自1959年就开始举办的世界男子冰壶锦标赛首次也是唯一一次落户亚洲。不久，2017年世界女子冰壶锦标赛也落户中国。

  2022年北京冬奥会冰壶项目的比赛在国家游泳中心举行，位于南广场的"冰立方"冰上运动中心在赛后已对大众开放，除了举办国际冰壶赛事，还能满足市民掷冰壶的需求并成为向青少年推广冰上运动的重要场所。此外，这里还是世界冰壶联合会授权的世界冰壶学院培训中心，冰壶在我国的培训体系本地化、经营产业化之路正在开辟。随着冬奥激起的冰壶热，全国各地大小冰壶挑战赛、创意冰壶赛等群众赛事层出不穷，不少校园、社区更有冰壶普及版——旱地冰壶的体验活动。冬奥期间"万物皆可冰壶"的概念在网络上大火，各类别样"冰壶""冰刷"涌现，中国老百姓展现出对冰壶这项运动史无前例的热情，作为适合"全家总动员"的冰上项目，冰壶在中国的未来有广阔天地，可大有作为。

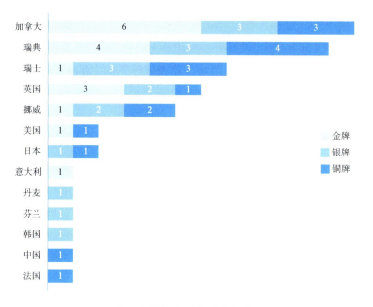

冬奥会冰壶奖牌榜（全部）

冬奥会冰壶金牌榜（全部）

注：此处统计包括 1924 年夏蒙尼冬奥会数据。

历史最悠久的雪上基础大项
——越野滑雪

越野滑雪是运用登山、转弯、滑行、滑降等技术滑行于山丘雪原间的运动项目。如今的冬奥会越野滑雪比赛设有男女双追逐、个人短距离、团体短距离、个人计时赛、集体出发和接力等多个小项,其中的男子 50 公里集体出发更是冬奥会所有比赛中滑行距离最长的项目,有"雪上马拉松"之称。

作为世界运动史上最古老的项目之一,有关越野滑雪最经典的起源故事发生于 1206 年挪威内战期间,当时,2 名怀藏 2 岁的挪威国王哈康四世的侦察兵正是通过滑雪翻越高山摆脱了敌人的追击。如今,挪威每年都会举行比照当年滑行线路的越野滑雪马拉松赛,比赛中人们负重约 7 斤来模拟当年小国王的体重。随着时间的推进,越野滑雪慢慢从单纯的出行方式演变为颇受欢迎的娱乐活动和体育运动,19 世纪后,又衍生出其他的滑雪形式,如高山滑雪、冬季两项等,可以说越野滑雪是当之无愧的雪上运动项目鼻祖。

在发展过程中，越野滑雪逐渐分化形成两种不同的滑行技术。传统式滑行中，雪板必须放在事先压制好的雪槽内，两个雪板保持与滑行方向平行，比赛中的运动员主要采用交替滑行、双杖推撑滑行、无滑行阶段的八字踏步、转弯以及滑降等技术，但禁止双脚或单脚的蹬雪。另一种自由式滑行直到20世纪80年代才真正普及，比赛时无须在固定雪槽上滑行，雪板呈八字形移动，动作类似于滑冰，对蹬动动作无限制。由于这两种方式采用不同的滑雪板，因此双追逐比赛中常能看到运动员在"中转站"更换雪板。需要指出的是，不同于高山滑雪的雪板牢牢固定在脚上，越野滑雪的雪板只有脚趾部分与雪板相连，脚跟则是"自由"的，于是就可以翻山越岭、爬坡过坎。目前，越野滑雪比赛出发方式分为单人间隔出发和集体出发两种，运动员在比赛中经过的赛道有三分之一上坡、三分之一下坡和三分之一起伏地面，如此地形对运动员的体能和心肺能力有极高要求，使得运动员体力消耗巨大，终点冲刺处的竞争因此十分激烈，观众经常能看到运动员在冲过终点线时摔倒在地，有时这是一种撞线战术的使用，有时则是运动员力竭的表现。

在1924年首届冬奥会上，越野滑雪就是9个正式项目之一（其他8项分别是雪车、冰壶、冰球、花样滑冰、速度滑冰、北欧两项、跳台滑雪和军事巡逻），但只设男子18公里、男子50公里两个小项。1936年德国加米施-帕滕基兴冬奥会增加了男子4×10公里接力赛，直到1952年奥斯陆冬奥会时，女子项目（10公里）才终于被列入。从1988年卡尔加里冬奥会开始，传统式和自由式滑雪技术被严格区分,国际雪联①会预先对采用哪种滑行技术进行规定,此后越野滑雪项目一直变革不断。1992年阿尔贝维尔冬奥会第一次出现更考验选手综合技术能力的追逐赛(2014年更名为双追逐)——运动员要同时掌握传统式和自由式两种技术并能"自如"切换,2002年盐湖城冬奥会首次列入个人短距离,2006年都灵冬奥会加入团体短距离。著名的越野滑雪赛事除了冬奥会外,还有从1925年起举行的国际雪联北欧滑雪世界锦标赛,以及自1973年开始每年举行的国际雪联越野滑雪世界杯。

　　北欧国家作为滑雪运动的主要发源地,在越野滑雪中的霸主地位不容置疑,冬奥历史上越野滑雪项目总共产生544枚奖牌,北欧国家以299枚带走了一半有余。其中,挪威是公认的越野滑雪最强国,在过去24届冬奥会的越野滑雪比赛中,挪威队共获得过52枚金牌和129枚奖牌,均居世界首位。无独有偶,全球拥有10枚及以上冬奥奖牌的7名运动员中有4位都是越野滑雪运动员,而这些王者中的王者正是挪威选手玛丽特·比约根,她连续参加了2002—2018年的五届冬奥会,创下8金4银3铜,共15枚奖牌的辉煌纪录。另一位越野滑雪标杆人物,依旧是来自挪威的运动员比约恩·戴利,他是20世纪唯一赢得8枚冬奥会金牌的运动员,在1992—1998年短短三届冬奥会中包揽8金4银,圈内人视其为有史以来最伟大的冬季项目运动员之一。如此来看,挪威人被冠以"带着滑雪板出生"的昵称也就不足为奇了。

---

① 国际雪联是原国际滑雪联合会的简称。2022年5月,国际滑雪联合会更名为国际滑雪和单板滑雪联合会。更名后仍简称国际雪联,其负责管理的冬奥会项目包括越野滑雪、跳台滑雪、北欧两项、高山滑雪、自由式滑雪和单板滑雪。

越野滑雪是中国体育代表团最早接触的冬奥项目之一，1980年中国运动员首次亮相普莱西德湖冬奥会就派出 2 名选手参加了越野滑雪 3 个小项的角逐。过去 40 余年中，中国参加的越野滑雪赛事逐渐增多、成绩稳步提高，第一支越野滑雪国家集训队于 2018 年组建。2022 年北京冬奥会是中国队继 2006 年都灵冬奥会后第二次实现全项目参赛，并在男子双追逐、男子 15 公里、男子 4×10 公里接力、男子团体短距离、女子 4×5 公里接力和女子团体短距离等小项上都取得了冬奥会历史最好名次。

目前我国拥有十余个越野滑雪场，其中的国家队训练基地——吉林北山四季越野滑雪场全季运营，滑雪发烧友们一年中任何时间都能在这挥洒汗水。此外，如新疆温泉县越野滑雪场、长白山鲁能胜地滑雪场、黑龙江亚布力滑雪场都拥有国际雪联认证的越野滑雪道，还举办过国际雪联越野滑雪世界杯这样的国际大赛。在雪季之外的时间，滑轮运动也是很好的普及越野滑雪的手段。滑轮不是轮滑，两者有很大区别，它作为越野滑雪夏季训练的最佳替代方式，在挪威、瑞士等越野滑雪强国已得到广泛应用和推广。2020 年第十四届全国冬季运动会中，滑轮就是比赛项目之一，如今我国每年都会举办多场该项目的专业及业余赛事。

冬奥赛场上素有"得越野者得天下"的说法，北京冬奥会的越野滑雪项目产生 12 枚金牌，冬季两项和北欧两项比赛分别产生 11 枚、3 枚金牌，即以越野滑雪为基础的项目拥有金牌 26 枚，占到金牌总数的 24%，是名副其实的雪上第一基础大项。随着"冰强雪弱"局面的悄然扭转和滑轮运动的逐渐兴起，越野滑雪在我国有望受到更多关注。

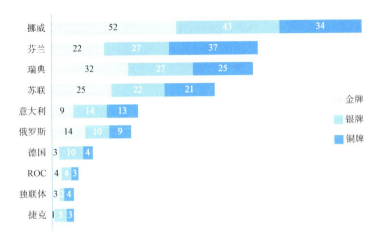

冬奥会越野滑雪奖牌榜（前十）

冬奥会越野滑雪金牌榜（前五）

注：此处对俄罗斯的统计不包括在 2018 年平昌冬奥会上以"俄罗斯奥林匹克运动员"身份获得的 3 银 5 铜。

获十枚及以上冬奥奖牌的运动员一览表

姓名	国籍	项目	性别	金牌	银牌	铜牌	总数
玛丽特·比约根	挪威	越野滑雪	女	8	4	3	15
奥勒·埃纳尔·比约恩达伦	挪威	冬季两项	男	8	4	1	13
伊琳·维斯特	荷兰	速度滑冰	女	6	5	2	13
比约恩·戴利	挪威	越野滑雪	男	8	4	0	12
阿莉安娜·方塔娜	意大利	短道速滑	女	2	4	5	11
赖萨·斯梅塔尼娜	苏联/独联体	越野滑雪	女	4	5	1	10
斯特凡尼娅·贝尔蒙多	意大利	越野滑雪	女	2	3	5	10

雪上一级方程式
——雪车

雪车、钢架雪车、雪橇是冬奥会上非常容易让观众混淆的项目,从比赛器具外观看,三者均有"底盘",但雪车相较钢架雪车和雪橇还额外配有"方向盘"及"车身",因运动员需坐在"敞篷车"内尽量以最短时间滑完全程——时速最高可达150公里/小时以上,故雪车也被称为"雪上F1"。

世界上第一辆雪车于19世纪在瑞士圣莫里茨诞生。冬天到瑞士圣莫里茨度假是维多利亚时代的风尚,随着在欧洲皇室贵族中名气的攀升,越来越多的游客到访这里并开始寻找新的娱乐方式以消遣漫长的冬季时光。19世纪70年代初,一些来自英国的游客将运输雪橇改装成雪车在圣莫里茨结冰的街道上滑行,他们还发明了"转向装置",使得雪车可以转弯、跑得更远、滑行时间更长。但随着多起碰撞事故的发生,圣莫里茨当地居民不满情绪高涨,导致雪车被禁"上街"。不过,游客们对雪车的热情却丝毫不减，为此，一个名为卡斯帕·巴德鲁特的酒店老板开始在附近的村镇旁建造天然赛道。1884年冬天，世界上最古老的雪车雪橇赛道——克雷斯塔赛道诞生了，1928、1948年两届冬奥会雪车比赛都在这里进行，该赛道至今仍在使用。

随着雪车赛道的建成，全球首个雪车俱乐部也于1897年在圣莫里茨应运而生，该俱乐部的成立促进了雪车运动的快速发展。1923年，国际雪车联合会成立，在其推动下，短短一年之后，雪车就成为夏蒙尼冬奥会的正式项目，设四人雪车比赛，男子双人雪车作为新增小项则于八年后的1932年普莱西德湖冬奥会亮相。雪车项目的特点之一在于重量能给予更快的速度，由于此前并未有关于重量的限制，以至于人均体重高达117公斤的德国四人雪车队轻松称霸1952年奥斯陆冬奥会，"千斤"组合的夺冠迫使国际雪车联合会随即对雪车空载和满载的重量做出明确规定，自此，大体重不再成为运动员取胜的关键，比赛难度和激烈程度显著提升。1960年斯阔谷冬奥会上，由于当地并无正规赛道，且雪车项目参赛国数量较少，组委会认为耗巨资兴建新赛道"得不偿失"，因此取消了雪车比赛，这是雪车在24届冬奥会上唯一缺席的一次。从20世纪90年代开始，雪车运动中出现了女性运动员的身影，2002年盐湖城冬奥会纳入女子双人雪车比赛，20年后的北京冬奥会为平衡雪车项目的男女选手人数，还加入了女子单人雪车小项。如今，冬奥会上雪车项目共产生4枚金牌，即男子双人、女子双人、女子单人和四人雪车（自由性别）。

经过多年的发展，天然赛道逐渐退出历史舞台，取而代之的是设计更复杂、比赛难度更大的人工赛道。人工赛道依山体斜坡而建，需严格遵循国际雪车联合会的规定，如长度不低于1200米，最少有15个弯道、1个直道和1个三连弯部分，在前250米的速度可以由 128 公里/小时加速到 160 公里/小时。不同于冰雪堆砌而成的天然赛道，现代赛道都由钢筋混凝土制成，在使用前采用人工制冰使赛道上覆盖冰层。截至 2022 年北京冬奥会结束，包括"雪游龙"在内，全世界共有 17 条国际大赛标准的雪车雪橇赛道——其中的 11 条经历过冬奥会的检验，亚洲、北美各有 3 条，其余均在欧洲，雪车第一强国德国更是在阿尔滕贝格、国王湖、奥伯霍夫、温特尔伯格坐拥 4 条雪车雪橇赛道。除了举办各类赛事，加拿大惠斯勒、挪威利勒哈默尔、美国普莱西德湖、法国拉普拉涅等地的赛道还能为游客提供雪车乘坐体验服务。

目前雪车著名的国际赛事主要有冬奥会、世界雪车锦标赛和雪车世界杯等。世界雪车锦标赛从 1930 年开始举办，时间并不固定；雪车世界杯则于 1984 年萨拉热窝开始每年举办一届。主办机构都是总部位于瑞士洛桑的国际雪车联合会，该联合会是雪车和钢架雪车的国际管理组织，如今全球 70 余个国家都是其会员国。根据这些国际大赛成绩来看，德国①分别以 32 枚、116 枚和 149 枚奖牌占据冬奥会、世锦赛和世界杯奖牌榜榜首，瑞士、美国、意大利、加拿大、英国、奥地利等紧随其后，也都是传统的雪车强国。

从最初的欧美国家到后来的日韩，再到中国，雪车项目的参与度不断提升，甚至不乏牙买加、尼日利亚、特立尼达和多巴哥这样的热带国家。为备战 2022 年冬奥会，中国国家雪车队于 2015 年成立并在 2018 年平昌冬奥会上完成了男子双人及四人雪车的亮相任务，成功在 2022 年北京冬奥会上实现全项目参赛，怀

---

① 此处的德国指二战前未分裂的德国和 1990 年民主德国和联邦德国合并后的德国。

明明在首次入奥的女子单人雪车比赛中排名第六，创造了我国雪车项目的冬奥名次最高纪录。赛场之外，我国的雪车场馆建设、雪车制造技术也取得新突破，位于延庆的"雪游龙"是国际雪车联合会认证的亚洲第三条、世界第十七条雪车雪橇赛道，2021 年首台国产雪车的问世，标志着赛道、器材的全面本土化。

在过去的一个世纪里，雪车运动人才辈出。男子方面，世界顶级运动员几乎全部来自德国。如凯温·库斯克，他曾于 2002—2018 年连续五次出战冬奥会，狂揽 4 金 2 银，同时七夺世锦赛冠军。凯温·库斯克的男子双人和四人雪车项目搭档——安德烈·朗厄在冬奥赛场上共获 4 金 1 银，并拥有 8 个世锦赛冠军。比安德烈·朗厄斩获更多世锦赛冠军的是意大利选手欧金尼奥·蒙蒂，他不仅在三届冬奥会上豪取 2 金 2 银 2 铜，还是首位顾拜旦体育精神奖章获得者。在百年雪车冬奥史上，德国的波格丹·穆西奥尔所创造的 7 枚奖牌是运动员的最好成绩。现役雪车运动员中的王者则非德国人弗朗西斯科·弗里德里希和索尔斯坦·玛吉斯莫属，这对传奇组合于平昌冬奥会和北京冬奥会四登最高领奖台。女子方面，生于加拿大的凯利·汉弗莱斯的四届冬奥之旅有 3 金 1 铜进账，其中 1 金即是代表美国于 2022 年北京冬奥会上获得的女子单人雪车金牌。同样四战冬奥会的还有加拿大的希瑟·莫伊斯（2006—2018）、德国的桑德拉·齐里亚西斯（2002—2014），分别获得 2 金与 1 金 1 银，美国的埃拉娜·迈耶斯·泰勒则以 3 银 2 铜（2010—2022）成为获雪车冬奥奖牌最多的女子选手。

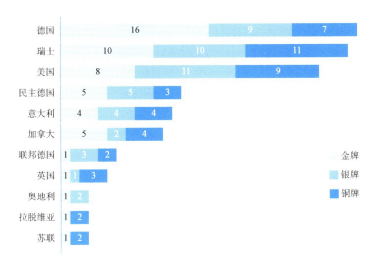

冬奥会雪车奖牌榜（前十）

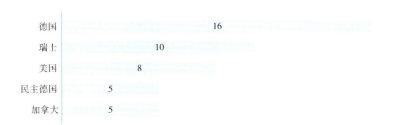

冬奥会雪车金牌榜（前五）

"勇敢者游戏"

——跳台滑雪

滑雪者穿着双板,不用雪杖,不借助任何外力,以自重从起滑台起滑,经助滑道获得高速度,助滑道末端的起飞点向上弯曲,滑雪者从该处跃起,身体前倾和滑雪板成锐角,两臂紧贴体侧,沿抛物线在空中滑翔尽可能远的距离并稳稳落在着陆坡上,随后继续自然滑行到停止区,最终根据飞行距离和动作姿势评分决出胜负,这就是跳台滑雪。参与这项运动不仅需要勇敢的意志和沉着的心态,更需要爆发力强、灵敏度高、平衡力佳的身体素质,因运动员在空中滑翔时就像天地间一只展翅翱翔的大鸟,跳台滑雪运动员常常被称为"空中飞人"。

跳台滑雪是滑雪运动的一个独立分支。1868年,在挪威举行的世界上第一次有奖跳台滑雪比赛中,桑德雷·诺海姆跳出19.5米,创造了世界上第一个跳台滑雪成绩,其本人也因高超的滑雪和跳跃技巧,被尊称为"跳台滑雪之父"和"现代滑雪之父"。

从 19 世纪诞生至今，跳台滑雪的技术动作经过了多次革新。一战后，挪威跳台滑雪运动员雅各布·图林·塔姆斯和西格蒙德·鲁德首先发明了康斯博格技术，要求跳跃时上身从臀部弯曲、身体大幅度前倾、手臂向前伸展、雪板相互平行。利用这种技术，奥地利选手约瑟夫·布拉德尔在 1936 年普拉尼卡跳台滑雪比赛上将飞行距离首次推至百米之上。到 20 世纪 50 年代中期，瑞士的安德烈亚斯·达舍尔将手臂向前伸展改为向后紧贴身体，使得身体前倾幅度更加明显。1985 年，瑞典运动员扬·博克洛夫则将滑雪板尖端展开，成"V"字形飞翔。起初这种奇特的姿势被人们嘲笑，但成绩证明该创新非常成功，于是从 1992 年开始便在冬奥赛场大行其道。

自 1924 年在夏蒙尼举办第一届冬奥会以来，跳台滑雪从未缺席。最初，只设男子个人标准台，后于 1964 年因斯布鲁克冬奥会和 1988 年卡尔加里冬奥会分别增加了男子个人大跳台和男子团体大跳台。直到 2014 年索契冬奥会，才有了女子个人标准台比赛。加上 2022 年北京冬奥会上新增的混合团体，如今的冬奥会跳台滑雪项目共 5 个小项。标准台和大跳台的不同之处在于从起飞点到山坡开始变平缓点的距离不同，赛道上的目标着陆点被称为"K"点，从起飞到开始变平的地方测量，标准台的 K 点是 90 米左右，被称为 K90，大跳台的 K 点则是 120 米左右，简称 K120。这也就不难理解，大跳台的山看起来比标准台的山更高，运动员也飞得更远。截至 2022 年 10 月，最远的跳台滑雪距离由奥地利人斯特凡·克拉夫特创造，他在 2017 年国际雪联跳台滑雪世界杯上跳出了惊人的 253.5 米，相当于 10 秒内飞跃两个半足球场。在比赛中，由于跳台助滑道角度及起跳端角度等不同，加上气温、湿度、风向、风力及雪质等自然条件的差异，滑雪的性能也就随之变化，因此，跳台滑雪比赛只有最好成绩，没有世界纪录。

除了冬奥会以外，著名的跳台滑雪国际赛事如跳台滑雪世锦赛、跳台滑雪世界杯、滑雪飞行世锦赛和四山锦标赛系列赛都由国际雪联组织。结合各大赛事奖牌榜来看，挪威、奥地利、芬兰、德国、日本和波兰等都是跳台滑雪强国。同时，跳台滑雪顶尖运动员也大都出自这些国家。例如，被广泛认为是有史以来最伟大的男子跳台滑雪运动员的马蒂·尼凯宁来自芬兰，他共握有5枚冬奥会奖牌（4枚金牌）和9枚世锦赛奖牌（5枚金牌），并且是历史上唯一一位赢得该运动全部五项大赛冠军的运动员。获得冬奥4金的跳台滑雪选手还有瑞士人西蒙·阿曼，他包揽了2002、2010年冬奥会男子个人项目的全部4枚金牌。此外，德国的延斯·韦斯弗洛格、奥地利的托马斯·摩根斯坦以及波兰的卡米尔·斯托赫等都是4枚奖牌的拥有者。女子方面，德国运动员卡丽娜·沃格特、挪威选手玛伦·伦德比分别在索契冬奥会和平昌冬奥会上封后，且都赢得过两届世锦赛冠军，斯洛文尼亚人乌尔莎·博加塔伊则在2022年北京冬奥会上夺得2金。

作为一项流行于欧洲的运动，跳台滑雪在中国还处于起步阶段，2006年都灵冬奥会是中国体育代表团第一次派队参加跳台滑雪比赛，目前在冬奥会上的最好个人成绩是由常馨月于2018年平昌冬奥会女子个人标准台项目上创造的第20名。2022年北京冬奥会前，国家跳台滑雪中心——"雪如意"已可以满足国家队的训练需要，并助力实现了全项目参赛。进入后冬奥时代，"雪如意"既可以服务于国际国内顶级赛事和专业训练，同时还可以承接演唱会、发布会、电音节、研学营、高端论坛等丰富多彩的各式活动，大众也可以在这里一感跳台滑雪的魅力。

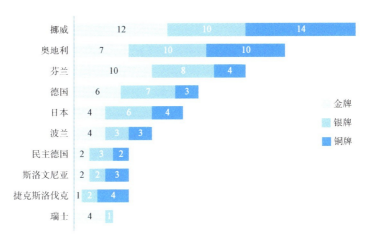

冬奥会跳台滑雪奖牌榜（前十）

冬奥会跳台滑雪金牌榜（前五）

冬季运动中的全能比赛
——北欧两项

北欧两项由跳台滑雪和越野滑雪两部分组成,正如其名,这项运动起源于北欧,又称"北欧全能",在挪威、芬兰都广泛流行,设3个小项,包括男子个人标准台+10公里越野滑雪、男子个人大跳台+10公里越野滑雪、男子团体大跳台+4×5公里越野滑雪。

北欧地区每到冬日,晶莹的雪花挂满树木、洒遍山峦、遮掩道路、装饰城乡,被大雪染白的斯堪的纳维亚半岛自古以来就是适合开展滑雪运动的宝地,起伏的小山峦尤其让越野滑雪和跳台滑雪得到极佳的开展,既要求跳得远,又要求滑得快的北欧两项由此诞生——运动员不仅要有过人胆量,更须具备超强耐力。距离挪威首都奥斯陆约13公里的霍尔门科伦山有着天然的雪源,是挪威滑雪运动兴起和流行的基础。北欧两项在1883年被列入霍尔门科伦滑雪大奖赛,1892年首届霍尔门科伦滑雪节就设有该赛事，20 世纪初北欧两项运动逐渐向世界推广，并成为 1924 年冬奥会的正式项目。

1988 年卡尔加里冬奥会迎来了北欧两项发展的关键转折点，即从这届冬奥会开始使用贡德森赛制。该赛制由前挪威北欧两项运动员贡德·贡德森发明，规则是先比跳台滑雪，再比越野滑雪，跳台滑雪排名第一的选手最先出发，其他选手则将跳台滑雪的分数换算成与第一名之间的时间差，个人赛中每落后 1 分就在越野滑雪比赛中推迟 4 秒出发，团体赛中落后 1 分推迟 1.33 秒出发。不同于以前越野滑雪部分运动员抽签出发，再将越野滑雪成绩折合成分数，最终以总分数排名的方式，采用贡德森赛制后，观众们不用再焦急地等待裁判打分，最先冲过越野滑雪终点线的就是冠军，观赏性大大提升。此外，团体项目中四名运动员在两部分比赛中的出发顺序要保持一致。

作为北欧两项起源地，挪威一直是冬奥会中此项目的主导国家，该国运动员获得了 40 枚金牌中的 15 枚，比紧随其后的德国、芬兰、奥地利三国所得金牌之和还要多。在北欧两项产生的 120 枚冬奥奖牌中，109 枚都被欧洲国家赢得，非欧洲地区获得过奖牌的国家只有美国和日本，分别是 4 枚和 7 枚。进一步看，1924—1936 年的四届冬奥会中产生的 12 枚北欧两项奖牌全部归属于挪威运动员，到 1948 年第五届冬奥会，领奖台上才终于看到了同是北欧国家的芬兰和瑞典选手的身影。金牌被北欧运动员垄断的状况一直持续至 1960 年斯阔谷冬奥会才被打破，来自德国黑森林地区的邮递员乔治·托马成为第一位非北欧国家的冠军。自此，德国人开始在北欧两项赛场上崭露头角，1972 年，民主德国的 19 岁运动员乌尔里希·韦林成为这项运动中最年轻的冬奥金牌得主。当 1988 年团体赛加入冬奥会时，奥地利选手克劳斯·苏尔岑巴赫喜提 2 枚奖牌，他也是首位在单届冬奥会上两站领奖台的北欧两项运动员。1992 年和 1994 年团体赛的金牌均被日本队拿走，来自岛国的渡部晓斗是过去十年亚洲势力的代表，以 2 银 2 铜的成绩改变了原本欧洲豪强内战的格局。

北欧两项归属国际雪联管理，在联合会组织下，标志性赛事主要有始于 1924 年的北欧滑雪世锦赛和 1983 年举办至今的世界杯。值得注意的是，北欧两项是如今冬奥会中唯一只设男子比赛的项目，也因此被称为"男子汉的较量"。虽然自 2021 年起女选手开始参加世锦赛和世界杯，但 2021 年世锦赛女子项目仅有 10 个参赛国，登上领奖台的则全部是挪威面孔。因为缺乏参与普遍性，国际奥委会宣布 2026 年冬奥会中依旧不设女子北欧两项比赛。此外，国际奥委会还提示，男子比赛也正面临重大挑战，需要采取更多措施来提高北欧两项运动在全球的欢迎度，否则其将面临在 2030 年冬奥会中被取消的风险。

相比欧美和日本，中国在北欧两项上起步较晚，2009 年世界大学生冬季运动会是中国运动员第一次参加该项目的国际大赛。北欧两项国家队于 2018 年组建，北京冬奥会赛前，00 后选手赵嘉文拿到了中国运动员在冬奥会上的首个参赛席位。对于这项流行于欧洲国家的项目，长期以来在全世界范围内的参与度都不高，未来或许将迎来更多变化。

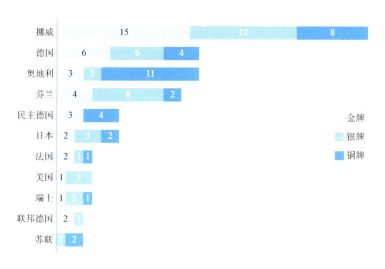

冬奥会北欧两项奖牌榜（前十）

冬奥会北欧两项金牌榜（前五）

冬奥"肉包铁"项目

运动员俯卧在"钢板"之上,身体距地面仅 4 厘米,以 130 公里的时速在 1200—1650 米长的赛道中"贴地飞行",于转弯处承受 4—5 个 G 的过载(1 个 G 的过载等于人体自身的重量)——要知道令人望而却步的过山车也仅有 2 个 G 的过载,这就是冬奥会上最刺激的项目之一——钢架雪车。它曾两度因过于危险被"移出"冬奥大家庭,绝对算得上是极限运动。

钢架雪车和雪车、雪橇共用赛道,与雪车共用起点,三个项目的姿势分别是趴着、坐着、躺着,均以完赛时间决胜负。不同于雪车的器具,钢架雪车既没有"车体",也没有转向器和制动装置,比赛时,运动员趴在钢架雪车上,仅能依靠身体重心操控方向完成滑降。颇似给胸腹装上两排冰刀高速滑行于赛道之中的模样,让钢架雪车这项运动被戏称为"肉包铁"。如此惊险刺激的比赛场面给观众带来强烈的视觉冲击,速度与激情令人兴奋,但也忍不住会为运动员捏把汗。

钢架雪车比赛中，出发信号灯亮起后，运动员必须在 30 秒内单手扶车，快速助跑，加速完成后跳跃匍匐至车上，形成头朝前、脚向后、两臂置于体侧的俯卧式滑行姿态。出发后，借助肩膀和手臂的力度来改变橇刃接触冰面的面积，进而改变滑行方向，选手要把握好每个转弯，避免因身体的轻微偏移影响最佳成绩的取得。滑行中途运动员从车上摔落并不算犯规，只要通过终点线时仍在钢架雪车上就算完赛。比赛全程运动员都头朝前，紧盯赛道，在高压下最考验的是其操控技术和心理素质。如今，钢架雪车比赛对车和运动员的体重都有严格限制，男子钢架雪车重量不能超过 45 千克，车加运动员总重不得超过 120 千克，女子则分别对应 38 千克和 102 千克。

冬奥会中的钢架雪车比赛设男、女单人 2 枚金牌，均需比四轮，以四轮成绩相加排列名次。装备方面，运动员身着橡胶制成的依空气动力学设计的紧身套装，脚着专业钉鞋，鞋底密密麻麻的小钉能保证出发时充分刨冰、加速前行。头盔则是钢架雪车运动员身上最酷炫的装备，除了在一般头盔功能基础上增加保护下巴的作用外，还能印上雄狮、白马、猎鹰、祥龙等风格迥异、个性十足的图案。北京冬奥会上，中国选手殷正佩戴的"游龙虎冠"十分吸睛，既呼应了虎年的寓意，又传递了"雪游龙"作战的内涵，通体中国红的颜色看起来倍感亲切。

钢架雪车项目不仅和雪车项目名字相似，更是从其延伸而来的。在 1884 年的圣莫里茨，度假酒店为满足游客们驾驶雪车的娱乐需求，将著名的克雷斯塔赛道修建起来，这是世界首条雪车雪橇赛道，也是至今仍在使用的唯一一条天然赛道。1892 年，一种全新的雪车样式被设计出来，它的材料主要由金属制成，外观颇似一块钢架，得名钢架雪车。作为钢架雪车发源地，圣莫里茨在本土举办的 1928 年和 1948 年冬奥会上将钢架雪车列为正式项目，设男子单人赛。但由于危险性过高，并未被其他届冬奥会所接纳，直到 2002 年盐湖城冬奥会，才再次成为正式项目。

至北京冬奥会结束，钢架雪车赛事连续举办了六届，加上圣莫里茨举办的两届，共产生 42 枚奖牌。英国、美国、德国居奖牌榜前三甲，在金牌榜上，英美并列第一，德加并列第三。直到 2018 年平昌冬奥会，领奖台上才第一次看到亚洲人身影——东道主选手尹诚彬夺得男子钢架雪车金牌。钢架雪车的胜负以百分之一秒为单位，即使是最微小的驾驶失误、设备故障甚至温度变化，都能决定好几个名次的差距，如此一来，四年一度的冬奥会比赛结果具有很大的不确定性，盐湖城至今的六届冬奥会的 12 枚金牌就由 11 位运动员带走，鲜有蝉联。

随着 2015 年北京申冬奥成功，中国钢架雪车国家队开始组建并顺利参加了 2018 年平昌冬奥会。也是在这一年，中国选手闫文港冲破一众欧洲强敌的阻击，在德国国王湖摘得中国钢架雪车历史上的首枚欧洲杯金牌，另一个历史性的成就诞生于 2021 年 11 月，耿文强折桂钢架雪车世界杯。在国家队成立六年半后的北京冬奥会男子钢架雪车比赛中，闫文港力压索契冬奥会金牌得主、两届世界杯总冠军、俄罗斯名将亚历山大·特雷蒂亚科夫以及六届世锦赛和十二届欧锦赛冠军、拉脱维亚"超人"马丁斯·杜库尔斯等顶尖选手，收获了中国在该项目上的首枚冬奥奖牌。步入"三亿人参与冰雪运动"向纵深发展的后冬奥时代，钢架雪车赛道上的中国速度也许不久之后便会再让欧美强国刮目相看。

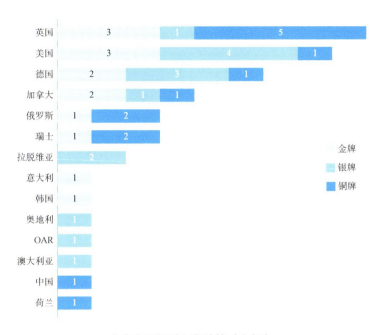

冬奥会钢架雪车奖牌榜(全部)

冬奥会钢架雪车金牌榜(全部)

速度与技巧的完美结合
——高山滑雪

每到雪季,全球各地大小雪场充斥着滑雪爱好者的身影,他们乘坐缆车到达风景秀美的山顶,再脚踩雪板回转飞驰而下,一气呵成,好不畅快,这便是冬奥项目中高山滑雪的"休闲版"。作为滑雪运动的象征和基础大项之一,如今高山滑雪在单届冬奥会中产生 11 枚金牌,设男女滑降、超级大回转、大回转、回转、全能,以及混合团体赛。滑降的最大特征就是运动员以极致迅捷的速度,沿规定赛道俯冲通过旗门,且旗门只有一种颜色;回转类则是沿"之"字形路线,滑行绕过双色相间的旗门;全能为滑降与回转的综合,第一轮为滑降比赛,第二轮为回转比赛。

高山滑雪是冬奥会中最惊心动魄的项目之一,顶尖运动员滑行瞬时速度最高甚至能达 140 千米/小时以上。特别是在滑降中,运动员或左右盘旋、风驰电掣,或腾空跃进、陡然直下,让观者大呼精彩。在中国，面向大众的滑雪场分为初级道（绿色）、中级道（蓝色）和高级道（黑色），高级道最大坡度一般在40%以上，而冬奥会采用的竞速高山滑雪赛道，比如"雪飞燕"的最大坡度更是接近70%，可谓躺着溜都停不下来，绝非一般人敢踏足。不同于大众喜爱的"粉雪"，冬奥会赛道采用硬度和密度更高的"冰状雪"，使得前后出发场地更公平，运动员比赛成绩也更好。陡峭的坡度加之冰状雪助力，高山滑雪的惊险刺激程度不言而喻。

  冬奥会比赛中各小项按平均速度从高至低排列，依次为滑降—超级大回转—大回转—回转。不同回转之间的区别在于，随着回转级别的增加，场地落差变大，从140—650米不等，旗门数量减少且间距加宽，运动员的滑行速度也越来越快。更刺激的滑降项目比赛场地垂直落差男子达800米以上，女子超过450米。滑行中，运动员可通过滑雪杖来增加速度并控制平衡，不同小项所用滑雪杖有差别，回转、大回转一般用直杆，方便撞击旗门，超级大回转、滑降则采用弯杆，以减小风阻。此外，不同项目的间隔出发时间也有所不同，且需视现场情况而定，最终比赛名次以完成滑行的时间决定。作为竞速类比赛，滑降、超级大回转都是一次滑行定排名；而属于技术类的大回转与回转，均要两滑合计分胜负；全能要按一次滑降和一次回转成绩合计决定名次；团体项目为淘汰赛。比赛中运动员必须穿越所有旗门，如漏过任何一个旗门则为犯规不计成绩，在比赛中观众常能看见选手撞倒旗门，其实规则中并无必须撞旗门的要求，只是运动员因速度太快，并为了获得最短滑行路线，大多都会选择撞击旗门，这样才能减少速度损失，以最短时间冲过终点。

  如今普遍认为现代高山滑雪的诞生要归功于"现代滑雪之

父"桑德雷·诺海姆。19世纪中期,这个挪威人发明并推广了一种侧面弯曲呈弧线形、用"柳条"固定的滑雪板,使滑雪者能够在雪板不脱落的情况下进行回旋、跳跃和急转弯,进而在下坡滑雪时展现各种转弯技巧。此外,他还发明了泰勒马克滑雪技术和挪威式转弯,后者是现代回转技术的前身。虽然高山滑雪的技术革新先河是由挪威人开辟的,但它的发源地却是在中欧的阿尔卑斯山地区。1907年,第一个高山滑雪运动组织"阿尔卑斯山滑雪俱乐部"诞生,随后各类高山滑雪学校在阿尔卑斯山区相继成立,回转和滑降的比赛也在这里组织起来。1921年,瑞士举办了史上首次高山滑雪比赛。直到1931年第一届国际雪联男子滑降和回转世界锦标赛之后,高山滑雪才被考虑纳入冬奥会。1936年加米施-帕滕基兴冬奥会上,高山滑雪首次设男、女全能项目。滑降和回转在1948年圣莫里茨冬奥会上出现,随后的1952年奥斯陆冬奥会又增加了大回转。超级大回转于1988年卡尔加里冬奥会正式"入局",唯一的团体项目则在2018年以混合团体形式加入。

高山滑雪的起源地阿尔卑斯山区覆盖了8个国家的领土:奥地利、瑞士、法国、意大利、德国、斯洛文尼亚、列支敦士登和摩纳哥。从覆盖面积上看,奥地利和瑞士两国的大部分领土被阿尔卑斯山占据。结合奖牌榜和金牌榜,不难发现高山滑雪的冬奥会成绩和国家地理位置高度相关,众多阿尔卑斯山系国家的名字均出现在榜单上,例如,奥地利和瑞士高居奖牌榜前两位,法国、意大利、德国位列第三、六、七,北美的高山滑雪运动员同样常年在阿尔卑斯山区训练,这也难怪高山滑雪的英文名就是阿尔卑斯滑雪。获得冬奥会高山滑雪奖牌最多的10位男运动员中有6位来自奥地利,但头号人物是挪威选手谢蒂尔·安德烈·奥莫特,他以4金2银2铜,共8枚奖牌成为高山滑雪金牌、奖牌双第一的运动员。同样获得4金的是来自克罗地亚的女选手加尼卡·科斯泰里奇，凭借4金2银共6枚奖牌成为高山滑雪最成功的女运动员，也是克罗地亚在冬奥会上的奖牌担当。历史上只有2位运动员完成过高山滑雪世界杯80次以上分站赛冠军的壮举，分别是瑞典高山滑雪传奇英格玛·斯滕马克（86次）和美国"冰雪女王"琳赛·沃恩（82次）。

  高山滑雪是1980年中国体育代表团第一参加冬奥会时的参赛项目之一，截至平昌冬奥会结束，中国选手参加过七届冬奥会高山滑雪比赛。北京冬奥会首次实现全项目参赛，男女滑降、男子超级大回转、男女全能都是"初出茅庐"，孔凡影在女子全能项目中获得的第15名是中国在冬奥会高山滑雪参赛历史中的最好个人名次。高山滑雪作为一项对体能要求十分严格的雪上运动，入门门槛颇高，危险性极大，即便对专业运动员而言，能完赛也不容易。不过，高山滑雪"休闲版"的全球普及度则非常高，在国内也是诸多冬季运动中的"流量网红"。根据2022年1月发布的《北京2022年冬奥会和冬残奥会遗产报告集（2022）》显示，北京冬奥会举办前全国已有逾800个室内外滑雪场，滑雪人次更逐年上涨。如今，脚踩喜爱的雪板回转而下，做几个酷炫跳跃动作，拍一组冰雪天地大片，已然成为冬季休闲新时尚。

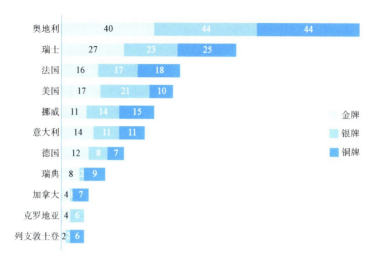

冬奥会高山滑雪奖牌榜（前十）

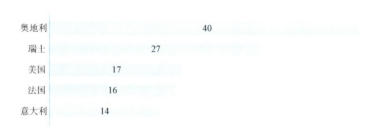

冬奥会高山滑雪金牌榜（前五）

雪地中的"军事"科目
——冬季两项

冬季两项是由越野滑雪和射击两种竞赛项目结合在一起的运动,比赛中体育健儿们手持雪杖、身背枪支,在林海雪原中穿行,举枪射击、动静结合,颇具军事色彩。这项运动起源于北欧,由远古时代的滑雪狩猎演变而来,曾是中世纪的军训科目。

近代历史上有记载的泛冬季两项赛事最早发生在1767年的斯堪的纳维亚半岛,彼时挪威边防军巡逻队举行了第一次滑雪射击比赛。有意思的是,这项曾长期流行于北欧军队中的运动,还真的被用在了实战之中。1939年,苏联向芬兰发动进攻,在这场被称为"冬季战争"的战役中,芬兰士兵身穿雪地吉利服,脚踩滑雪板,携带武器灵活快速地反击苏联军队,造成苏军伤亡惨重。

滑雪射击以"军事巡逻"的身份参加了首届冬奥会,随后三度沦为表演项目(1928、1936、1948),直到1960年斯阔谷冬奥会时,现代版本的滑雪射击——"冬季两项"才缓步登场,并作为大项之一举办至今。如今冬奥会上使用雪板滑行的项目全部由国际雪联管理，而冬季两项则是唯一例外，它由国际冬季两项联合会管理。相对于其他冬季单项体育组织，国际冬季两项联合会的历史最短，因为其直至 1993 年才从国际现代五项和冬季两项联盟中独立出来。

目前冬奥会的冬季两项赛事设男女短距离、个人赛、追逐赛、集体出发、接力及混合接力共 11 个小项，除集体出发和接力赛外，其他小项均采用间隔出发的方式。其中，短距离和个人赛均按规定顺序间隔 30 秒出发，而追逐赛的间隔出发时间是根据短距离比赛中该运动员与第一名的时间差进行计算。间隔出发的魅力在于运动员没有对手在旁边进行正面交锋，比赛结果是比较各自的完赛时间，用时最短者为胜。选手们在赛场中完全是与自己较量，需要在没有参照物的情况下将身体状态调动到极限，每一次推撑都是全力以赴，并根据赛道中计时点和赛道边教练的提醒，时刻调整自己的状态。在局势瞬息万变的冬季两项赛场上，不到最后一刻永远不知道会发生什么。

冬季两项比赛场地包括设施区和雪道区，设施区由起点区、终点区、射击场、处罚圈（周长 150 米）、接力交接区等组成。比赛时运动员脚穿滑雪板，手持滑雪杖，背负重约 7 斤的枪支，沿规定线路采用自由式技术滑行，每滑行一段距离进入靶场，采用站姿或卧姿对准靶心进行射击，选手需要尽量击中 50 米外的全部 5 个靶心，站姿靶心直径为 11.5cm，卧姿为 4.5cm，脱靶则会被罚时间或罚圈。在接力赛中，每个选手除了枪支弹夹内的 5 发子弹外，还可携带 3 发备用子弹，但这 3 发子弹需要一发一发上膛，每上一发要消耗一定的时间。

就冬季两项比赛而言，滑雪是基础，射击是关键。选手需要在滑入靶场的一刻立即调整呼吸，让剧烈活跃的心肺迅速平静下来，进入射击状态。每个选手采用的呼吸方式并不相同，有的一呼一击，有的两呼一击，射击时则为屏息。对选手来说，滑行部分需要保持平稳的节奏和状态，射击部分则考验快速由动转静的能力，如果每轮射击脱靶都较多的话，会直接影响到比赛的最终成绩，反之，若射击技术足够高超，则可以弥补滑行技能的不足。

冬季两项在欧洲的受欢迎程度远高于世界其他地区，这也就不难理解为何冬奥会该项目的霸榜国家全部来自欧洲，其也是美国唯一没有登上过冬奥领奖台的项目。挪威人奥勒·埃纳尔·比约恩达伦是该项目现象级的霸主，以8金4银1铜，共13枚的战绩成为获冬奥会奖牌最多的运动员，有"冬季两项之王"的美誉，退役后的他还担任了北京冬奥周期的中国冬季两项代表队主教练。除了比约恩达伦，在冬季两项比赛中获8枚及以上冬奥奖牌的选手共有6位，3位来自挪威，3位来自德国。其中的德国选手乌西·迪瑟尔曾五战冬奥（1992—2006），以2金4银3铜共9枚奖牌成为该项目最杰出的女子运动员；男选手约翰内斯·廷内斯·伯厄是比约恩达伦的同胞，生于1993年的他参加了2014—2022年三届冬奥会，收获5金2银1铜，共8枚奖牌，其中4金都在"双奥之城"夺得，是北京冬奥会唯一的"四金王"，更被视为继比约恩达伦之后的冬季两项霸主接班人。

冬季两项在中国的起步最早可追溯到建国初期的解放军滑雪队，1980年冬季两项被列为全国滑雪比赛的项目，也正是这一年，中国首登冬奥舞台就参加了该赛事。在2022年北京冬奥会上，中国冬季两项代表队两度超越自我，不仅完成混合接力小项首秀，程方明还在男子12.5公里追逐赛中以第22名完赛，创造了中国在该项目上的历史最好个人成绩。而位于张家口市崇礼区的国家冬季两项中心在见证过历史超越后也被永久保留了下来，用于专项训练和举办冰雪活动。此外，我国的一些大型滑雪场如黑龙江亚布力、吉林北大壶、新疆天山天池等都设有冬季两项靶场，爱好者可以在雪季尽情体验"雪中狩猎"的魅力。

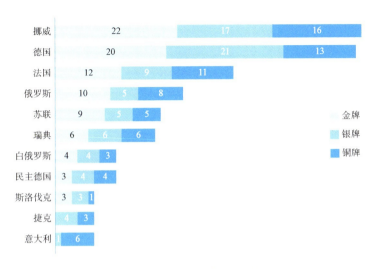

冬奥会冬季两项奖牌榜（前十）

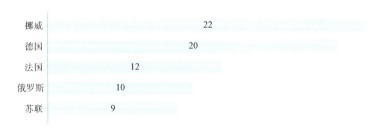

冬奥会冬季两项金牌榜（前五）

注：此处对俄罗斯的统计不包括在 2022 年北京冬奥会上以"俄罗斯奥运队"身份获得的 1 银 3 铜，以及在 1992 年阿尔贝维尔冬奥会上以"独联体"身份获得的 2 金 2 银 2 铜。

风驰电掣中"躺赢"的运动

——雪橇

雪橇比赛中，运动员仰面躺在橇体上，通过身体各部位协调用力来操纵雪橇极速回转滑降，如此"造型"让很多冰雪运动爱好者趣称其为"躺赢"的运动。雪橇的平均速度在 120—145 公里/小时之间，冬奥选手最大瞬时速度可达到 150 公里/小时以上，作为雪车、钢架雪车、雪橇三者中唯一计时精确到毫秒的项目，可谓胜负只在毫厘之间。

雪橇滑降之快使得运动员在转弯处会承受高达 6 倍的重力，甚至超过了 F1 的高速过弯，加之没有任何刹车系统，稍不留神就会失去平衡、人橇分离。2010 年温哥华冬奥会开幕式的几小时前，21 岁的格鲁吉亚选手诺达尔·库马里塔什维利在赛前训练中滑至最后一个弯道时突然失去平衡，以 144 公里/小时的高速被甩出雪橇，送医后因伤势过重不治身亡。随后的开幕式上，格鲁吉亚代表团佩戴黑色长巾入场，加拿大国旗和奥林匹克五环旗降半旗以表悼念。励志的是，12年后的北京冬奥会上，诺达尔·库马里塔什维利未实现的冬奥梦被他的堂弟、同样21岁的萨巴·库马里塔什维利在延庆"雪游龙"赛道上完成了。事实上，这已是第四位在冬奥会雪橇赛道上因意外去世的运动员，相比雪车和钢架雪车，雪橇项目发生的事故格外地多。

　　除了危险系数高，雪橇的出发点也比雪车、钢架雪车更高。此外，雪车和钢架雪车都是选手先推车助跑再跳上车，雪橇则是运动员从一开始就坐在橇体上，紧抓赛道起点处两侧的把手，通过前后摆动创造初速度加力出发，接着使用带钉手套快速耙冰加速，随后仰面平躺在雪橇上高速滑行，并通过微调肩膀、躯干和脚部来操控方向，在行进中选择最理想的路线，尽可能地减少完赛用时。由于初始速度对比赛结果有至关重要的影响，雪橇选手普遍具有极强的上肢爆发力，在休赛期，运动员们会通过游泳、举重和健美操等方式增加上肢力量。

　　除了佩戴特制手套外，运动员还需身着连体赛服，穿上有特殊拉链的脚套，以便将双脚拉伸成笔直形状来降低阻力。雪橇主要由玻璃纤维和钢制成，是根据运动员的身高体重定制的，分为单座和双座两种规格。头盔面罩为透明，以便运动员微微抬头即可看清前方，如今的头盔都是最常见的圆体，而历史上为了极尽所能地减小空气阻力，来自民主德国的运动员曾在1976年因斯布鲁克冬奥会上佩戴形状酷似大蚕蛹的异形头盔，这种符合空气动力学的设计助力民主德国再次垄断了雪橇比赛全部的3枚金牌，当然，这届冬奥会后该样式的头盔立即被禁用。不过，随着技术的更迭，未来赛场上或许还会见到更奇特、新颖的装备。

　　传统的雪橇竞速比赛可追溯至15世纪的挪威，不过现代意义上的雪橇，则和雪车、钢架雪车一样，起源于19世纪中后期的瑞士小镇圣莫里茨。当地的酒店负责人卡斯帕·巴德鲁特成功地营销了冬季度假的理念，随后修建的世界上第一条雪车雪橇赛道，不仅吸引了大量追求刺激和冒险的游客，更推动了雪橇运动的发展。第一届世界雪橇锦标赛于 1955 年在挪威首都奥斯陆举行，共有 8 个国家的雪橇选手参加了比赛。当时间来到 1964 年，雪橇终于在奥地利因斯布鲁克冬奥会上正式亮相，设男子单人、女子单人和双人自由性别三个小项。不过在初登赛场的 1964、1968、1972 年这三届冬奥会上，雪橇赛道是专用的，直到 1976 年，才与雪车、钢架雪车合并成一条赛道，并保持至今。

冬奥会中的雪橇单人赛滑 4 轮，双人自由性别赛滑 2 轮，成绩加总用时最短者获胜。2014 年索契冬奥会上加入的团体接力小项由一位男单、一位女单和一对双人选手组成，一轮决胜负。有趣的是，虽然双人赛是自由性别，但因为体重越重滑得越快，所以各国在比赛中都会选择派出双人男子。为了促进雪橇运动中的性别平等，国际奥委会在 2022 年 6 月的执行委员会会议上通过了将雪橇女子双人小项纳入 2026 年米兰-科尔蒂纳丹佩佐冬奥会的决定，也由此使雪橇比赛的金牌总量扩充到 5 枚。

从 1964 年到 1988 年，冬奥会雪橇项目几乎被来自民主德国的运动员垄断，他们拿到了 21 枚金牌中的 13 枚。1990 年两德统一后，德国选手继续在雪橇比赛中占据主导地位，男子方面，首推曾在 1992、1994、1998 年实现男单"三连冠"的雪橇教父乔治·哈克尔，他调教出的得意门徒托比亚斯·阿尔特、托比亚斯·温德尔青胜于蓝，联袂包揽了索契、平昌、北京三届冬奥会的双人和团体接力金牌；女子方面，娜塔莉·盖森伯格在过去的四届冬奥会中（2010—2022）夺得了包括 6 枚金牌在内的 7 枚奖牌，是冬奥会雪橇项目上当之无愧的奖牌皇后。不过，虽然德国人长期称霸雪橇赛场，但另一雪橇超级悍将阿尔明·佐格勒却来自意大利，他也是唯一一位连续参加过六届冬奥会（1994—2014）且均有奖牌入账的运动员，57场雪橇世界杯胜利的纪录更是无人能及。

  2022年北京冬奥会上，中国雪橇队首次亮相即实现全项目参赛。2022年8月，国家雪橇项目体能训练营在北京市冰上项目训练基地驻训，这个位于延庆的亚洲单体最大的综合性冰上中心与"雪游龙"携手承担起了培养新一轮冬奥周期国家雪橇队运动员的任务，中国队有望在2026年科尔蒂纳丹佩佐的赛场上更进一步。对于大众来说，虽难在国际标准的赛道上感受雪橇魅力，但在北京八大处公园、北京慕田峪长城、长沙岳麓山、济南千佛山、武汉东湖磨山、广州白云山等四季运营的"休闲版"滑道上，完全可乘坐旱地雪橇感受"躺赢"运动的速度与激情。

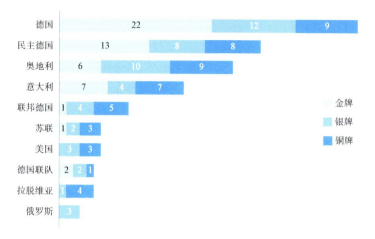

冬奥会雪橇奖牌榜（前十）

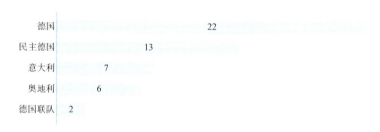

冬奥会雪橇金牌榜（前五）

注：此处对俄罗斯的统计不包括在2022年北京冬奥会上以"俄罗斯奥运队"身份获得的1铜。

高山滑雪的"叛逆弟弟"
——自由式滑雪

自由式滑雪是选手们在斜坡上自由滑降,腾空表演各种技巧,比拼艺术性的项目。因观赏度极高——运动员会在不同类别的场地上展现如后空翻、转体、抓板等刺激的华丽动作,也被称为"雪上舞蹈"或"雪上杂技"。

区别于那些已有数百年历史的传统滑雪项目,自由式滑雪十分年轻。在 20 世纪 60 年代的美国,渴望自由、追求个性的心理促使雪圈中的前卫一族想尽办法挣脱传统高山滑雪比赛的束缚,进而加速了这项"叛逆"运动的正式诞生。彼时,最具代表性的开拓者便是被尊称为"自由式滑雪之父"的斯坦·埃里克森。埃里克森是 1952 年奥斯陆冬奥会高山滑雪大回转项目金牌得主,比赛之余他十分喜欢在雪场上进行空中杂技表演,1953 年从挪威移居美国后,这个爱好有增无减并慢慢引起了一些滑雪发烧友的关注,他们竭尽所能地将滞空时间和炫酷动作融入高山滑雪中,还为之起了个诙谐幽默的名字——"热狗滑雪"。1971 年，第一次"热狗滑雪"比赛在美国新罕布什尔州阿蒂塔什举行，选手们轮流下山，以自己所能想到的最有趣方式翻腾跳跃，得分很大程度上取决于人群的欢呼声，当时的形式类似如今的雪上技巧。不久，这项比赛迅速升温，专业的赛道随之建立起来，名字也从"热狗滑雪"变为自由式滑雪。20 世纪 70 年代末，国际雪联举行了国际青年自由式滑雪比赛，并承认它为官方运动，自由式滑雪的规则逐渐被规范起来。1980 年，第一届世界杯在加拿大惠斯勒举办，首届世锦赛于 1986 年在法国蒂涅举行。

1988 年卡尔加里冬奥会上，自由式滑雪作为表演项目首次亮相，雪上技巧先于 1992 年阿尔贝维尔冬奥会上"转正"，来自法国的埃德加·格罗斯皮龙穿着膝盖处有一对大眼睛的花哨雪服，凭借出色的表演获得第一枚自由式滑雪冬奥金牌，女子冠军是美国选手冬娜·温布雷特。随后的 1994 年利勒哈默尔冬奥会上增加了男女空中技巧，男子方面，北美运动员占据主导地位，拿走了前七名中的六名，但金牌却归属瑞士的安德里亚斯·舍恩巴赫勒，女子三甲则由欧洲选手包揽。障碍追逐出现于 2010 年的温哥华冬奥赛场，虽然它早在高山滑雪诞生初期就已存在，但最终被归类到自由式滑雪项目中，瑞士选手迈克尔·施密德和加拿大运动员阿什莉·麦基弗分获男女冠军。U 型场地技巧和坡面障碍技巧都是 2014 年在索契入奥，2022 年北京冬奥会又新增了从单板滑雪演变而来的大跳台。自此，冬奥会中自由式滑雪的小项包括男女空中技巧、雪上技巧、障碍追逐、U 型场地技巧、坡面障碍技巧、大跳台，再加一个空中技巧混合团体（2022 年冬奥会新增），共 13 个，是雪上比赛中产生金牌数最多的项目，甚至比有"雪上基础大项"之称的越野滑雪还多 1 枚。

虽然都叫自由式滑雪，但不同小项的特征却大相径庭。雪上技巧比赛中，选手沿布满人造雪丘的陡峭赛道疾速滑下，要在两个跳跃点处完成两次跳跃动作。空中技巧竞技时，选手选择不同难度的跳台起跳，在腾空过程中展示自己的空中动作，不同跳台需要完成不同的指定基本动作。障碍追逐则是 4 名选手在包含有回转、跳台、波浪和其他形式地貌的赛道上追逐的竞速比赛。U 型场地技巧是从倾斜的半圆筒形斜坡下滑，展现跳跃、回转等技巧的项目。坡面障碍技巧是在由铁轨、桌子、箱子、墙壁等各种障碍及跳台共同组成的赛道上进行的比赛，选手可在各种不同难度的障碍物和跳台中自行选择并展现随机且优美的表演。大跳台来源于滑板运动，是由单板滑雪扩展来的项目，选手从助滑区沿斜坡顺滑或倒滑而下获得高速度，经起跳台沿抛物线在空中飞行，表演空翻、转体、抓板等各种技巧后着陆。

从规则上来看，自由式滑雪各项目赛制都有预选赛和决赛之分，每场比赛每名选手滑行 2—3 次不等。除了障碍追逐是以时间论胜负以外，其他都由裁判打分定胜负，不同滑行部分由不同的裁判打分，不同项目的裁判数量也有所不同。此外，雪上技巧和空中技巧都属于最传统的自由式滑雪项目，非常容易辨识，而障碍追逐、U 型场地技巧、坡面障碍技巧、大跳台则和单板滑雪中的部分项目高度相似，区别的最简单方法就是自由式滑雪选手穿戴双板，单板滑雪运动员脚踩单板。

经过多年的赛事革新，自由式滑雪的小项和规则都有所变化，但不变的是选手们执着超越自我、挑战极限的精神内核。北美国家孕育出了这项运动，顺理成章地，美国、加拿大分列奖牌榜、金牌榜第一，来自美国的戴维·怀斯在过去的三届冬奥会 U 型场地技巧比赛中收获 2 金 1 银，成为拥有自由式滑雪冬奥金牌、奖牌最多的运动员;与之并列的便是大家所熟知的天才少女谷爱凌,她仅参加一届冬奥会就在大跳台、U 型场地技巧、坡面障碍技巧 3 个项目中收获 2 金 1 银,此外,她还是国际雪联第一位自由式滑雪女子 U 型场地技巧大满贯获得者。拥有 3 枚冬奥奖牌的自由式滑雪运动员除了这 2 位外还有 5 人,同为"四朝元老"的徐梦桃和贾宗洋均榜上有名。

  自由式滑雪于 20 世纪 80 年代才进入中国,从场地、器材、人才均极度匮乏的境遇发展至今,一路逆袭,后来居上,位列金牌榜第四、奖牌榜第三,是我国冬奥会雪上项目的拿牌担当。从 1998 年徐囡囡获第一枚奖牌,到 2006 年韩晓鹏夺第一枚金牌,再到 2022 年由谷爱凌、徐梦桃、齐广璞等新老结合的阵容共创 4 金佳绩,每一步,中国队都是一个新高度。

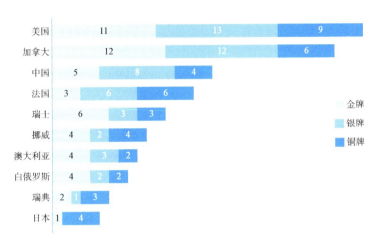

冬奥会自由式滑雪奖牌榜（前十）

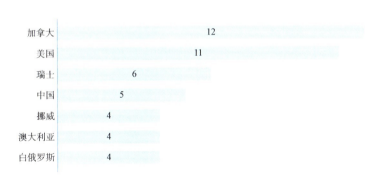

冬奥会自由式滑雪金牌榜（前五）

中国自由式滑雪代表队冬奥奖牌一览表
（5金8银4铜）

奖牌	姓名	比赛项目	时间	地点
金牌	韩晓鹏	男子空中技巧	2006年	都灵
	齐广璞	男子空中技巧	2022年	北京
	徐梦桃	女子空中技巧	2022年	北京
	谷爱凌	女子大跳台	2022年	北京
	谷爱凌	女子U型场地技巧	2022年	北京
银牌	徐囡囡	女子空中技巧	1998年	长野
	李妮娜	女子空中技巧	2006年	都灵
	李妮娜	女子空中技巧	2010年	温哥华
	徐梦桃	女子空中技巧	2014年	索契
	张鑫	女子空中技巧	2018年	平昌
	贾宗洋	男子空中技巧	2018年	平昌
	谷爱凌	女子坡面障碍技巧	2022年	北京
	徐梦桃/贾宗洋/齐广璞	空中技巧混合团体	2022年	北京
铜牌	刘忠庆	男子空中技巧	2010年	温哥华
	郭心心	女子空中技巧	2010年	温哥华
	贾宗洋	男子空中技巧	2014年	索契
	孔凡钰	女子空中技巧	2018年	平昌

智勇双全方为胜
——短道速滑

项目篇

短道速滑和速度滑冰虽然都是冰上竞速运动,前者还从后者演变而来,但实际却大为不同。从场地规格来看,速度滑冰每圈400米,短道速滑比赛场地面积为30米×60米,每圈111.12米,这样的设计是为了方便统计,四圈半是500米,九圈则刚好是1000米。从比赛规则来看,速度滑冰为计时赛,运动员只有一次比赛机会(除团体追逐),按照完赛时间排名,所以作为速度滑冰选手,最重要的是发挥自己的最高水平;而短道速滑则有预赛、半决赛、决赛之分,每次同组出发的运动员必须在组内排名靠前才能进入下一轮,因此,短道速滑不仅需要高超的技术,更需要精湛的战术配合。从运动装备来看,短道速滑因赛场拥挤更易产生危险,运动员均需佩戴头盔,身着防切割、防刺穿连体服,佩戴防切割护颈、防切割护踝和护腿板,以及有手指扣的防切割手套,从头到脚保护身体安全。短道速滑的冰刀又长又薄,相比普通冰刀更高更短、弧度更大，而且为了便于过弯，冰刀并不是固定在鞋的正中间，而是有一定的倾斜角度，一般来说左右脚均向左倾斜 15 度。

在短道速滑赛场上"犯规"尤其地多，一方面是因为冰道短、速度快、选手多；另一方面是国际滑联对运动员在到达起点、终点、弯道和直道的每一个标志块处的要求都有详细规定，判罚精确到每个点。赛场上情况瞬息万变，很多时候裁判必须通过看慢动作回放才能予以准确判定，犯规的运动员会立即被取消成绩，而受他人犯规干扰并摔倒的运动员，如若在摔倒前处于领先，则一般会被判定晋级。例如，在北京冬奥会男子 1000 米半决赛中，韩国选手李俊瑞在直道处对匈牙利运动员刘少昂进行超越，造成后者摔倒，虽说李俊瑞犯规动作十分隐蔽，很难用肉眼捕捉，但再细微的瞬间也难逃首都体育馆内使用的"飞猫"系统，它由 40 台 4K 高清摄影机阵列加上 3 台 8KVR 摄像头组成，能够把每一个瞬间的不同角度进行反复回放，大大提升了比赛的透明度，结合冰上 3 名裁判员对运动员间产生的碰撞进行记载，最终经由主裁判给出客观判罚，李俊瑞超越犯规成绩取消，摔倒前处于领先位置的刘少昂则成功晋级。

不同于其他冬奥项目大多都起源于欧洲，短道速滑发端于北美。19 世纪八九十年代，冰球运动在北美迅速普及，为便于运动员及爱好者练习冰球，北美修建起大量的室内冰球场。与此同时，速度滑冰运动员为躲避严寒，也开始转移到室内冰球场进行练习，甚至比赛。然而，在更短的赛道上滑行带来了全新的挑战——标准冰球场地与标准短道速滑场地面积接近，直道更短、转弯更急，使得在这种赛道上想要取胜需采取跟速度滑冰全然不同的技巧。由此，至 19 世纪末，自发的短道速滑比赛开始在蒙特利尔、魁北克、温尼伯等地出现。逐渐地，到了 1905 年，加拿大首次举行短道速滑公开赛，紧接着，在美国以及部分欧洲和亚洲国家也陆续出现了相关赛事。1967 年，国际滑冰联盟宣布短道速滑为官方运动，并于 1976 年组织了第一届短道速滑世锦赛，该赛事每年举办一届至今，美国运动员阿兰·拉特雷、赛莱斯特·莎拉帕蒂分别是第一位男子和女子世界冠军。

短道速滑是 1988 年卡尔加里冬奥会上的表演项目，1992 年成为正式项目，设男子 1000 米、男子 5000 米接力、女子 500 米、女子 3000 米接力，共 4 个小项，来自韩国的金基勋在男子 1000 米比赛中赢得史上第一枚冬奥会短道速滑金牌，随后他还与队友一起获得了男子 5000 米接力赛的冠军。美国人凯西·特纳是第一位冬奥会短道速滑女子金牌得主，加拿大队则赢得了女子团体接力赛。随着短道速滑在世界范围内受欢迎程度日渐增长，小项数量也不断增多，1994 年利勒哈默尔冬奥会上加入了男子 500 米、女子 1000 米，2002 年盐湖城冬奥会新增男子 1500 米和女子 1500 米，2022 年北京冬奥会上还亮相了 2000 米混合接力，这使得如今冬奥会短道速滑比赛共包括 9 个小项。

在短道速滑运动发展早期，加拿大人统治了赛场，包括西尔维·戴格尔、娜塔丽·兰伯特、盖伊丹·鲍彻、米歇尔·戴诺特在内的多位优秀运动员都曾赢得世界冠军。短道速滑入奥后，韩国和中国一直占据主导地位，中国的杨扬、王濛和韩国的安贤洙、陈善有、全利卿等都可谓称霸赛场的短道速滑名将，中国的武大靖、任子威以及韩国的崔敏静、黄大宪等则是近十年来的风云人物。除中韩外，加拿大、美国、意大利、荷兰、俄罗斯、匈牙利等国也均有不俗实力，加拿大的查尔斯·哈梅林、意大利的阿莉安娜·方塔娜、荷兰的苏珊娜·舒尔廷同样是短道速滑的领军人物。

  过去 30 年来，因训练愈加科学、装备愈加先进，选手们的滑行速度已越来越快，新型战术也层出不穷，为适应如此变化，国际滑冰联盟每一至两年就会更新一次比赛规则，冬奥会每四年一届，面对规则的变化和多国运动员的崛起，未来的短道速滑比赛观众可尽情期待。

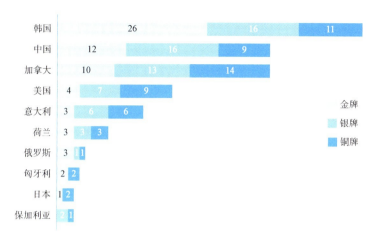

冬奥会短道速滑奖牌榜（前十）

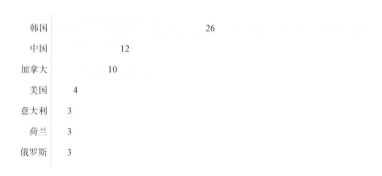

冬奥会短道速滑金牌榜（前五）

注：此处对俄罗斯的统计不包括在 2022 年北京冬奥会上以"俄罗斯奥运队"身份获得的 1 银 1 铜、在 2018 年平昌冬奥会上以"俄罗斯奥林匹克运动员"身份获得的 1 铜，以及 1992 年阿尔贝维尔冬奥会上以"独联体"身份获得的 1 铜。

中国短道速滑代表队 12 枚冬奥金牌一览表

时间	地点	姓名	项目
2002 年	盐湖城	杨扬	女子 500 米
2002 年	盐湖城	杨扬	女子 1000 米
2006 年	都灵	王濛	女子 500 米
2010 年	温哥华	王濛	女子 500 米
2010 年	温哥华	王濛	女子 1000 米
2010 年	温哥华	周洋	女子 1500 米
2010 年	温哥华	王濛/周洋/孙琳琳/张会	女子 3000 米接力
2014 年	索契	李坚柔	女子 500 米
2014 年	索契	周洋	女子 1500 米
2018 年	平昌	武大靖	男子 500 米
2022 年	北京	任子威	男子 1000 米
2022 年	北京	武大靖/任子威/范可新/曲春雨/张雨婷	混合 2000 米接力

中国短道速滑代表队 16 枚冬奥银牌一览表

时间	地点	姓名	项目
1992 年	阿尔贝维尔	李琰	女子 500 米
1994 年	利勒哈默尔	张艳梅	女子 500 米
1998 年	长野	杨阳	女子 500 米
1998 年	长野	杨阳	女子 1000 米
1998 年	长野	安玉龙	男子 500 米
1998 年	长野	李佳军	男子 1000 米
1998 年	长野	杨扬/杨阳/王春露/孙丹丹	女子 3000 米接力
2002 年	盐湖城	李佳军	男子 1500 米

续　表

时间	地点	姓名	项目
2002 年	盐湖城	杨扬/杨阳/王春露/孙丹丹	女子 3000 米接力
2006 年	都灵	王濛	女子 1000 米
2014 年	索契	武大靖	男子 500 米
2014 年	索契	韩天宇	男子 1500 米
2014 年	索契	范可新	女子 1000 米
2018 年	平昌	李靳宇	女子 1500 米
2018 年	平昌	武大靖/任子威/韩天宇/许宏志/陈德全	男子 5000 米接力
2022 年	北京	李文龙	男子 1000 米

中国短道速滑代表队 9 枚冬奥铜牌一览表

时间	地点	姓名	项目
1998 年	长野	李佳军/安玉龙/冯凯/袁野	男子 5000 米接力
2002 年	盐湖城	王春露	女子 500 米
2002 年	盐湖城	杨阳	女子 1000 米
2002 年	盐湖城	李佳军/安玉龙/李野/冯凯/郭伟	男子 5000 米接力
2006 年	都灵	杨扬	女子 1000 米
2006 年	都灵	李佳军	男子 1500 米
2006 年	都灵	王濛	女子 1500 米
2014 年	索契	武大靖/陈德全/韩天宇/石竟男	男子 5000 米接力
2022 年	北京	范可新/韩雨桐/曲春雨/张楚桐/张雨婷	女子 3000 米接力

自由、率性、不羁的"雪上冲浪"
——单板滑雪

单板滑雪将冲浪、滑板和滑雪三种元素融合在一起,也被称为"雪上冲浪"。它从诞生至今只有不到 60 年历史,是冬奥会所有分项中最后成为正式项目的——1995 年被国际奥委会"接纳"并首次亮相于 1998 年长野冬奥会。虽然入奥时间晚,但小项并不少,个人项目在男女方面设有平行大回转、障碍追逐、U 型场地技巧、坡面障碍技巧和大跳台,加之障碍追逐混合团体,共计 11 个,小项数和高山滑雪、冬季两项并列,在冬奥会雪上项目中排名第三(第一是自由式滑雪、第二是越野滑雪)。考虑到单板滑雪和自由式滑雪都设有障碍追逐、U 型场地技巧、坡面障碍技巧和大跳台比赛且赛道可共用,因此,在冬奥会、世界杯、世界极限运动会冬季赛等国际大赛中,单板滑雪与自由式滑雪常携手登场。

单板滑雪滑雪板的发明要归功于美国人舍曼·波潘,1965 年他创造性地将一副儿童滑雪板改造成一块"冲雪板"并在雪上"冲浪"。这个全新的娱乐活动很快受到邻里的喜爱,于是波潘持续改进冲雪板并申请了专利,在接下来的十几年中,冲雪板共销售出 100 多万块。此后,不少对之感兴趣的发烧友不断尝试对"冲雪板"的改造,一步步推动了其向单板滑雪板的转变,给"冲雪板"加上固定器的杰克·波顿·卡彭特,还于 1977 年创立了今天世界上最大的滑雪板品牌——波顿。在这一过程中,单板滑雪成功吸引了许多冲浪运动员和滑板运动员参与其中,到 20 世纪 80 年代,已在美国广泛流行。随着 1985 年经典电影《007 之雷霆杀机》的上映,片中大名鼎鼎的特工詹姆斯·邦德脚踏单板穿梭于雪山冰川间的精彩表演,让这项运动迅速风靡世界,尤其颇受年轻人青睐。90 年代中期,全球已有超过 600 万人参与这项运动。

1988 年,业余单板滑雪协会在美国率先成立,协会统一了单板滑雪的竞赛项目和规则。国际雪联于 1994 年将单板滑雪纳入其中,并成功将之推进了 1998 年长野冬奥会。第一次出现在冬奥赛场的单板滑雪,设有男子和女子大回转、U 型场地技巧 4 个小项。障碍追逐、坡面障碍技巧、大跳台的入奥时间分别是 2006 年、2014 年和 2018 年。极具观赏性的障碍追逐混合团体比赛则直至 2022 年的北京冬奥会上才诞生。关于单板滑雪的另一个高水平赛事是始于 1995 年的世界极限运动会 X Games,单板滑雪在首届比赛即开始设项。因为只有世界最优秀的单板滑雪选手才能受邀参加 X Games 的比赛,所以 X Games 也是公认的竞技水平最高的单板滑雪职业赛事。此外,国际单板巡回赛机构主办的沸雪赛事也是单板滑雪领域规模最大、最著名的赛事之一。

世界极限运动会

世界极限运动会（X Games）由 ESPN 创意、组织和举办，包括世界极限运动会、洲际极限运动会、极限运动巡回资格赛等三级竞赛体系。该赛事每年举行一届，分夏季和冬季两大系列，其夏季项目主要涉及摩托、滑板、小轮车，冬季项目包括自由式滑雪、单板滑雪等。从 1995 年夏季举行第一届发展至今，世界极限运动会已成为全球极限运动中水平最高、影响力最大的体育盛会，中国选手谷爱凌曾在 2021 年冬季世界极限运动会中收获 2 金 1 铜。

沸雪

沸雪（Air+Style）是由国际单板巡回赛机构主办的年度殿堂级单板滑雪赛事，第一届于 1994 年举办，经过多年发展已经成为单板滑雪方面规模最大、最著名的全球赛事之一，设因斯布鲁克、北京、洛杉矶三站，以单板滑雪大跳台项目为主。沸雪自 2010 年引入中国，至今已在北京举办了 10 届，其中首届于国家奥林匹克体育中心，2011—2016、2018 年于国家体育场，2017 年于北京工人体育场，2019 年于北京首钢滑雪大跳台举行。2017 年，沸雪北京单板滑雪大跳台赛事划归国际雪联管理，升级为国际雪联 A 级官方赛事，成为单板滑雪世界杯分站赛之一。此外，沸雪赛事的控股股东正是"单板滑雪之王"肖恩·怀特。

在世界一众顶级单板滑雪明星中知名度最高的必属肖恩·

怀特，这位 80 后美国老将曾连续参加过五届冬奥会（2006—2022），以 3 枚男子 U 型场地技巧金牌的成绩成为获冬奥会单板滑雪冠军最多的运动员。另一位传奇人物便是苏翊鸣从小崇拜的偶像、有加拿大单板之王美誉的马克·麦克莫里斯，他共三战冬奥会（2014—2022），收获 3 枚男子坡面障碍技巧铜牌，其中一枚正是 2022 年北京冬奥会和小粉丝苏翊鸣同台竞技获得的。虽然一直无缘冬奥金牌，但麦克莫里斯在其他国际大赛中堪称王者，是世界极限运动会冬季赛历史上获奖牌最多的运动员（21 枚）。麦克莫里斯曾在训练中遭遇意外事故导致 17 处骨折，一度被医生判定为濒临死亡，但 12 天后即出院，8 个月后就重回赛场，并夺得 2017 年单板滑雪大跳台世界杯金牌，3 个月后又收获平昌冬奥会铜牌，一年之内从 ICU 到领奖台的故事十分励志。获得冬奥会单板滑雪最多奖牌和金牌的女运动员是杰米·安德森和琳赛·雅各贝利斯，两者都来自单板滑雪起源地，成绩均为 2 金 1 银。

单板滑雪在世纪之交进入中国，专业化发展始于 2003 年，当时主攻单板 U 型场地技巧的刘佳宇、蔡雪桐就是最早一批进入国家队的运动员。在 2018 年平昌冬奥会上，刘佳宇斩获银牌，成为中国第一位站上单板滑雪冬奥会领奖台的运动员。北京冬奥会上，中国单板滑雪健儿不仅实现了男子平行大回转、男子坡面障碍技巧、男子大跳台、女子坡面障碍技巧、女子大跳台、女子障碍追逐 6 个小项的处子秀，17 岁的苏翊鸣更是勇摘坡面障碍技巧银牌和大跳台金牌，一战成名晋级"全民偶像"，让国人亲眼见证了单板滑雪年轻、时尚、自由的魅力。

自 2015 年申冬奥成功以来，单板滑雪以燎原之势从北方到南方大面积普及开来，吉林松花湖、黑龙江亚布力、新疆丝绸之路、北京南山、乔波室内滑雪场、融创雪世界等等，随处都有单板滑雪者的身影，其中不乏体育和影视明星。半个多世纪前，单板滑雪诞生于西方叛逆文化盛行的时代背景下，经过演变和发展，在如今的中国已然成为一种标榜身份和群体认同的社交方式。本土单板客们不仅有着个性的服饰风格，还说着圈内的行话、听着另类的音乐，并追求着快乐、个性、激情的生活方式，毋庸置疑，中国单板滑雪的未来，将由这一代人诠释和书写。

中国单板滑雪代表队冬奥会奖牌一览表
（1金2银）

奖牌	姓名	比赛项目	时间	地点
金牌	苏翊鸣	男子大跳台	2022年	北京
银牌	刘佳宇	女子U型场地技巧	2018年	平昌
	苏翊鸣	男子坡面障碍技巧	2022年	北京

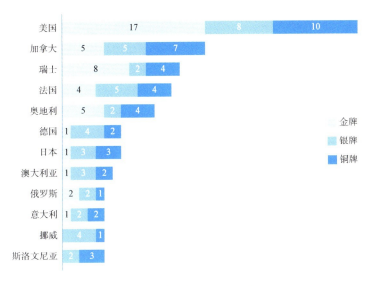

冬奥会单板滑雪奖牌榜（前十）

冬奥会单板滑雪金牌榜（前五）

注：此处对俄罗斯的统计不包括在 2022 年北京冬奥会上以"俄罗斯奥运队"身份获得的 1 铜。

3 国家篇

冬奥会皇冠上的明珠
——挪威

每当四年一届的冬奥会开始之时,挪威总会聚集世界的目光。这个人口仅有 540 万的北欧国家用冬奥奖牌筑起了体育史上最难以逾越的高山。在过往的 24 届冬奥会中,挪威获得了包括 148 金 133 银 124 铜在内的共计 405 枚奖牌,9 次问鼎奖牌榜榜首,10 次稳居金牌榜第一。挪威选手尤其擅长雪上项目,越野滑雪、冬季两项、北欧两项、跳台滑雪的金牌和奖牌数量都是无可匹敌的世界之最。此外,挪威人速度滑冰的实力也毫不逊色,位列奖牌榜和金牌榜的全球第二、第三。每逢冬奥会结束之时,总会有相同的疑问出现——为何又是挪威独占鳌头?

天赐冰雪铸造运动基因

挪威是地球上最北端的国家,三分之一的国土位于北极圈内。

特殊的地理环境决定了挪威部分地区每年的雪季可从 10 月持续到次年 4 月，近乎半年的漫长冬季里，到处都被白茫茫的冰雪覆盖，滑雪堪称必备生存技能，"带着滑雪板出生"的名号由此而来。在顺应自然的过程中，挪威人发明了许多冬季运动项目。他们将滑雪与射击相结合作为保家卫国的军事科目，这就是冬季两项的前身，二战期间当地人脚踩滑雪板于林海雪原间穿梭射击，顽强抵御德国法西斯的入侵。挪威还是越野滑雪经典起源故事的发生地。同时，跳台滑雪的诞生地也是挪威，早在 19 世纪初挪威人就尝试了这项勇敢者的游戏，已有 130 年历史的跳台滑雪比赛每年都会在盛况仅次于挪威国庆节的奥斯陆滑雪节中如期进行，举办地点霍尔门科伦滑雪跳台则是奥斯陆市的标志性建筑。从保卫家园到节日庆典，冰雪运动的基因早已融入挪威人的血脉之中，尤其是对下一代的培养，更可谓细致入微、科学有方。

悉心呵护培育幼苗成长

挪威的青少年体育教育体系在全球都独具特色，作为其中的亮点，最早成型于 20 世纪 80 年代后期的《儿童运动权利》被广为称颂。该法案赋予了所有挪威儿童参与体育活动和自主选择运动项目的权利，同时规定，挪威儿童在 6 岁前不可参与俱乐部内部竞赛，9 岁前不能参与区域性比赛，11 岁前不允许参加全国性公开赛，且 11 岁后的竞赛成绩也要在符合一定条件的前提下公布。此外，在任何一场颁发奖品的比赛中，所有参与竞赛的不满 13 岁的孩子都必须获得奖励，以增强其运动体验、鼓励其不断尝试、保障其参与热情。如今的挪威，有超过一万家体育俱乐部为全方位满足青少年的体育需求而存在，13 岁以下儿童的体育运动参与率高达 93%。

长板战略直指冬奥奖牌

超高的儿童体育运动参与率为竞技体育优质后备力量的挖掘提供了最广泛的选材来源。不过，这仅是挪威长期称雄冬奥赛场的基础一环，更为重要的则是其独树一帜的"长板战略"——集中力量将越野滑雪、冬季两项等项目的优势发挥到极致，不在己方薄弱且对手绝对领先的项目上进行高投入的夺牌布局。他们深知在当下花样滑冰的竞争格局下顶级选手已很难再现，本国最后一枚冬奥花滑金牌还要追溯到二战以前；他们也从未想过与拥有四条昂贵赛道的德国争夺雪车、雪橇项目的奖牌。有限的体育资金被精准投放到那些擅长项目中，例如，对于钟爱的速度滑冰，他们在国内所修建的室内高标准速滑馆数量甚至超过了"速滑王国"荷兰。得益于"有所为和有所不为"的战略理念，挪威在牢固占据多个雪上项目第一阵营外，还培养出了冬奥史上仅有的 3 位"八金王"：奥勒·埃纳尔·比约恩达伦连续参加六届冬奥会的冬季两项比赛，拿到了 8 金 4 银 1 铜共 13 枚奖牌；玛丽特·比约根在女子越野滑雪中创下 8 金 4 银 3 铜共 15 枚奖牌的奇迹，是迄今为止登上冬奥领奖台次数最多的运动员；另一位越野滑雪选手比约恩·戴利在 20 世纪 90 年代三战冬奥会，勇夺 8 金 4 银共 12 枚奖牌。

主动作为增进体育友谊

强悍的冬季运动竞技实力不仅在冬奥赛场上为挪威屡屡升国

旗奏国歌,还于冬奥赛场外发挥着友谊"黏合剂"的功能。例如,抓住北京冬奥会契机,挪威主动推介本国独特的冰雪资源,助力中国体育代表团全项目备战。2017年4月,中挪两国体育主管部门签署《中挪体育合作谅解备忘录》,随后以冬季项目为重点的交流合作陆续展开。仅2018—2019年上半年,中国各冰雪项目集训队就赴挪威训练比赛共19批次、395人次,前往挪威7个城市,聘请挪威籍教练29名,有"雪上天王"美誉的比约恩达伦更是就任中国冬季两项国家队主教练。世界"冰雪王国"和新晋"冰雪大国"的体育友谊就此日益深厚。

平昌冬奥会上,挪威人满载39枚奖牌而归,创单届冬奥会一国获奖牌数的最高纪录。北京冬奥会上,他们又将单届冬奥会一国获金牌数的纪录推高至16枚。挪威运动员在冬奥赛场上乐此不疲地刷新着前辈留下的一个又一个纪录,再接着创造一个又一个奇迹,续写一个又一个辉煌,下一场的表现总会让观众充满期待。这颗冬奥会皇冠上的明珠,从始至终都闪烁着独一无二的璀璨光芒。

挪威历届冬奥会奖牌排名

年份 排名	1924	1928	1932	1936	1948	1952	1956	1960
金牌	1	1	2	1	1	1	5	3
奖牌	1	1	2	1	1	1	7	6
年份 排名	1964	1968	1972	1976	1980	1984	1988	1992
金牌	3	1	7	3	7	6		2
奖牌	2	1	3	5	4	4	10	4
年份 排名	1994	1998	2002	2006	2010	2014	2018	2022
金牌	2	2	1	13	3	1	1	1
奖牌	1	2	3	6	4	3	1	1

挪威历届冬奥会奖牌数量

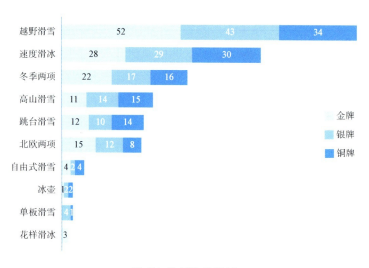

挪威各分项奖牌数量

注：花样滑冰奖牌不包含 1920 年安特普奥运会的 2 银 1 铜。

四届冬奥会举办国
——美国

自 1924 年首次亮相夏蒙尼后,美国没有缺席过任何一届冬奥会,也是世界上唯一一个在历届冬奥会都获得过金牌的国家,并曾 2 次问鼎奖牌榜榜首。累计 113 枚金牌和 330 枚奖牌的成就,仅与挪威略有差距,但和后者更精于雪上项目不同,美国运动员在除冬季两项外的 14 个分项比赛中都登上过领奖台,速度滑冰、单板滑雪、花样滑冰、冰球、雪车、钢架雪车等更是美国队的强项。

美国的第一枚冬奥金牌来自速度滑冰项目。纽约州普莱西德湖小镇青年查尔斯·朱特劳在 1924 年夏蒙尼冬奥会的 500 米速度滑冰比赛中技惊四座,不仅为美国队赢得首金,也成为冬奥史上第一个冠军。速度滑冰也是美国队获得金牌和奖牌数量最多的项目,30 枚金牌和 71 枚奖牌的战绩分列世界第二和第三。除了朱特劳的首金突破,美国运动员还在这个项目上创造了诸多值得铭记的历史；手握5枚冬奥金牌的邦妮·布莱尔是美国奥运史上第一位有此成就的女性运动员；赢得1980年普莱西德湖冬奥会所有5项速度滑冰比赛的埃里克·海登是速滑冬奥史上单届揽金最多的运动员；在2022年北京奥运会500米小项上封后的艾琳·杰克逊则开黑人女子选手摘取冬奥个人项目金牌之先河。

单板滑雪堪称美国队独孤求败的项目。从1998年正式入奥至今的七届冬奥会中，美国队于五届同时占据单板滑雪金牌榜和奖牌榜榜首位置。17枚金牌和35枚奖牌的耀眼成绩足令之笑傲江湖。追根溯源，单板滑雪的起源地正是美国，在20世纪60年代西方反主流文化运动的高潮时期，以自由、率性、不羁为特点的单板滑雪甫一诞生就立刻受到年轻人的青睐，70年代中期反主流文化运动的趋向衰退并未对单板滑雪的流行之势构成任何冲击，到80年代末其已经成为风靡全球的冬季项目，被誉为单板滑雪史上最成功运动员的冬奥"三冠王"肖恩·怀特恰也出生在这个时期。

花样滑冰同样是美国队具有极强统御力的冬奥项目。53枚奖牌总数（不包含1920年安特卫普奥运会奖牌）几乎是第二名加拿大的两倍。花样滑冰也是最受美国观众喜爱的运动项目之一，每逢冬奥会花滑比赛日，电视收视率都会大幅上扬。北京冬奥会期间，男单自由滑在全美黄金时段直播的平均收视人次达千万以上，陈巍问鼎的当晚，收视率更是冠绝同时段其他所有节目。

另外一个备受美国人偏爱的项目是冰球。美国是世界上参加冬奥会冰球比赛次数最多的国家，包括4枚金牌在内的17枚冬奥奖牌总成绩仅次于近邻加拿大。冬奥赛场上的美国队，既创造过以弱胜强的经典逆袭奇迹——以大学生组合终结苏联王牌战队"五连冠"梦想的1980年普莱西德湖惊天巨战，也曾上演令人啼笑皆非的"双胞胎"闹剧——两支都坚称代表美国冰球队而针尖对麦芒的 1948 年圣莫里茨"龙虎斗"。冬奥赛场外，NHL 为全世界奉献了最高水准的职业冰球比赛，现今 32 支球队中有 25 支队伍来自美国。

就美国队而言，与冰球实力相近的冬奥项目当属雪车。美国在雪车比赛中获得的金牌和奖牌数量均居世界第三，并有着饶有趣味的跨界选材成功史。截至目前，世界上共 6 位在冬奥会和夏奥会不同项目上都获得过奖牌的运动员，其中恰有 2 位美国运动员都参加过雪车项目：艾迪·伊根先是在 1920 年安特卫普奥运会拳击比赛中夺冠，继而于 1932 年普莱西德湖冬奥会登上四人雪车项目最高领奖台；劳林·威廉姆斯曾获得 2004 年雅典奥运会 100 米银牌和 2012 年伦敦奥运会 4×100 米接力金牌，2014 年索契冬奥会上则以 0.1 秒之差屈居双人雪车比赛亚军。此外，高山滑雪也是美国队的优势项目，在金牌榜和奖牌榜分别排名第三、第四。不容忽视的是，尽管已经连续五届冬奥会未能登顶，但美国仍是钢架雪车金牌第一国，奖牌总数也仅落后英国一枚。

除了这些闪耀的成绩，另一项值得美国人骄傲的纪录是曾四办冬奥会，美国也由此成为迄今为止世界上举办冬奥会次数最多的国家。其中 2 次在纽约州的普莱西德湖，另外 2 次分别在加利福尼亚州斯阔谷以及犹他州盐湖城。现如今，普莱西德湖冬奥场馆遗址时常游人如织，曾经的霍文伯格山奥林匹克雪车赛道被列入美国国家史迹名录，全美最长山地过山车环绕其行，秀美的湖光山色与恢宏的冬奥场馆一览无余。更为震撼的观景视野还能在斯阔谷滑雪场的缆车上找到，这里的缆车所经之处几乎都能将太浩湖风光尽收眼底，让缆车再慢一点甚至成为不少游客的一种期待。而在距离盐湖城机场不足一小时的车程内拥有多家各具特色的滑雪度假村，大、小卡顿伍德峡谷的滑雪场以超大降雪量闻名，帕克城滑雪度假区则是星级酒店鳞次栉比，极富奢华气息的滑雪度假之旅吸引游人流连忘返。四届冬奥会主办国的经历不仅给美国留下了类型丰富的冰雪场地及设施，为冬季活动的开展提供了绝佳的环境，更重要的是极大激发了大众的冰雪热情，为冬季运动的普及营造了浓厚的氛围。

美国历届冬奥会奖牌排名

年份 排名	1924	1928	1932	1936	1948	1952	1956	1960
金牌	5	2	1	4	3	2	5	3
奖牌	3	2	1	5	4	2	4	2

年份 排名	1964	1968	1972	1976	1980	1984	1988	1992
金牌	8	9	5	3	3	3	8	5
奖牌	6	7	6	3	3	5	8	6

年份 排名	1994	1998	2002	2006	2010	2014	2018	2022
金牌	5	4	3	2	3	4	4	4
奖牌	5	6	2	2	1	2	4	5

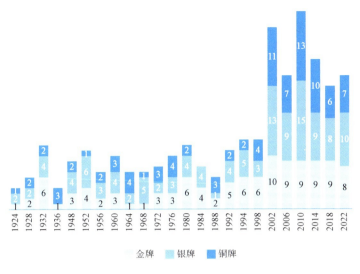

美国历届冬奥会奖牌数量

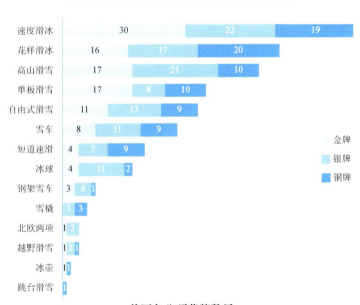

美国各分项奖牌数量

注：花样滑冰奖牌不包括1920年安特卫普奥运会的1铜，冰球奖牌不包括1920年安特卫普奥运会的1银。

命运多舛的顶尖冬奥强国
——德国

德国是世界上数一数二的冬季运动强国。但受两次世界大战"始作俑者"因素的影响,无奈缺席了 1924 年夏蒙尼冬奥会和 1948 年圣莫里茨冬奥会。同样因为战争而导致的分裂,使德国不得不以四种身份——德国(GER)、联邦德国(FRG)、民主德国(GDR)以及德国联队(EUA)——参加冬奥盛会,德国人在冬奥赛场上所创造的成绩与荣耀也因此由这四种身份记载。

初登赛场(1928—1936)

第一次世界大战结束后,德国没能被国际奥委会所接纳,因此遗憾错过了首届冬奥会。1925 年禁令的解除,让德国队有机会为 1928 年圣莫里茨冬奥会的参赛做足准备,尽管 44 名运动员初出茅庐的唯一收获只是雪车项目上的 1 枚铜牌,不过,正是这枚看似不起眼的铜牌开启了德国人在雪车项目上的史诗级辉煌篇章。至 2022 年北京冬奥会结束，冬奥赛场上共角出 154 枚雪车奖牌，德国人拿走了其中的 51 枚，是当之无愧的雪车第一强国。在参加过两届冬奥会之后，德国举办了加米施-帕滕基兴冬奥会，虽然笼罩着纳粹的阴谋，但当局者的用心经营仍然令各国体育代表团印象深刻，德国队借助东道主优势一举跃升至金牌榜第二位，奖牌数也飙入三甲之列。可惜的是，优异的成绩因随后到来的战争没能延续下去，完整统一的德国队也由此被"肢解"。

分分合合（1952—1988）

二战后的首次冬奥会于 1948 年举办，德国并未受到邀请，重返赛场是在 1952 年的奥斯陆，不过，此时的国际奥委会仅承认联邦德国的合法席位。最终，肩扛德国大旗的联邦德国运动员在奥斯陆带走了花滑双人滑金牌、雪车项目的 2 枚金牌以及高山滑雪的 4 枚奖牌。接下来的 1956 年科尔蒂纳丹佩佐、1960 年斯阔谷和 1964 年因斯布鲁克三届冬奥会，来自民主德国、联邦德国的运动员共同以德国联队的身份参加比赛，这支队伍在 1960 年斯阔谷冬奥会上重现了加米施-帕滕基兴的辉煌，创造出金牌榜第二、奖牌榜第三的好成绩。随后的 1964 年因斯布鲁克冬奥会上，雪橇正式加盟，德国人在此项目上的首秀即巅峰——包揽了男子单人的全部奖牌以及女子单人的金银牌。如今来看，冬奥会的雪橇比赛近乎就是德国人的"独角戏"，其累计卷走了历届冬奥会雪橇项目产生的 153 枚奖牌中的 87 枚。然而，联合共创佳绩的和谐时局没能持续到 1968 年格勒诺布尔冬奥会，从这届起，联邦德国和民主德国开始同时出现于冬奥赛场。此种局面持续了六届之久,直到 1990 年两德统一,联邦德国、民主德国、德国联队才正式成为过去时。

强势回归（1992 至今）

也许是分裂的时间太过长久,分离的滋味痛彻心扉,重新走到一起的德意志民族格外珍惜来之不易的团聚,更迫切地希望让世界看到一个全新的德国,于是,铆足了劲的德国队强势占据了 1992 年阿尔贝维尔冬奥会金牌、奖牌双榜榜首。这届冬奥会上,德国运动员在冬季两项比赛中狂揽 7 枚奖牌,彪悍实力一览无遗。如今,德国队已先后获得 54 枚冬季两项冬奥奖牌,只与排名第一的挪威队相差 1 枚,统治力仅次于雪车和雪橇。在和平稳定的环境下,德国队连续称霸 1998 年长野、2002 年盐湖城和 2006 年都灵三届冬奥赛场,稳居奖牌榜第一。站在百年冬奥的视角,德国在金牌和奖牌总榜上均位列第三,但若算上分裂时期联邦德国、民主德国、德国联队的奖牌数,435 枚的辉煌战绩便是世界上任何国家都望尘莫及的,说它是顶尖冬奥强国,想必无人质疑。

德国历届冬奥会奖牌排名

年份 排名	1928	1932	1936	1952	1956 联队	1960 联队	1964 联队	1968 民主德国	1968 联邦德国	1972 民主德国
金牌			2	3	8	2	3	9	8	2
奖牌	6	6	3	5	10	3	5	10	7	2

年份 排名	1972 联邦德国	1976 民主德国	1976 联邦德国	1980 民主德国	1980 联邦德国	1984 民主德国	1984 联邦德国	1988 民主德国	1988 联邦德国	1992
金牌	5	2	5	2		1	7	2	8	1
奖牌	7	2	3	1	7	2	9	2	5	1

年份 排名	1994	1998	2002	2006	2010	2014	2018	2022
金牌	3	1	2	1	2	5	2	
奖牌	2	1	1	1	2	6	2	3

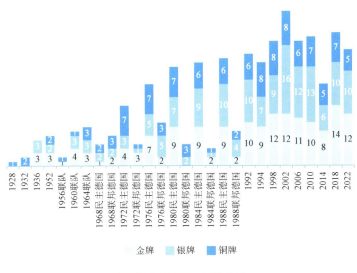

德国历届冬奥会奖牌数量

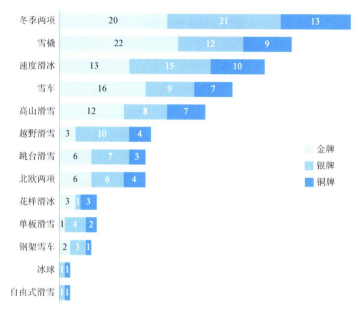

德国（GER）各分项奖牌数量

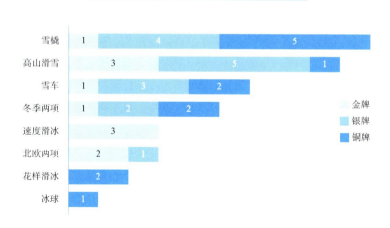

联邦德国（FRG）各分项奖牌数量

注：花样滑冰奖牌不包含 1908 年伦敦奥运会的 1 金 1 银。

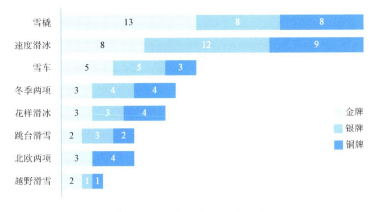

民主德国(GDR)各分项奖牌数量

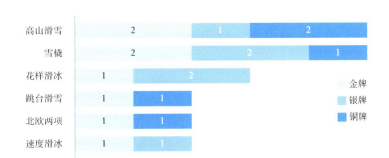

德国联队(EUA)各分项奖牌数量

冰雪世代相伴

——俄罗斯

同德国境况相似,俄罗斯在不同历史时期也曾以不同的身份参加过冬奥会,但无论身披何样旗帜,其始终都是赛场上的实力担当。从 1956 年科尔蒂纳丹佩佐冬奥会到 1988 年卡尔加里冬奥会,苏联队 9 次出场,卷走 78 金 57 银 59 铜,累计 194 枚奖牌,居金、奖牌榜榜首各 7 次。1992 年作为独联体出席阿尔贝维尔冬奥会,以 9 金 6 银 8 铜的成绩列当届金、奖牌双榜次席。1994 年利勒哈默尔冬奥会到 2014 年索契冬奥会期间,俄罗斯队赢得 47 金 39 银 35 铜,共 121 枚奖牌,即使用 24 届冬奥会的国家奖牌总榜参照比较,其以六届之金牌数仍可排到第十位,奖牌数为第十三位。随后的 2018 年平昌、2022 年北京两届冬奥会,身陷兴奋剂风波的俄罗斯分别以俄罗斯奥林匹克运动员(OAR)、俄罗斯奥运队(ROC)之名登场,共斩获 8 金 18 银 23 铜。如果以这五个"身份"所获的奖牌加总进行统计,放眼全球,俄罗斯的冬奥成就仅略弱于第一强国挪威。

俄罗斯花滑名将层出不穷，从创造冬奥双人滑"三连冠"奇迹的伊琳娜·罗德尼娜及其搭档，到以跳跃难度高、艺术表现力出众而闻名的手握 2 金 2 银冬奥奖牌的"冰王子"叶甫根尼·普鲁申科，再到北京冬奥会上砍下团体赛金牌并包揽女单冠亚军的平均年龄仅 16 岁有余的"三套娃"（安娜·谢尔巴科娃、亚历山德拉·特鲁索娃以及卡米拉·瓦里耶娃），花样滑冰赛场上的"俄天团"经久不衰，助力苏联以 10 金 9 银 5 铜排名花滑金牌榜第三和奖牌榜第四，支撑俄罗斯以 14 金 9 银 3 铜位列金牌榜第二、奖牌榜第三。

冰球是俄罗斯人最喜爱的项目，发端于其本土的大陆冰球联赛横跨欧亚，目前拥有来自白俄罗斯、哈萨克斯坦、中国的 22 支俱乐部，虽运行时间不长，但已与有百年历史的北美职业冰球联赛齐名。回顾过往，苏联的冰球水平在 20 世纪中叶就达到世界顶尖，首次参加 1954 年瑞典斯德哥尔摩冰球世锦赛便拿到金牌，随后的 37 年间 21 次夺冠、7 次摘银、5 次揽铜，其中 1963—1971 年的"九连冠"更让同时代的对手"谈苏色变"。在冬奥赛场上，苏联的表现更是一骑绝尘，9 次出场获 7 枚冰球金牌的成绩遥遥领先，即便是如今高居金、奖牌双榜榜首的加拿大，其实也是直到新世纪后才超越这一纪录。俄罗斯队在世锦赛上获得 5 金 3 银 5 铜，冬奥会的成就是 1 银 1 铜，并以俄罗斯奥林匹克运动员和俄罗斯奥运队的身份分别在平昌和北京的冬奥冰球赛场斩获 1 金 1 银。

俄罗斯作为全世界面积最大的国家，地处亚欧大陆北端，部分国土位于北极圈内，低温冰雪天气频发。如此得天独厚的地理因素和气候条件为发展冰雪事业创造了先决条件，举国上下冰雪氛围非常浓郁。既有已入"不惑"的"俄罗斯雪道"全民滑雪大赛——始于 1982 年，每年 2 月的第一个或第二个周六如期召开，参与人数多以十万计；也有设立不久的俄罗斯冬季运动日——每逢索契冬奥会开幕日期，全国各地的公园都会组织滑冰、雪橇、雪地摩托等活动和比赛，旨在吸引更多人参与冰雪运动。

2014 年，俄罗斯人把火炬传递至太空和贝加尔湖底，重振苏联时期的雄风，站到金、奖牌榜榜首位置。伴随索契冬奥会的举办，索契国际奥林匹克学院正式招生且人才辈出，波尔肖冰宫吸引 KHL 索契队落户，2015 年全明星赛也在此举办。2018 年国际足联世界杯期间，索契冬奥会开闭幕式场馆菲什特奥林匹克体育场再度人潮澎湃，西班牙绝平葡萄牙，德国 2 比 1 逆转瑞典，克罗地亚在这里送别东道主后，一鼓作气闯入决赛。

作家契诃夫形容"冰雪是俄罗斯的血液"。无论是两百多年前拥兵 60 万的拿破仑折戟莫斯科，还是二战时希特勒"闪电战战无不胜"的神话破灭，都与冰天雪地的极寒天气及其带来的补给不足大有关联。如果说战争年代俄罗斯的冬天堪称"冬将军"保卫了一方沃土，到了和平年代则化身为"雪姑娘和严寒老人"，温暖的故事给每一位俄罗斯人带来新年的欢乐和对未来美好生活的憧憬。普希金的诗作《冬天的早晨》以"严寒和太阳，多美妙的日子"为开篇，道出了俄罗斯人对冬季的热爱。当贝加尔湖湛蓝的冰面开始消融，圣瓦西里教堂前不再飘落梦幻般的雪花，春日暖阳照耀在冬宫皑皑白雪上，严寒无须再用浓烈伏特加驱散，与冰雪世代相伴的俄罗斯人又开始了对下一个冬季的期盼。

苏联/俄罗斯历届冬奥会奖牌排名

年份 排名	1956	1960	1964	1968	1972	1976	1980	1984	1988
金牌	1	1	1	2	1	1	1	2	1
奖牌	1	1	1	2	1	1	2	1	1

年份 排名	1992	1994	1998	2002	2006	2010	2014	2018	2022
金牌	2	1	3	5	4	11	1	13	9
奖牌	2	3	3	6	5	6	1	6	2

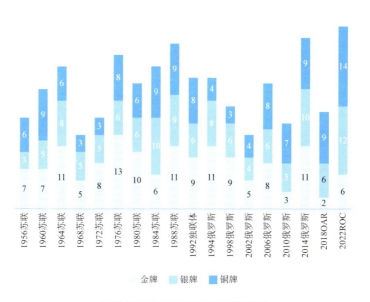

苏联/俄罗斯历届冬奥会奖牌数量

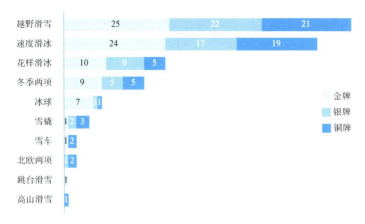

苏联各分项奖牌数量

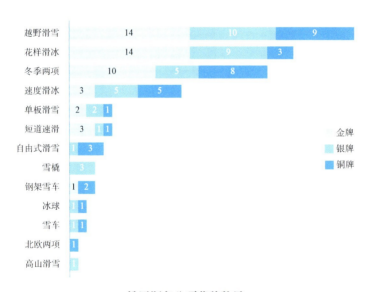

俄罗斯各分项奖牌数量

注：按项目的统计不包括在 2022 年北京冬奥会上以"俄罗斯奥运队"身份获得的 6 金 12 银 14 铜和 2018 年平昌冬奥会上以"俄罗斯奥林匹克运动员"身份获得的 2 金 6 银 9 铜，以及 1992 年阿尔贝维尔冬奥会上以"独联体"身份获得的 9 金 6 银 8 铜。

两个"冬奥六分之一"
——加拿大

加拿大拥有两个"冬奥六分之一"——六个在历届冬奥会上都获得过奖牌的国家（奥地利、芬兰、挪威、瑞典、美国、加拿大）之一和六个两次举办冬奥会的国家（瑞士、奥地利、挪威、意大利、日本、加拿大）之一。

前一个"六分之一"让加拿大纵享奖牌荣光。截至北京冬奥会结束，该国累计获得77金72银76铜，共225枚奖牌，位列金牌榜和奖牌榜第五。单届冬奥会奖牌榜最高排名为第三，曾在1932年普莱西德湖、2006年都灵、2010年温哥华、2018年平昌四届冬奥会上取得过此般佳绩。值得一提的是，2010年温哥华冬奥会上，加拿大还凭借14枚金牌的辉煌成就创下单届冬奥会夺金之最，超过苏联（1976年）和挪威（2002年）之前获得13枚金牌的纪录。直到12年后的北京冬奥会，挪威才以16金再造奇迹。到具体项目上，加拿大在除北欧两项外的14个分项上均有奖牌入账，冰上和雪上实力较为均衡，冰上项目中的冰球、冰壶都是当之无愧的世界第一，短道速滑金牌数量全球第三、与中国并列奖牌榜第二，花样滑冰成绩居金牌榜第五、奖牌榜第二；雪上项目中的自由式滑雪金牌排名第一、奖牌位列第二，单板滑雪也均是双榜三甲之内的水平。

冰球素有加拿大"国球"之称。奥运赛场上前7枚冰球金牌中的6枚都是由加拿大夺得（包括1920年安特卫普奥运会冰球项目金牌）。1956年科尔蒂纳丹佩佐冬奥会上，苏联的登场动摇了加拿大冰球队在20世纪下半叶的霸主地位，这一年他们以铜牌收场，但随后的十届冬奥会中，仍获得了3银1铜。1998年女子冰球的出现再度让加拿大称霸冬奥会，从长野到北京的24年间，加拿大女冰队从未缺席过决赛，并五夺冠军。与此同时，21世纪的加拿大男冰也卷土重来，2002、2010、2014年三登冬奥会最高领奖台。

冬奥会期间，能让加拿大人从冰球比赛中切换频道的只有冰壶赛，冰壶是除冰球之外最受加拿大人欢迎的冰上运动项目。加拿大冰壶协会数据显示，超过100万加拿大人每年至少体验一次冰壶运动，约75万人定期打冰壶。早在冰壶是冬奥会表演项目时，加拿大就曾2次斩获金牌。自1998年长野冬奥会成为正式比赛项目至今的七届冬奥会中，加拿大3次获得男子冰壶金牌，2次夺得女子冰壶金牌，1次拿到混合双人冠军。

除了冰上项目，加拿大的雪上项目实力也非常了得。例如，作为自由式滑雪金牌榜上的佼佼者，枫叶国健儿于雪上技巧比赛中共摘金6枚，在障碍追逐、U型场地技巧、坡面障碍技巧比赛中也都曾夺冠，更是从未缺席北京冬奥会之前的女子障碍追逐小项的历届最高领奖台。

后一个"六分之一"则助加拿大积淀了丰厚的冬季运动底蕴。12 年前的温哥华冬奥会上,太平洋季风轻抚的温哥华携手山地小城惠斯勒为世界呈现了一场"从海洋到天空的比赛"。赛会期间,149 万张门票被创纪录般售出;赛会之后,罗渣士体育馆重焕生机,不仅国家袋棍球联盟勇士队、守望先锋联赛温哥华泰坦队等豪门俱乐部都将主场定址于此,还成为蕾哈娜、阿黛尔、贾斯汀·比伯等一众乐坛顶级明星殿堂级演唱会的"御用"之馆。老牌度假胜地惠斯勒滑雪场通过冬奥会再得提升,长达 4.4 公里的跨峰缆车堪称"工程奇迹",两座海拔 2000 米以上的山峰由此连接,与超 200 条雪道共同构成了北美规模最大的滑雪场。

位于卡尔加里市中心的卡尔加里塔则印记着属于 1988 年冬奥会的荣耀,这届冬奥会的火炬设计灵感就来自于此,在塔顶的观光层,人们可以尽情鸟瞰城市全貌,欣赏雄伟绵延的落基山脉和错落有致的冰雪赛道。这里还是冠军的摇篮,2006 年都灵冬奥会四分之三的奖牌获得者都于卡尔加里所在的艾伯塔省受训,更是走出了平昌冬奥会速滑万米之王泰德·简·布洛门等多位冰坛领军人物。卡尔加里不远处的贾斯珀国家公园是世界第二大暗夜星空保护区,落基山脉深邃的夜空繁星点点,惊喜会随时奉上,极光也许就在转瞬间与你不期而遇。

加拿大历届冬奥会奖牌排名

排名\年份	1924	1928	1932	1936	1948	1952	1956	1960
金牌	5	5	3	/	5	6	/	6
奖牌	9	6	3	9	8	8	8	8
排名\年份	1964	1968	1972	1976	1980	1984	1988	1992
金牌	8	9	/	8	/	7	/	9
金牌	10	14	15	11	12	9	10	8
排名\年份	1994	1998	2002	2006	2010	2014	2018	2022
金牌	7	4	4	5	1	3	3	11
奖牌	5	5	4	3	3	4	3	4

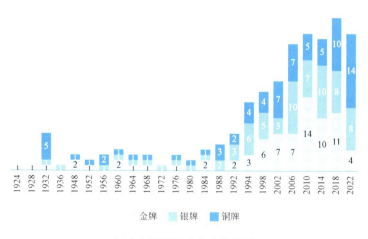

加拿大历届冬奥会奖牌数量

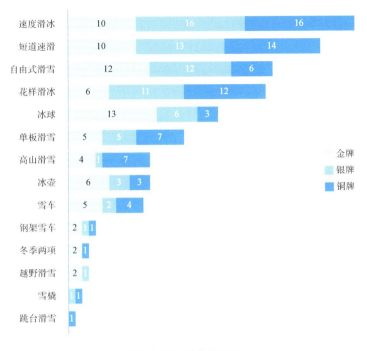

加拿大各分项奖牌数量

注：冰球奖牌不包括 1920 年安特卫普奥运会的 1 金。

面面俱到的滑雪王国
——奥地利

在现代奥林匹克历史上,只有 3 个国家获得的冬奥会奖牌多于夏奥会,除了冬奥第一强国挪威和从未在夏奥会获过奖牌的列支敦士登,另一个国家就是奥地利。阿尔卑斯山自西向东横贯该国,使奥地利人与冬季运动有着天然的情缘。

关于滑雪,奥地利可谓面面俱到。在场地方面,凭借着阿尔卑斯山脉覆盖过半国土面积这一得天独厚的地理优势,奥地利的滑雪场数量在整个欧洲都数一数二。如此优渥的场地资源也让其成为全球唯一一个把滑雪纳入学校基础教育课程大纲的国家。

在滑雪技术方面,奥地利一直引领着世界高山滑雪的走向。19 世纪末,奥地利人马蒂亚斯·茨达尔斯基发明出更适合阿尔卑斯地区的滑雪技术,引发了一场意义深远的技术革命。随后的 20 年时间里,汉纳斯·施奈德将所有的滑雪技术收集编著,"滑雪圣经"《埃尔伯格技术》诞生,滑雪学校随之遍地开花。20 世纪中期，史蒂芬·克鲁肯豪斯发明出更优雅的双板平行转弯的摆式方法，如今最普遍的雕刻滑雪技术即以此为基础。时至今日，奥地利滑雪教学体系（OSSV）仍是业内质量认证的标杆。

在冰雪装备方面，世界十大顶尖滑雪板品牌中近一半出自奥地利，如赞助了世界杯一半以上选手的阿托米克（ATOMIC）、国际雪联综合统计排名第一的菲舍尔（FISCHER）、大名鼎鼎的海德（HEAD）等都是奥地利品牌。除此之外，奥地利的冰雪场地保障服务也在全球遥遥领先。我国的延庆国家高山滑雪中心、首都体育馆以及云顶、万龙、松花湖等国内顶级冰雪场地的运营中都或多或少使用了奥地利相关冰雪企业提供的技术服务保障。

有这些元素的加持，自然不难理解奥地利在冬奥会上的优异表现：自1924年起，除萨拉热窝冬奥会外，奥地利从未跌出过历届冬奥会奖牌榜前十。累计获得71金88银91铜，金牌榜排名第六，奖牌榜位列第四。历史最佳成绩在1956年科尔蒂纳丹佩佐冬奥会上创造，金牌、奖牌均排名第二，并曾在1964年本土举办的因斯布鲁克冬奥会上追平金牌榜第二的纪录。在具体项目上，奥地利是高山滑雪的绝对王者，在历届冬奥会中共获得128枚奖牌，这一数字比奖牌榜二、三名之和还要多。跳台滑雪、雪橇、单板滑雪、北欧两项、花样滑冰等都是奥地利的优势项目，所获金牌、奖牌数量均居世界前五。

除了优异的竞技成绩，1964年、1976年两届冬奥会以及2012年首届冬青奥会举办国的头衔也让奥地利光芒四射。三届盛会皆由拥有数百年历史的因斯布鲁克承办，如今，老城中的皇家遗迹和前卫建筑比邻而居，厚重而辉煌的历史与现代都市风情完美结合，冬季运动又为其增添了独特的活力。城中的地标之一，伯吉瑟尔滑雪跳台被称为"伸向天空的雕塑"，作为世界杯以及四山锦标赛系列赛的跳台滑雪重量级赛事场地，伯吉瑟尔滑雪跳台虽已近"百岁"，但翻新后极具现代感，将观景平台、景观餐厅与咖啡小馆等公共空间与跳台巧妙融为一体的时尚设计，早在 21 世纪初就被美国著名的旅游杂志《康泰纳仕旅行者》（Condé Nast Traveler）赞誉为现代化建筑的新"世界七大奇观"之一，吸引无数游客观光打卡。

  奥地利人在音乐方面的贡献人尽皆知，当对音乐的热爱与对冰雪的激情碰撞交织，就诞生了全球最著名的在滑雪场中召开的大型电音节——雪山电音节。每年雪季末尾的 4 月，电音节都会在索尔登滑雪场如期举行，伴随着世界顶级 DJ 在雷滕巴赫冰川上露天舞台的现场表演，全世界造访于此的滑雪爱好者都在欢腾的音符跃动中纵情狂欢。能够比肩甚至超越雪山电音节影响力的非奥地利首都维也纳的"冰之梦"活动莫属。从 20 世纪 90 年代中后期至今，每年冬季，壮阔的维也纳市政厅广场就会在移动冰场技术的支持下，摇身变为世界上人气最旺的市区冰上乐园，成为各年龄段滑冰爱好者的天堂。夜幕下绚丽的灯光映照在古老的哥特式建筑之上，游客们跟随热门舞曲在梦幻般的冰场中浪漫滑行，宛若置身童话世界。

奥地利历届冬奥会奖牌排名

年份 排名	1924	1928	1932	1936	1948	1952	1956	1960	1964	1968	1972	1976
金牌	3		3	4		2	9	2		9		5
奖牌	5	4	6	5	4	2	6	3	3	7		7
年份 排名	1980	1984	1988	1992	1994	1998	2002	2006	2010	2014	2018	2022
金牌	4		6	4	9	8	9	2	9	9	7	7
奖牌	6	14	4	3	4	4	4	5	7		10	6

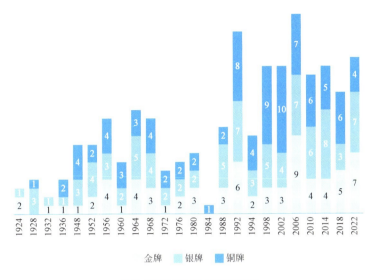

奥地利历届冬奥会奖牌数量

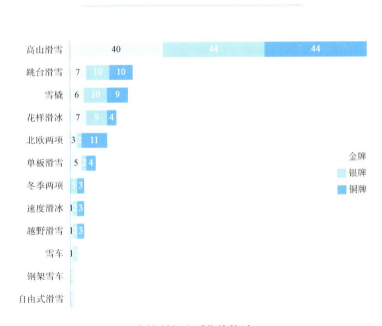

奥地利各分项奖牌数量

未曾做过东道主的冬奥强国
——瑞典

瑞典参加了全部 24 届冬奥会,在 11 个项目上收获 65 金 51 银 60 铜共计 176 枚奖牌,列金、奖牌榜第七。其中,越野滑雪成绩最为突出,目前以 32 金 27 银 25 铜的优异表现,位居金牌榜第二、奖牌榜第三。冰壶实力与前者相近,距离金、奖牌榜榜首的加拿大只有一步之遥。作为传统冰球强国,瑞典的冬奥冰球奖牌数量仅次于加拿大和美国。除此之外,在自由式滑雪、冬季两项、高山滑雪等方面也都是双榜前十的水平。

冰球是瑞典国民生活中非常重要的一部分。赛场之上,瑞典冰球超级联赛荣膺欧洲最佳,在过去 7 个赛季的欧洲冰球冠军联赛中来自瑞典的俱乐部 6 次稳居冠军宝座,其中 4 次由哥德堡印第安人队获得,后者的统治力堪比皇马之于欧冠。赛场之外,冰球是列入中小学体育教育大纲的必修项目,青少年的体质基础于此奠定,运动天赋从中崭露头角。层出不穷的冰球题材的文学作品则持续丰盈人民的内心，新世纪以来最著名和最感人的莫过于瑞典当代小说之王弗雷德里克·巴克曼的里程碑作品《熊镇》系列。

关于越野滑雪起源的瑞典故事也十分励志。16 世纪初，处于丹麦主导下的卡尔玛联盟中的瑞典因处处受制，与丹麦王室的矛盾不断激化，反抗联盟的冲突时有发生。1520 年，丹麦国王克里斯蒂安二世为巩固卡尔玛联盟，率大军进攻瑞典，并制造了"斯德哥尔摩惨案"。幸免于难的瑞典贵族古斯塔夫·瓦萨退至如今的达拉纳省，试图在当地迅速组建一支军队，因响应者寥寥无几而被迫滑雪继续逃往挪威。恰逢此时，达拉纳民众从可靠渠道证实了丹麦军队在斯德哥尔摩大肆屠杀瑞典人的消息，遂决定响应瓦萨起兵，于是派出两名滑雪高手从穆拉出发，经过 90 公里的飞驰，终于在塞伦追上了瓦萨。历史由此被改写，瓦萨领导的解放战争最终取得胜利，瑞典重获独立。后人为纪念古斯塔夫·瓦萨和那次史诗般的追赶，专门设立了瓦萨滑雪节，从 1922 年开始，每年都会举办规模空前的越野滑雪比赛，而滑行线路正是按从穆拉到塞伦的 90 公里设置。如今，瓦萨滑雪节上的越野滑雪比赛早已成为全球知名度和参与度最高的越野滑雪赛事之一，并正在强势开启第二个百年的新纪元。若从 2003 年"落户"我国算起，与瑞典达拉纳省的瓦萨滑雪节遥相呼应的中国吉林省长春净月潭瓦萨国际滑雪节也已走过整整 20 个年头。

如果一年一度的滑雪节还难以满足冬季运动爱好者们的狂热需求，那么地处耶姆特兰省的奥勒，近乎半年的雪季肯定可以让全世界的滑雪发烧友尽欢颜。奥勒是整个北欧地区最大且设备最完善的滑雪胜地，百条雪道随意选择，电梯缆车设施全球领先，世界级的照明标准让极夜期间都可肆意滑行，甚至滑雪追逐极光的体验也成为隐藏的"盲盒"。这里还是冠军的摇篮，最具代表性的便是登上卡尔加里冬奥会高山滑雪男子超级大回转领奖台的拉尔斯·伯杰·埃里克森以及盐湖城冬奥会单板滑雪平行大回转银牌得主理查德·里卡德森。奥勒的办赛能力也毫不逊色，高山滑雪世锦赛、高山滑雪世界杯、自由式滑雪世界杯、自由式滑雪青少年世锦赛、高山滑雪青少年世锦赛等一众大赛接连到访此地。奥勒还曾联手斯德哥尔摩争取过2026年冬奥会的举办权，但最终不敌米兰和科尔蒂纳丹佩佐组合。事实上，对于冬奥会的举办权，瑞典自20世纪80年代起已累计发起7次冲击，是迄今为止冬奥金、奖牌榜前七名中唯一一个没有举办过冬奥会的国家。

即便不考虑冰雪运动，冬季的瑞典也是魅力十足。随着跨国旅游的日渐流行，观看神秘、奇幻、绚丽的极光已成为无数人人生愿望清单上的"标配"，每年全球各地的"追光者"都会齐聚有世界最佳极光观测地之称的位于瑞典北博滕省的阿比斯库极光天空站，这里远离人间烟火，光源和声源污染极少，天空几乎全年晴朗，尽管冬夜天幕中舞动的梦幻极光可能稍纵即逝，但摄人心魄的画面足可谓一眼即永恒的美丽。与阿比斯库极光天空站同属北博滕省基律纳市管辖范围的全球首家冰雪酒店近年来人气飙升。酒店以冰块和雪块作为主要建筑材料，每年春季从附近的托尔纳河采冰储雪，冬季建造并开放，夏季酒店冰融雪化回归托尔纳河，完成轮回，循环往复。如今，该酒店已开放超过30年，一年一期主题各异的客房正越来越难预定，运营方为此专门搭建了一座全年不会消失的酒店，内设冰雪套房、冰酒吧、冰廊等，部分豪华套房还带有桑拿、淋浴及休闲设施。到瑞典打卡世界上独一无二的冰雪酒店，感受别样冰雪之美，绝对终生难忘。

瑞典历届冬奥会奖牌排名

年份\\排名	1924	1928	1932	1936	1948	1952	1956	1960
金牌	5	2	3	3	1		5	3
奖牌	8	3	4	2	1	6	3	5

年份\\排名	1964	1968	1972	1976	1980	1984	1988	1992
金牌	3	5	9		4	3	4	11
奖牌	6	6	11	12	9	5	8	11

年份\\排名	1994	1998	2002	2006	2010	2014	2018	2022
金牌	9			5	7	14	6	4
奖牌	14	15	12	7	8	8	10	6

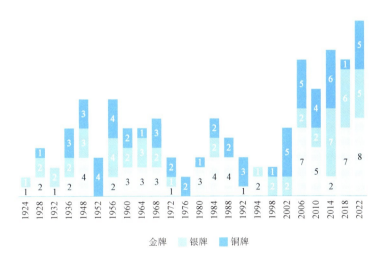

瑞典历届冬奥会奖牌数量

瑞典各分项奖牌数量

注：花样滑冰奖牌不包含 1908 年伦敦的 1 金 1 银 1 铜、1920 年安特卫普奥运会的 2 金 1 银。

世界雪上运动中心
——瑞士

瑞士被誉为全球冬季旅游的发源地,是欧洲乃至世界的雪上运动中心,国际奥委会总部就设在瑞士洛桑。它也是世界上参加过所有冬、夏两季奥运会的三个国家之一(另两个是法国和英国),还是首个举办过两届冬奥会的国家。曾在圣莫里茨组织召开的第二届和第五届冬奥会对冬季奥林匹克运动的发展都具有非凡意义:前者是第一届"名正言顺"的冬季奥林匹克运动会;后者则是因第二次世界大战而被迫停摆多年后的复兴冬奥会,在此届冬奥会上取得的奖牌数量第一和金牌数量第三的成绩也是瑞士体育代表团冬奥参赛史上的最佳表现。瑞士在冬奥赛场上共获得63金47银57铜,总计167枚奖牌,列冬奥会金牌榜第八和奖牌榜第九位。

高山滑雪是瑞士最擅长的冬奥项目,从1936年加米施-帕滕基兴冬奥会上成为正式比赛项目起,每一届冬奥会高山滑雪比赛中都能看到瑞士人的身影,这个项目也是瑞士冬奥奖牌的主要来源,除了仅有三届冬奥会没能登上领奖台,瑞士队在该项目上共拿到 75 枚奖牌,排名世界第二。雪车是其另一强项,作为雪车运动的发源地,世界上第一辆雪车、第一条雪车赛道、第一个雪车俱乐部都诞生在瑞士,包括 10 枚金牌在内的 31 枚奖牌战绩足以傲视德国之外的所有国家。单板滑雪方面,虽然奖牌总数不及美国和加拿大,但在金牌榜位列第二。在自由式滑雪项目上,瑞士以 6 枚金牌紧随加拿大和美国,奖牌总数位列前两者和中、法之后,用超强实力自证,雪上强国绝非浪得虚名。

相比冬奥会的耀眼成绩,赛场之外的瑞士冬季旅游同样吸引着全球目光。瑞士位于欧洲高地,山区约占国土面积一半以上,境内众多雪峰既是旅游胜地,又是天然滑雪场。登山和滑雪是瑞士旅游业中最先发展的项目。早在 18 世纪,人文主义和浪漫主义盛行欧洲,上流社会发起重归大自然的号召,登山和滑雪运动随之成为时尚,而位于阿尔卑斯山区的瑞士正是欧洲人趋之若鹜的优先之选,"欧洲乐园"的美誉不胫而走。两百多年来,包括门德尔松、托尔斯泰、马克·吐温、托马斯·曼、海明威等一众艺术大师、文坛巨匠均曾在瑞士找寻创作灵感并流连忘返,喜剧之王卓别林、传奇影星奥黛丽·赫本都在瑞士隐居超过 20 年,风靡全球的谍战巅峰之作"007"系列更是多次于其境内雪峰取景。如今,瑞士已是举世公认的殿堂级冬季度假胜地。

圣莫里茨是两届冬奥会的举办地,更是瑞士冬季旅游度假的名片城市。由于海拔较高、空气干燥,即使是深冬也日照充足,被游客称为"香槟气候",寓意是空气像香槟里的气泡一样闪闪发亮。温和的气候条件成为冬季旅游的极大优势,鳞次栉比的星级酒店则能够在最大限度上满足各地游客的多样化食宿需求。与圣莫里茨同属格劳宾登州的达沃斯也是人气极高的冰雪名城，欧洲最大的高山滑雪场和建成于1877年的欧洲最大天然冰场以及圈内热赞的雪车雪橇赛道等优质场地常年吸引着数十万游客前来体验，每年年初举办的世界经济论坛年会更是让达沃斯的"国际范儿"和"经济味儿"十足。此外，包括贝特默阿尔卑、利德阿尔卑、布劳瓦尔德、施图斯等多个禁止汽车通行的童话般小村庄可谓冬季远足背包客的神仙选择。简言之，无论是初上雪道的入门者还是常年与雪为伍的发烧友，无论是追求自由时尚的单板滑手还是沉醉速度激情的雪车雪橇爱好者，无论是想体验精彩纷呈的赛事现场氛围，还是要感受远离城市喧嚣的平和小镇，都能在这里达成所愿。根据劳伦特·凡奈特发布的《全球滑雪和山地旅游报告（2021）》显示，自2015—2016雪季至百年疫情暴发当年，全瑞士滑雪场的年均接待量高达2227万人次，其中35%为国际游客。

两度举办冬奥会、开创冬季旅游新天地，以雪资源带动酒店、餐饮、住宿、交通等行业持续发展，推动冰雪产业做大做强、解决当地就业问题，"一切皆可滑雪"无疑是瑞士的真实写照。每当冬季来临，一身雪装的瑞士人或疾骋或徜徉于阿尔卑斯山脉连绵不断、大大小小的滑雪场和度假村，雪天一色的无敌风光似乎充满了神奇的力量，孩子们在山林雪地间嬉戏追逐、欢笑童年，年轻人在雄壮雪峰上纵横飞驰、激昂青春，老年人在恬逸雪景中回味人生、颐养天年，滑雪文化流淌在每个瑞士人的血液中。

瑞士历届冬奥会奖牌排名

年份 排名	1924	1928	1932	1936	1948	1952	1956	1960	1968	1972	1976	1980
金牌	3			4	3		3	6		2	8	7
奖牌	5	6	8	7	1	8	6	10	9	4	9	7

年份 排名	1984	1988	1992	1994	1998	2002	2006	2010	2014	2018	2022
金牌	7	3	11	7	10	9	8	5	7	7	7
奖牌	8	3	14	7	13	8	7	11	10	8	12

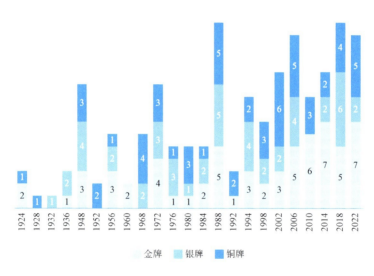

瑞士历届冬奥会奖牌数量

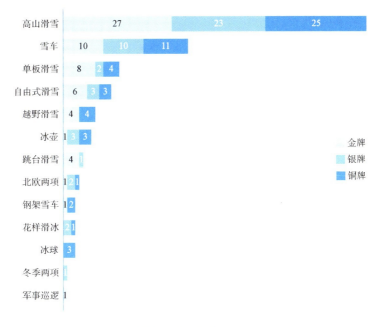

瑞士各分项奖牌数量

注：军事巡逻是1924年冬奥会的正式项目以及1928、1936、1948年冬奥会的表演项目，随后便退出冬奥赛场。

速滑王国
——荷兰

自 1928 年首次参加冬奥会以来,荷兰累计获得 53 金 49 银 45 铜,共 147 枚奖牌,位列金牌榜第九、奖牌榜第十。进一步翻看其冬奥成绩,会瞬间感受到荷兰在速度滑冰上的惊人成就:仅此一个项目,荷兰人就拿到了包括 48 枚金牌在内的 133 枚奖牌,前者接近历届冬奥会速滑金牌总量的四分之一,后者超过奖牌总量的五分之一。与此同时,荷兰运动员在速滑赛场上创造的佳绩数不胜数:冬奥速滑史上,仅有的 12 次一国包揽单个小项前三名的壮举,7 次由荷兰队创造;速滑女王伊琳·维斯特是迄今为止唯一一位连续五届冬奥会摘金的选手,13 枚奖牌更是冬奥速滑圈的"天花板";斯文·克拉默作为全球最杰出的冬奥男子速滑健将,4 金 2 银 3 铜的成绩令其他选手望尘莫及;时至今日,荷兰人的名字仍高悬在近 10 项的速滑世界纪录榜单之上。

奖牌榜冠军的底蕴离不开悠久的速滑历史。早在文艺复兴前,滑冰便在荷兰出现。作为运河之国,荷兰不仅有超长的通航水道,小河沟更是不计其数,每年凛冬时节,夏日里驱动风车浇灌农田的运河就成为冰冻的"公路",滑冰便是人们出行的主要方式。1676年,荷兰人举办了世界上首场滑冰竞速比赛。1892年,国际滑冰联盟在荷兰成立,次年,第一届世界男子速度滑冰锦标赛在其首都阿姆斯特丹举行。随后的百年间,速滑世界杯、世锦赛等赛事百余次到访荷兰。除了国际比赛,全民乐在其中的本土赛事也不计其数,最负盛名的就是始办于1909年的十一城市滑冰赛,参赛者要于一天内滑冰通过荷兰11座城市后回到原点,全程199公里,途经之处河道两岸市民常全家出动观看,不少生活在其他城市或旅居海外的荷兰人甚至都要买上机票赶来助阵,热闹程度堪比环法自行车赛。就连昔日的王储也难以抵挡它的魅力,乔装打扮参与其中。目前,十一城市滑冰赛拥有过万会员,但因为只有运河结冰超过15厘米才能开赛,所以受气候变暖影响,已多年没有举行正式比赛。不过,滑冰爱好者还是会自发组织起来,以各种形式延续十一城市滑冰赛的传统。

荷兰全国拥有近50座室内高标准速滑馆,相比之下,处于速滑金牌榜第二的美国则不足10座。优渥的场地条件滋养着全民滑冰的热情和兴趣,但只有表现最优异的运动员才能踏入冬奥会的赛场。荷兰国内的冬奥速滑资格选拔赛激烈程度堪比中国乒乓球、美国田径,选拔赛在冬奥年之前举办,是全国上下为之关注的大事。因为高手如林加之名额有限,荷兰人早在多年前就请数学专家设计出了一组专业性极高的矩阵选拔公式:以每位运动员过去的表现为基础,将近几年的成绩输入该公式,最近的成绩权重最大,即能计算出拿奖牌概率最大的组合,并可根据比赛冰面条件和海拔高度进行校准,力求达到极致的精确。该矩阵公式在 2014 年冬奥会前正式启用，由其作为支撑选拔出的荷兰运动员在索契拿下了速滑项目所产生全部 36 枚奖牌中的 23 枚，创造了历史性的辉煌。

不仅在选拔方式上创新，荷兰人在 20 世纪引发的一场影响巨大的器材革命至今仍让全球速滑运动员受益。由速滑王国的科研工作者研制出的"克莱普冰刀"，一经问世就在运动员脚下不断展现魔力，带来速滑成绩的空前飞跃。1998 年长野冬奥会中，此前的速滑纪录基本全都作古，脚踩克莱普冰刀的荷兰选手创造 3 项世界纪录和 2 项奥运纪录。2002 年盐湖城冬奥会上，速滑奥运纪录和世界纪录几乎再度全部被刷新，其中男子 1000 米、5000 米和 10000 米世界纪录都是被荷兰选手打破。技术的革新随之带来的是装备制造的进步，全球最大规模的冰刀生产基地就坐落在荷兰，枫叶（MAPLE）冰刀备受冠军宠爱，都灵冬奥会上 8 枚短道速滑金牌全部被装备枫叶冰刀的运动员揽入怀中，除此之外，海盗（VIKING）、瑞普斯（RAPS）等冰刀品牌也世界闻名。

作为一个人口不足 1800 万、面积仅有 4 万多平方公里的小国，荷兰从不追求冬季项目发展的面面俱到，除了滑冰以外其他项目上的奖牌收获几乎为零，举办冬奥会的高成本也让其望而却步。但通过将速滑王国的比较优势发挥到极致，荷兰始终在高手如林的冬奥赛场拥有一席之地。

荷兰历届冬奥会奖牌排名

年份 排名	1952	1960	1964	1968	1972	1976	1980	1988	1992
金牌			8	5	2	8	7	6	11
奖牌	7	10	11	4	5	7	9	6	11

续 表

年份 排名	1994	1998	2002	2006	2010	2014	2018	2022
金牌		6	9	10	9	5	5	4
奖牌	13	8	10	12	12	5	5	9

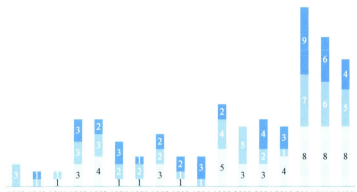

荷兰历届冬奥会奖牌数量

荷兰各分项奖牌数量

冰雪运动好朋友
——芬兰

芬兰参加了全部24届冬奥会，累计获得45金65银65铜共175枚奖牌，排在金牌榜第十一位和奖牌榜第八位。其中，半数金牌和奖牌都来自于越野滑雪，居该项目金牌榜第四和奖牌榜次席。跳台滑雪比赛的收获是包括10枚金牌在内的22枚奖牌，均处金、奖牌榜三甲之内。北欧两项同样实力雄厚，金牌数只少于挪威和德国，奖牌数名列第四。

芬兰的冬季运动训练水平享誉世界，其中，始建于1945年的沃卡蒂奥林匹克训练中心最负盛名。四季运行的顶级训练设施、冠军阵容的教练团队以及经年累月的培训经验是该中心能够声名远播的"三驾马车"，众多芬兰运动员于此深造后都"脱胎换骨"，站上国际国内各大赛事的领奖台。尤其令人叹为观止的是，芬兰体育代表团在2018年平昌冬奥会所获6枚奖牌中的5枚奖牌拥有者均由该中心系统培养而出。因此，慕名而来的国外选手源源不断,仅 2021 年就有 40 个国家的运动员造访。多达数百名中国运动员曾先后长时间在这里"闭关修炼",其也是我国冬季项目国家队名副其实的最大海外训练基地。位于芬兰东北部的鲁卡滑雪中心同样俊采星驰,我国自由式滑雪项目的多支集训队早已习惯在此受训,北京冬奥会自由式滑雪空中技巧比赛成绩的飞跃就有鲁卡滑雪中心的功劳。

  近年来,芬兰与中国最经典和最高层级的冰雪合作非 2019 中芬冬季运动年莫属。作为我国与其他国家共同举办的第一个以体育为主题的"国家年"活动,冬季运动年由双方元首牵头,共举办活动 62 项,涵盖冬奥合作、群众体育、体育产业、体育文化、体育科研、体育医学、体育教育等众多领域。借中芬冬季运动年和随后的中芬建交 70 周年良机,拥有近半个世纪历史的芬兰蒂亚滑雪马拉松赛事成功"落户"哈尔滨,中国民众得以在家门口就能享受到这项殿堂级的越野滑雪国际比赛;芬兰冬季两项公司深度服务冬奥备战,在"黑科技"的辅助下我国运动员训练成绩持续上升;同样是得益于芬兰技术的加持,吉林北山四季越野滑雪场"摇身一变"成为具有国际水平的全天候标准化越野滑雪专业训练场地,四季训练不再遥不可及;芬兰体教融合经验点对点传输我国高校,"冰雪运动之都"拉赫蒂与张家口展开了全方位冰雪合作,芬兰冬季旅游日渐名扬华夏大地……

  伴随 2019—2020 雪季中国访芬游客规模的扩增,冬季芬兰的传统宝藏和时尚新风陆续被挖掘。以北部的拉普兰为例,作为老牌冬季度假胜地,多家知名滑雪场齐聚于此,各年龄阶段、各技术水平的雪友都能在这里滑到过瘾:禹拉斯和比哈-洛斯托备受家庭游青睐,列维则是年轻人追逐自由、释放天性的"朝圣地",浓郁的"滑雪后"文化更可让人尽情"嗨"起来。消除滑雪疲惫的最好方式当然是到拉普兰首府罗瓦涅米寻求"心灵按摩",作为圣诞老人的故乡,圣诞是这里整年的主题,乘坐哈士奇雪橇追随圣诞老人的踪迹,在驯鹿牧场的火炉旁聆听经典故事,无数游客在此沉醉于童话之境。再以南部的拉赫蒂为例,走在已有百余年历史的"冰雪运动之都"街头,时刻能够感受浓厚的冬季运动底蕴,世界上唯一一个七届北欧滑雪世锦赛的举办地也是其靓丽名片。值得一提的是,这座荣膺 2021 年"欧洲绿色之都"称号的城市还正以其独特的创新精神引领着新的冬季运动潮流,拉赫蒂鹈鹕队致力于打造世界上第一支碳中和冰球队,与我国共享单车同种模式的"共享滑雪板"则是这里的冬季出行"新风尚",租借点分布在市中心和滑雪场,随时随地满足"雪瘾"的同时,也有助于真正实现零碳出行。

  为期一年的中芬冬季运动年虽然短暂,但双方合作成果累累:后冬奥阶段的中国大地上冰雪运动热潮迭起,在如何更好满足人民群众对冰雪运动的深层次需求方面,"芬兰经验"无疑是宝贵的;而"中国方案"或许可以助力芬兰人承办一届属于他们自己的冬奥会。中芬这对冰雪运动的好朋友在进一步的合作上未来可期。

芬兰历届冬奥会奖牌排名

年份 排名	1924	1928	1932	1936	1948	1952	1956	1960	1964	1968	1972	1976
金牌	1	2	3	4	7	3	3	6	3	9		5
奖牌	2	4	4	3	6	3	4	3	4	10	7	5

年份 排名	1980	1984	1988	1992	1994	1998	2002	2006	2010	2014	2018	2022
金牌	7	3	4	7		10	6			17	16	13
奖牌	5	3	6	8	9	7	12	12	15	19	16	15

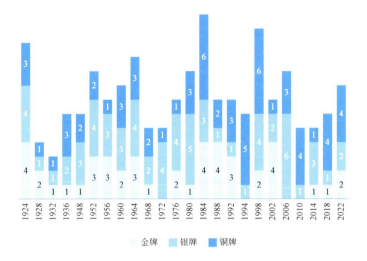

芬兰历届冬奥会奖牌数量

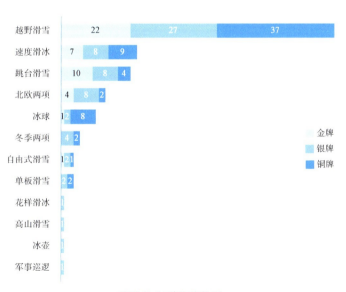

芬兰各分项奖牌数量

注：花样滑冰奖牌不包含 1920 年安特卫普奥运会的 1 金。军事巡逻是 1924 年冬奥会的正式项目以及 1928、1936、1948 年冬奥会的表演项目，随后便退出冬奥赛场。

冬奥圣火将再度降临
——意大利

  意大利是完整参加历届冬奥会的十二个国家之一[①]。其第一枚冬奥奖牌于 1948 年获得，历史最佳表现是以 4 枚金牌位列 1968 年格勒诺布尔冬奥会金牌榜第三。意大利人在冬奥赛场上的全部收获是 42 金 43 银 56 铜共计 141 枚奖牌，分列金牌和奖牌榜的第 12、第 11 名。与大多数欧洲国家一样，意大利更擅长雪上项目，冰上实力并不突出。

  绵延的阿尔卑斯山脉覆盖意大利北部边境，高山滑雪自然是意大利人热衷的冬季运动，他们在这个项目上以 14 枚金牌的成绩排名世界第五，36 枚奖牌数量只少于奥地利、瑞士、法国、美国、挪威。越野滑雪的竞技水准几乎与高山滑雪持平，以 9 枚金

[①] 完整参加了历届冬奥会的国家有：挪威、美国、加拿大、奥地利、瑞典、瑞士、芬兰、意大利、法国、英国、匈牙利、波兰。

牌和 36 枚奖牌的成绩分列世界第六、第五。

雪橇是意大利人最擅长的冬奥项目。7 枚金牌的战绩仅次于德国和民主德国，奖牌数处于第四位。说到雪橇就不得不提拥有"食人族"之称的意大利传奇运动员阿尔明·佐格勒：从 1994 年利勒哈默尔冬奥会到 2014 年索契冬奥会，佐格勒连续 6 次出战男子个人雪橇赛，并成为冬奥会历史上首位在同一小项上连续六届获得奖牌的运动员，更令人叹为观止的是，在此期间，他还拿到了 6 次雪橇世锦赛冠军和 10 次雪橇世界杯个人总冠军。

另一位国宝级运动员非短道速滑的阿莉安娜·方塔娜莫属。在她之前，意大利从未在短道速滑个人项目上收获过金牌。2006 年，方塔娜首次参加冬奥会便收获一枚接力铜牌；随后的温哥华冬奥会则拼下宝贵的 500 米季军；2014 年索契冬奥会，状态正好的方塔娜赢得 1 银 2 铜，并在第四次冬奥之旅时将战绩提升至 1 金 1 银 1 铜。北京冬奥会上，这位 32 岁的老将如有神助，不仅创造了 1 金 2 银的个人最佳冬奥成绩，还顺势成为冬奥史上获得短道速滑奖牌最多的运动员。要知道，意大利短道速滑的全部冬奥收获就是 3 金 6 银 6 铜，15 枚奖牌中有 11 枚出自方塔娜之手，即意味着她凭借一己之力将意大利的短道速滑金牌、奖牌排名拉进世界前五，使之可与韩、中、加、美比肩。然而，方塔娜的故事还未真正画上句号，这位实力悍将已在媒体镜头前放出豪言：对于本土举办的 2026 年米兰-科尔蒂纳丹佩佐冬奥会，将竭尽全力，确保留下难忘的回忆。

2026 年将是冬奥会第三次到访意大利，由米兰和科尔蒂纳丹佩佐共同举办。作为 1956 年科尔蒂纳丹佩佐和 2006 年都灵两届冬奥会的举办国，意大利的办赛经验可谓相当丰富，而米兰和科尔蒂纳丹佩佐这对"时尚之都"与"滑雪秘境"的组合更被人们寄予厚望。时尚之都米兰早为世人熟知，每年的米兰时装周都会引领全球的时尚风暴。2026年，这里将会承办冰球、花样滑冰和短道速滑等比赛，足球迷所熟知的AC米兰和国际米兰的主场圣西罗球场则将成为2026年冬奥会开幕式的举办地。

相比米兰，一直如世外桃源般存在的科尔蒂纳丹佩佐坐落于意大利北部的多洛米蒂山脉，被四周连绵的白云岩所环绕，欧洲人将这里称为"上帝遗落在阿尔卑斯的后花园"。早在19世纪欧洲霍乱流行的时期，科尔蒂纳丹佩佐就曾以免于灾病的净土身份吸引着游客到访。百年来，于晨曦夕阳时在山间徒步、骑行或穿梭滑雪是众多欧洲人的至甄度假选择，就连比利时国王阿尔贝一世、好莱坞演员伊丽莎白·泰勒等一众名流都难以拒绝科尔蒂纳丹佩佐的魅力，经典电影《007之最高机密》还专门取景于此，知名作家海明威则在这里闭关创作出了著名短篇小说《禁捕季节》。科尔蒂纳丹佩佐还是诸多世界大赛的青睐地，历史上曾经举办过37次高山滑雪世界杯、六次越野滑雪世界杯、三届高山滑雪世锦赛。第二十五届冬奥会的雪车、雪橇、钢架雪车及冰壶比赛都将在这里举行。

奇妙的缘分让米兰与科尔蒂纳丹佩佐相遇，引领时尚的现代化国际都市与崇尚自然幽静的山间度假小城在奥林匹克旗帜下携手，必将为世界奉上一场令人期待且难忘的冰雪盛宴。

意大利历届冬奥会奖牌排名

排名\年份	1948	1952	1956	1960	1964	1968	1972	1976	1980	1984
金牌	7	6	8			3	7	8		7
奖牌	11	8	8	13	9	12	7	10	12	12
排名\年份	1988	1992	1994	1998	2002	2006	2010	2014	2018	2022
金牌	8	6	4	10	6	8	15		12	13
奖牌	10	5	4	9	6	9	15	13	13	9

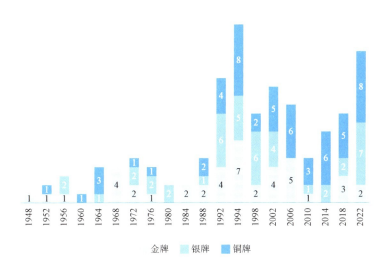

意大利历届冬奥会奖牌数量

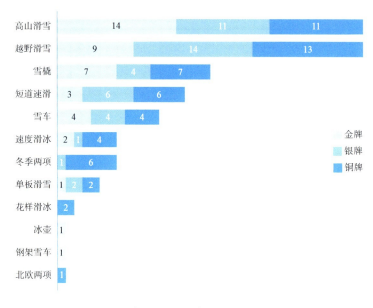

意大利各分项奖牌数量

冬奥起源地
——法国

　　法国是奥林匹克文化底蕴最为深厚的国家,"现代奥林匹克之父"法国人顾拜旦倡议并推动成立了国际奥林匹克委员会,随后接连促成了夏季、冬季奥运会的举办。法国也是世界上参加全部夏、冬两季奥运会的三个国家之一,还是迄今为止唯一一个三届冬奥会举办国:除了首届冬奥会外,另外两届分别是1968年格勒诺布尔冬奥会和1992年阿尔贝维尔冬奥会。法国人在格勒诺布尔创造了史上最佳战绩,以4枚金牌的成就高居金牌榜第三,奖牌数量则仅次于挪威、苏联和奥地利。

　　作为阿尔卑斯山脉所至的八国之一,高山滑雪堪称全民所爱,这个项目也为法国队贡献了最多的奖牌。至北京冬奥会结束,法国队在高山滑雪项目上一共拿到了包括16枚金牌在内的51枚奖牌,位列奖牌榜第三、金牌榜第四。法国高山滑雪名将层出不穷,让·克洛德·基利是国际奥委会主席巴赫口中的"体育传奇",他在 1968 年格勒诺布尔冬奥会上横扫男子 3 项高山滑雪比赛的全部金牌,一举成为法兰西的民族英雄,退役后也从未离开过钟爱的冬季运动事业,曾以教练、协调员、阿尔贝维尔冬奥组委联合主席、国际奥委会委员等多种不同身份投身冬奥一线。冬奥史上最年长的高山滑雪奖牌得主也是法国人——41 岁的约翰·克拉雷在第四次冬奥之旅、北京冬奥会高山滑雪滑降比赛中斩获银牌。

法国运动员在冬季两项赛场上的表现同样可圈可点。自 1960 年成为冬奥会正式项目起,法国队参加了历届冬奥会的全部冬季两项比赛,共获 12 金 9 银 11 铜,金牌和奖牌数量均排名第三。近年来,法国冬季两项成绩提升飞快,在都灵至北京的五届冬奥会上狂揽 26 枚奖牌,其中,马丁·富卡德的贡献最为突出,他于 2010 年温哥华、2014 年索契和 2018 年平昌三届冬奥会上斩获 5 金 2 银,已跻身世界顶级冬季两项运动员之列。

花样滑冰是备受法国人喜爱的冰上项目,受欢迎程度仅次于高山滑雪。自 1908 年花样滑冰成为奥运项目起,法国人仅缺席过 26 届中的两届。从比赛成绩看,花样滑冰也可称为法国人唯一擅长的冰上项目——在其历届冬奥会全部冰上比赛所收获的 15 枚奖牌里,14 枚来自于花样滑冰。

回顾过往,除了在 1956 年科尔蒂纳丹佩佐冬奥会空手而归,其余各届冬奥会上法国队均有奖牌入账,共获 41 金 42 银 55 铜,位居金牌榜第 13、奖牌榜第 12。尽管冬奥成绩并不十分靠前,但法国人对冰雪运动的热爱毋庸置疑,充沛且优质的滑雪资源更是让法国冬季旅游闻名遐迩。

首届冬奥会举办地夏蒙尼是高卢雄鸡的骄傲,大蒙特、布雷文、弗莱热尔、莱苏什和乐图尔等世界知名滑雪场齐聚一堂。如果厌倦了中规中矩的滑雪体验，瓦利·布兰奇山谷就绝对不容错过，从著名景点南针峰顶峰出发，在落差 2700 米、未经修整的天然雪道上飞驰直下 20 公里，全程充满挑战与刺激，裂缝和雪崩等潜在的风险更能唤起滑雪大师们征服自然的渴望，堪称"一生必去"的野雪路线之一。位于格勒诺布尔的双阿尔卑斯滑雪场同样历史悠久，也是公认的最适合接待亲子滑雪的度假胜地之一，最小 1 岁的"滑雪客"也可来此"小露身手"。法兰西冬季的魅力还体现在大赛云集，实际上，除了开创首届冬奥会的先河，法国的蒂涅是国际雪联第一届自由式滑雪世锦赛的举办地，塞尔舍瓦耶滑雪场则承办了首届滑雪登山世锦赛。值得一提的是，顶级滑雪登山赛事 Pierra Menta 也由法国人于 20 世纪创办，赛事召开时博福坦冰雪嘉年华会来如约相会，阿尔卑斯山麓的冬日狂欢曲于此奏响，赛事爱好者、冰雪装备商汇集于此，俨然是滑雪登山运动的盛大节日。伴随着 2026 年滑雪登山"登陆"冬奥赛场，法国队在这个项目上的表现值得期待。

法国历届冬奥会奖牌排名

年份 / 排名	1924	1928	1932	1936	1948	1952	1960	1964	1968	1972	1976	1980
金牌		5	3		5		9	3	3			
奖牌	5	6	8	9	7	11		4	12	14	14	

年份 / 排名	1984	1988	1992	1994	1998	2002	2006	2010	2014	2018	2022
金牌		11	7		10		10	12	9	7	10
奖牌	11	15	7	11	11	8	12	8	8	8	12

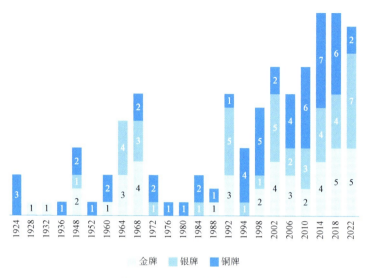

法国历届冬奥会奖牌数量

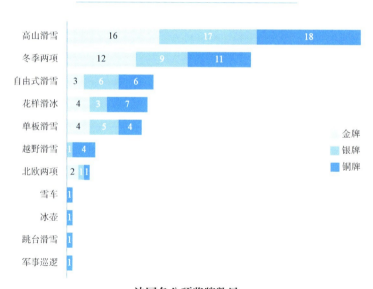

法国各分项奖牌数量

注：军事巡逻是 1924 年冬奥会的正式项目以及 1928、1936、1948 年冬奥会的表演项目，随后便退出冬奥赛场。

短道速滑奖牌榜上的亚洲之光
——韩国

  1948 年,韩国体育代表团第一次亮相冬奥赛场,并自 1956 年起全勤参加了各届冬奥会,获得 33 金 30 银 16 铜共计 79 枚奖牌,金牌和奖牌榜排名均为世界第 15。

  尽管参加冬奥会的时间较早,但 1948—1988 年的 40 年间,韩国运动员从未登上过领奖台。直到 1992 年阿尔贝维尔冬奥会,才实现了奖牌和金牌的历史性突破,并在随后的五届冬奥会里四次跻身金牌榜前十名,其中最辉煌的纪录莫过于以 6 枚金牌的成绩位列 2010 年温哥华冬奥会金牌榜第五。熬过索契冬奥会的低谷,2018 年韩国在本土举办的平昌冬奥会上大放异彩,金牌和奖牌分列第七和第六位。2022 年北京冬奥会上,过于自信的韩国队只获得 2 枚金牌,奖牌榜排名也跌至第 14。

  事实上,韩国队的冬奥表现以及成绩的起伏几乎完全取决于其在短道速滑赛场上的发挥。早在参加冬奥会之初,韩国就一直寻找弯道超车的机会。考虑到短道速滑作为新兴项目,与欧洲、北美等国家相比起步差距不算太大,且这个项目需要极低的重心又与其民众体质相匹配,因此,当短道速滑被列为1988年卡尔加里冬奥会表演项目后,韩国便立即投入大量资源进行"押注"。有了政府资源的加持,韩国短道速滑队成长迅速,并在1992年阿尔贝维尔冬奥会上为韩国摘得2金1铜共计3枚奖牌。截至北京冬奥会结束,短道速滑项目共产生195枚奖牌,韩国独揽53枚,是世界上唯一一个领跑冬奥会分项奖牌榜的亚洲国家,也是世界上仅有的在历届冬奥会短道速滑比赛中都获得过金牌且金牌数量从未低于2枚的国家。

亮眼的成绩离不开系统的选材机制——社会与学校双轮驱动。社会渠道是韩国遴选短道速滑人才的一大特色途径。曾为韩国拿下3枚金牌的安贤洙和北京冬奥会1500米金牌得主黄大宪,都是在短道速滑兴趣班中被发现天赋,从而走上职业道路的。与此同时,在校园培养体系中,韩国也为不同年龄阶段和水平的学生设置了各类选拔赛。值得借鉴的是,从小学阶段的萌芽杯锦标赛到大学生短道速滑锦标赛,韩国每个赛事的标准都向国际滑联主办的比赛对标,旨在提供最专业的短道速滑比赛氛围。可以说,所有的韩国国家队队员都是在这一完备的人才选拔机制下被发掘出来的,其也推动韩国成为全球短道速滑参与人口第一大国。

速度滑冰是除短道速滑外韩国最主要的冬奥奖牌来源项目,在历届冬奥会上累计获得20枚奖牌,排名世界第十。这两个冰上项目所获奖牌基本就是韩国在冬奥赛场上取得的全部成绩。换句话说,其属于典型的冰强雪弱。与之类似但处于另一极端的是法国。法国人擅长雪上比赛,冰上项目的奖牌收获寥寥无几。只不过与法国相比,韩国的偏科更为严重,法国所获奖牌中约10%来自冰上项目,而韩国的79枚冬奥奖牌中,仅有3枚奖牌来自雪上,且均是在本土举办的平昌冬奥会上获得,分别是钢架雪车的1枚金牌、雪车的1枚银牌,以及单板滑雪的1枚银牌。

客观而言,相对欧美,亚洲国家的现代冰雪运动竞技史还非常短暂。因此,尽管雪上赛事跛足,但韩国能在短道速滑项目上力压西方冰上强国,也是了不起的成就,基于这个角度,称其为"亚洲之光"并非言过其实。

韩国历届冬奥会奖牌排名

年份 排名	1992	1994	1998	2002	2006	2010	2014	2018	2022
金牌	9	6	8	13	7	5	12	7	13
奖牌	11	9	14	14	9	7	13	6	14

韩国历届冬奥会奖牌数量

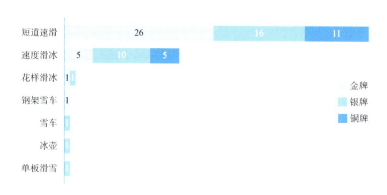

韩国各分项奖牌数量

冬季奥林匹克运动的亚洲拓荒者
——日本

相对于欧美国家,亚洲各国接触现代冬季项目时间较晚。在发展冰雪运动方面,日本无疑是走在前列的,它不仅是亚洲第一个参加冬奥会的国家——自1928年以来只缺席过第五届冬奥会,还是第一个举办冬奥会和唯一一个举办过两届冬奥会的亚洲国家。亚洲首枚冬奥奖牌和金牌也都记在日本名下。1998年,当冬奥会第二次亚洲行到访长野时,日本以5枚金牌创下队史最佳夺金战绩。22届冬奥会之旅,日本代表队累计收获17金28银31铜,共76枚奖牌,金、奖牌榜均排名第17。

就具体项目而言,日本最具竞争力的当数跳台滑雪,4金6银4铜构成的14枚奖牌,使其高居金、奖牌榜第五位。跳台滑雪项目的辉煌始于1972年札幌冬奥会上笠谷幸生率领"旭日飞行队"包揽标准台全部奖牌,这不仅让日本民众自此关注并喜爱上这项运动,也激励了此后的跳台滑雪金牌获得者船木和喜、原田雅彦等一代少年的成长。有跳台滑雪的基础，日本在北欧两项上也顺理成章跻身强国之列，金、奖牌榜分列第六、第五名。除此之外，日本于单板滑雪、自由式滑雪两个雪上项目上也有金牌收获。冰上方面，速度滑冰、花样滑冰、短道速滑的最高领奖台都曾出现日本选手的身影。近年来，日本花样滑冰进步尤其显著，自都灵至北京的五届冬奥会，其在花滑上的奖牌收获从未断档，究其原因，就不得不提被称为"野边山集训"的花滑选手选拔培养制度。该制度始于1992年，每年举办一次集训营，届时不仅有本土"国字号"教练倾囊相授，还会不定期邀请海外名将前来传道解惑，并重点从身体素质、跳跃能力、艺术表现力等多个方面评估入围营员的潜能。考核结果优异者将得到充足的资金支持，同时有更多机会参加国内外大赛。这套选拔培养制度也被称为"花滑登龙门"，荒川静香、浅田真央、羽生结弦、纪平梨花、本田真凛等几乎所有日本顶级花滑选手都是在此制度下走向世界大赛舞台的。

在竞技体育之外，近年来，日本非常重视群众冰雪活动的开展。为了使青少年得到正规滑雪训练，全日本滑雪联盟建立了大量滑雪学校，北海道地区的不少小学都开设滑雪、滑冰基础课，一些学校甚至拥有独立的滑雪场地。就连中国人喜闻乐见的"打雪仗"，在日本也被发展为冬季运动项目，历史超过30年的昭和新山国际雪合战的每届比赛都能吸引数十甚至上百支队伍参赛。2013年，国际雪合战联盟在北海道壮瞥町成立，目前中国、挪威、芬兰、美国等均已加入其中。

日本全域拥有数百家滑雪场，粉雪名号飘扬世界。世界四大冰雪节之一的札幌冰雪节迄今已有70余载的历史，于每年2月的第一周举办，几千米长的冰雪世界中展示着装配有各色彩灯的冰雕,人物形象千姿百态,珍禽异兽天马行空,夜晚的立体建筑投影更是每年冰雪节的最精彩看点,巨型雪制滑梯吸引着孩童的目光。除了札幌冰雪节,在寒冷而清澈的夜空中绽放烟花秀的十和田湖冬季物语冰雪节、使用全日本最优水质制造出淡蓝色冰雕的千岁·支笏湖冰涛节、冰雪文化最为浓郁的饭山冰雪节等各类冰雪活动也都极具吸引力。

  日本冬季旅游的经典名片要属诺贝尔文学奖获得者川端康成的文学作品《雪国》,小说故事的发生地就在新潟县的越后汤泽,这里的古老温泉拥有千年历史,全国入场人数最高的超人气苗场滑雪场也坐落于此。每当冬季来临,上乘粉雪如约而至,在畅快滑雪后来一场浪漫的飘雪温泉,弱碱性山泉水消除身心疲倦,泡汤之余欣赏雪国雾气弥漫,仙境般美景尽收眼底,无数游人对此流连忘返。不仅是文学作品,花样滑冰主题动漫《冰上的尤里》也以别样的方式展现了日本对冰雪运动的热爱。该动漫在人物造型与设定上以花滑明星为原型,细节上高度还原花滑专业性动作与艺术美感,极大地展现了花滑运动的魅力。一经问世就占据日本该类光盘销量排行榜榜首,动画视频在我国也引发热潮,豆瓣评分高达 8.8 分,优酷平台播放量过亿次,俄罗斯"冰上女皇"梅德韦杰娃曾多次在社交媒体上分享观后感,美国花滑运动员约翰尼·威尔为代表的一众国际花滑名将也都成为该动漫的忠实观众。

  除了冰雪运动的全民普及、冬季旅游的闻名遐迩、文学影视作品的经典流传,日本在冬季赛事的组织上也持续领跑全亚洲。1972 年冬奥会后,利用场馆遗产,札幌不仅承办了包括首届亚洲冬季运动会在内的三届亚冬会,如世界大学生冬季运动会、北欧滑雪世锦赛等一系列国际大赛也接连造访。1998 年长野冬奥会开闭幕式的举办地长野奥林匹克体育场，已成为当地体育公园的核心，众多职业和业余俱乐部驻扎周边。不过，两届冬奥会举办国的头衔似乎难令日本满足，札幌正全力冲刺申办2030年第二十六届冬奥会。如若成功，日本将成为第一个举办三届冬奥会的亚洲国家。

日本历届冬奥会奖牌排名

年份 排名	1956	1972	1980	1984	1988	1992	1994
金牌		9				11	11
奖牌	11	12	14	14	16	8	11
年份 排名	1998	2002	2006	2010	2014	2018	2022
金牌	6		15		17	11	12
奖牌	9	19	21	15	13	12	6

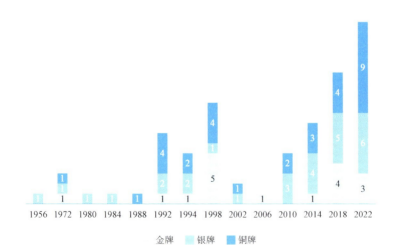

日本历届冬奥会奖牌数量

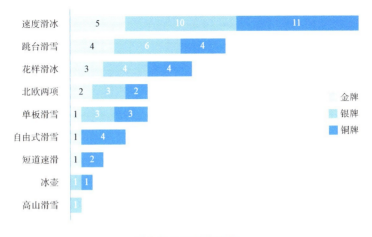

日本各分项奖牌数量

新晋冰雪大国

——中国

1980年,中国体育代表团首次亮相于普莱西德湖冬奥会,随后在1992年阿尔贝维尔和2002年盐湖城两届冬奥会上分别实现奖牌和金牌"零的突破"。12届冬奥会之旅,中国冬奥健儿在7个项目上收获22金32银23铜,共77枚奖牌,位列金、奖牌榜第16名。

短道速滑是中国冬季运动项目里公认的"奖牌担当",在历届冬奥会中累计贡献了12金16银9铜。从1992年李琰首登阿尔贝维尔冬奥会领奖台起,中国运动员就再未缺席过任何一届冬奥会短道速滑的颁奖礼,而当2002年杨扬完胜所有对手勇夺500米冠军后,金牌便成为中国短道速滑队冬奥收获的"标配",并先后涌现出"四冠王"王濛、"三冠王"周洋、男子500米世界纪录保持者武大靖等实力悍将,更创造了温哥华冬奥会上包揽女子全部4枚金牌的国之骄傲。

速度滑冰是新中国接触最早的冬季运动项目,也是中国人初闯世界舞台的"金字招牌"。早在 1963 年速滑世锦赛上,罗致焕就获得了男子 1500 米金牌,这不仅是新中国第一个冬季运动项目世界冠军,更是亚洲人在世界大赛上获得的第一枚冰上项目金牌。1990 年,王秀丽获得速滑世锦赛女子 1500 米金牌。紧接着,初露锋芒的叶乔波赢得 1991 年速滑世锦赛 500 米冠军,随后又在 1992 年阿尔贝维尔冬奥会上摘得女子 500 米和 1000 米银牌,成功实现中国体育代表团冬奥会奖牌"零的突破"。2014 年索契冬奥会女子速滑 1000 米决赛中,张虹为中国斩获冬奥史上的第一枚速度滑冰金牌。2022 年北京冬奥会上,高亭宇打破男子速滑 500 米奥运纪录的同时也赢得中国历史上首枚冬奥会男子速滑金牌。

花样滑冰的第一枚冬奥奖牌诞生于 1994 年利勒哈默尔冬奥会,女子运动员陈露在单人滑比赛中斩获铜牌。"冰上伉俪"申雪/赵宏博是双人滑的开拓者,他们连续参加了 1998—2010 年四届冬奥会,并在 2010 年温哥华冬奥会上为中国花滑队夺得首枚冬奥金牌。第二枚金牌则由隋文静/韩聪在北京冬奥会收官前夜贡献。中国花样滑冰代表队在冬奥赛场上共获 2 金 3 银 4 铜,总计 9 枚奖牌,位列冬奥会花滑奖牌榜第九、金牌榜第 13 位。从冰上项目来看,我国女子冰球队也曾是一支世界劲旅,1994、1997 年 2 次打入冰球世锦赛四强,还获得过 1998 年长野冬奥会第四名的佳绩,并于 2002 年盐湖城和 2010 温哥华两届冬奥会跻身前八名。

自由式滑雪是中国雪上项目的"拿牌大户",21 枚雪上项目奖牌中有 17 枚都来自于此,其中的空中技巧更堪称"定海神针",贡献了 17 枚奖牌中的 14 枚,雪上项目的首枚奖牌和金牌都由其所见证。自由式滑雪还是北京冬奥会上中国雪上项目成绩飞跃的"突破口",中国队在这个项目上一口气斩获 4 金,其中的 2 枚属于"四朝元老"齐广璞和徐梦桃的"风雨之后见彩虹",前者让空中技巧男队时隔 16 年再次问鼎,后者则弥补了空中技巧女队在五届冬奥会屈居亚军的遗憾;另外的 2 枚源于"天才少女"谷爱凌在大跳台和 U 型场地技巧比赛中的双夺魁。除此之外,北京冬奥会还见证了 17 岁少年苏翊鸣开启单板滑雪的金牌篇章,以及闫文港在钢架雪车上获铜牌书写新项目的奖牌历史。

  2022 年北京冬奥会举世瞩目,中国体育代表团实现 7 个大项、15 个分项全项目参赛同时,拿下 9 金 4 银 2 铜共计 15 枚奖牌,首次进入金牌榜三甲之列,世界上第一个举办过冬、夏两季奥运会的"双奥之城"也正式诞生。赛会之前,跨界跨项选材为中国队挑选出约五分之一的运动员,尤其成为雪上项目的"主力军"。赛会期间,全球逾 20 亿观众聚焦北京、张家口两地,收视率最高的一届冬奥会名副其实。纵然新冠病毒横行,世界上跨国人员聚居最多的冬奥赛场在周密闭环下也成为国际奥委会主席巴赫眼中"世界上最安全的地方"。赛会之后,遗产利用持续造福社会,冬奥场馆成为全民健身好去处。

  从 1980 年的普莱西德湖到 2022 年的北京,中国参赛运动员人数由 28 人上升至 176 人,参赛小项从 18 个扩增到 104 个。四十二载披荆斩棘,冰上项目状态正酣,雪上项目渐入佳境,在更广阔的冬奥舞台上,和自己赛跑、与时间争先后的中国运动员已不再孤单,3.46 亿的冰雪运动参与人群是发展冬季运动最坚实的"后援团",2261 个冰雪运动场地是无处不在的全民参与的"训练场",2063 所全国冰雪运动特色学校是发掘天赋的"人才库"。在顶层设计上,推进冰雪运动发展成为"落实全民健身国家战略,助力健康中国建设"的重要内容;在寻常百姓间,"冰雪热潮"

已是十大生活方式趋势关键词。后冬奥时代，中国冰雪运动必将乘势而上，砥砺再出发。

中国历届冬奥会奖牌排名

年份 排名	1992	1994	1998	2002	2006	2010	2014	2018	2022
金牌				13	13	7	12	16	3
奖牌	14	14	11	10	9	8	11	14	11

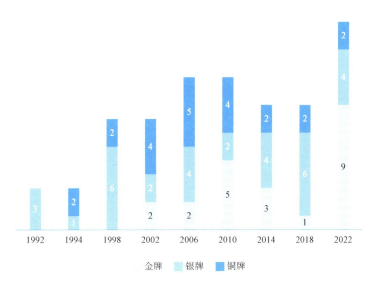

中国历届冬奥会奖牌数量

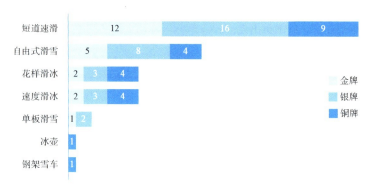

中国各分项奖牌数量

4 人物篇

实力与美丽并存的"超级巨星"
——索尼娅·海妮

索尼娅·海妮一生中扮演了两个重要角色——花样滑冰运动员和电影演员,并被冠以过"北方金莲花""挪威冰雪女王""白天鹅"以及"小钱袋小姐"等多个昵称,但真正配得上她耀眼光芒的称号直到60年代才姗姗而来,要说"超级巨星",索尼娅·海妮还是第一人。

索尼娅·海妮于1912年出生在挪威克里斯蒂安尼亚(今奥斯陆),她的皮草商父亲曾是1894年场地自行车世界冠军。在父亲的引导下,海妮从小参加各项体育活动,4岁学习滑雪,5岁学习芭蕾,还练过网球、游泳、马术,尤其在花样滑冰上展现出异于常人的天赋和热情,一旦上了冰,就不想下来,甚至偷父亲的旧冰鞋参加儿童滑冰比赛。鉴于此,父母为她请来了专业的滑冰老师和芭蕾舞老师,主攻花滑,每天执行严格的饮食与训练计划。

海妮在 10 岁时赢得了人生第一个大型花样滑冰比赛——挪威花样滑冰锦标赛的金牌。短短一年后，便穿着宽大的条纹裙裤和黑色冰鞋参加了 1924 年夏蒙尼冬奥会，初出茅庐的她在比赛中途甚至多次到场边向教练请教，最终在完赛的 8 名选手中排名最末。两年后，花滑世锦赛亚军的好成绩证明了她的进步。1927 年，海妮赢得人生第一个世锦赛冠军，她穿着纯白色冰鞋和白色天鹅绒服装，铃铛裙的下摆刚好超过膝盖，演绎着编排独特的自由滑，这一个个史无前例的创新令观众们感到既震撼又惊喜。在这之后，女性花滑运动员们纷纷效仿她换上短裙和白色冰鞋，可以说正是海妮带领了当时的女性花滑运动员从老式滑冰裙中解放出来，得以表演先前仅属于男性花滑运动员的技巧。

获得世界冠军头衔后，为了锻炼自己的抗压能力，海妮开始在全球各大城市进行花滑表演。事实上她的目的达到了，1928 年圣莫里茨冬奥会上，7 位评委中的 6 位都给了她最高分，花样滑冰女子单人滑金牌就这样稳稳落入了不满 16 岁的小姑娘囊中。接下来，海妮又在 1932 年普莱西德湖和 1936 年加米施-帕滕基兴冬奥会上蝉联冠军，自她之后也再无人实现过单人滑的冬奥"三连冠"。与此同时，她还在 1927—1936 年间连续 10 年获得世锦赛女单冠军，创下了后人无法企及的传奇纪录。

海妮高超的花滑技巧与甜美的笑容捕获了大批粉丝的心，当 1932 年她夺得第二枚冬奥金牌后出现在纽约、布拉格等城市时，当地甚至需要出动警察来维持秩序。然而她却于职业生涯巅峰期犯了一个大错，1936 年加米施-帕滕基兴冬奥会前夕，海妮在柏林训练中临时被告知希特勒及随行人员已经就座，仓促间她滑向希特勒并行了纳粹礼。冬奥会后，希特勒邀请海妮共进午餐并赠送了一张带有长篇题词的亲笔签名照片,她因此受到挪威媒体的强烈谴责。取得三连冠后,海妮随即宣布退役,同年,受好莱坞制片人和电影公司的邀请,前往美国开启了演艺生涯。20 世纪三十四年代,她与二十世纪福克斯电影公司签约,拍摄了包括《薄冰》(1937)、《副手》(1939)和《太阳谷小夜曲》(1941)在内的 11 部电影,其中 8 部在美国总票房都突破了 1 亿美元。她一度成为好莱坞最受欢迎的明星之一。

开启电影事业的同时,索尼娅·海妮还创新性地推出了冰上表演,并在全美各地巡回演出。当时,花样滑冰和冰上表演在美国远未成熟,海妮以电影演员的知名度吸引了许多新粉丝,并使冰上表演成为一种流行的娱乐活动。20 世纪 40 年代,她在纽约洛克菲勒中心举行了豪华的音乐滑冰表演,吸引了数百万购票者。在她最出名的时期,每年可从演出中获得高达 200 万美元的收入。同时,海妮还有许多代言,包括滑冰鞋、服装、珠宝、玩具和标有她姓名的特许商品,这使她成为当时世界上最富有的白手起家的女性之一。

退役后将近 20 年的时间里海妮都在美国度过,二战后的 50 年代,她借"冰上假日"巡回表演重回挪威,演出大获成功,连挪威皇室都出席了活动,当年"纳粹插曲"的阴霾终于烟消云散。海妮一生都未停止过工作,直到 60 年代中期被诊断出慢性淋巴细胞白血病时,她还和丈夫忙于在故土奥斯陆修建艺术收藏馆。1969 年,在从巴黎飞往奥斯陆的途中,海妮闭上眼睛打了个盹,却再也没有醒来,享年 57 岁。

自 1927 年开始,索尼娅·海妮就滑上世界舞台,主宰了花滑运动,不仅拥有连续 10 次世界冠军、6 次欧洲冠军和至今无人打破的冬奥单人滑"三连冠"纪录,而且还通过 10 余部热门好莱坞电影与卖座的冰上巡回表演成为当时好莱坞收入最高的明星之一。凭一己之力推动花滑审美与技术的发展,促进花滑运动和冰上表演在欧美地区的普及,带领千千万万的青少年滑上冰场,所到之处万人空巷,称其"超级巨星",海妮当之无愧。

冰球大帝

——韦恩·格雷茨基

韦恩·格雷茨基在冰球界就如马拉多纳之于足球、乔丹之于篮球。他带领埃德蒙顿油人队5年4夺斯坦利杯、连续8年包揽联盟MVP、执教国家队勇夺冬奥金牌,是冰球运动史上公认的最伟大球员之一,是加拿大的骄傲,被赞誉为"冰球大帝"。

格雷茨基1961年出生在加拿大安大略省布兰特福德,2岁时的他就已穿上冰鞋,在别人学走路的时候便能带着冰球杆自由滑行。父亲老格雷茨基是一名业余冰球运动员,更是这个未来巨星的发掘者和引路人,格雷茨基的名言之一就出自父亲之口:"我要滑向球将到达的地方,而非它已在之处。"受父亲熏陶,他对冰球的理解远远领先于同龄人,称其为神童也毫不过分。6岁时,格雷茨基加入了由10岁孩子组成的布兰特福德·纳德罗夫斯基钢人队,虽然第一个赛季只进一球,但等他到10岁时,便在一个赛季实现了令人难以置信的378个进球和139次助攻。为了更好地向职业球员方向发展,14岁的格雷茨基加入了多伦多国民青年队,第一年就获得了年度最佳新秀的荣誉。1978年冰球世青赛上,格雷茨基在家乡父老面前荣膺世青赛最年轻的最佳射手,也是这一年,在安大略省青少年冰球联盟选秀中,圣玛丽灰狗队第三轮选中格雷茨基,那件标志性的"99"号球衣正式披挂上身。翌年,18岁的格雷茨基正式进入印第安纳波利斯竞争者队,赛季末他被交易到埃德蒙顿油人队,从此开启了辉煌传奇之路。

在征战NHL的头八年,格雷茨基每年得分均列联盟第一,也因此连续八年获得"最有价值球员"称号。同时,身为油人队队长的他率领球队5年中4次获得斯坦利杯冠军。格雷茨基对油人队和整个NHL的比赛风格都产生了重大影响,他使用的有助于激发团队配合的战术,使得油人队成为NHL历史上得分最高的球队。油人的队友这样评价格雷茨基:"他总是神一般的存在,这种魅力感染着队友,带领球队奔向终极目标。"正当格雷茨基春风得意之时,1988年夏季转会打击突如其来,27岁的格雷茨基被交易到洛杉矶国王队,背后的原因众说纷纭。新闻发布会上,格雷茨基饱含深情地告别老东家,掷地有声的"一朝油人人,终生油人魂"在当年激励了无数冰球少年把埃德蒙顿当成自己梦想的起点。是金子到哪里都发光,转会到洛杉矶国王的格雷茨基依旧是全队膜拜的对象,在最困难、最危急的时刻,他总能兵出奇招、化险为夷,只不过,他再没能染指总冠军。走过了埃德蒙顿油人、洛杉矶国王、圣路易斯蓝调,格雷茨基于1998—1999赛季在纽约游骑兵结束了职业生涯。格雷茨基是第九位也是最后一位退役后即进入名人堂的球员,也是历史上第一位球衣号码在全联盟退役的球员,在他之后,NHL再无99号。至此,格雷茨基经历了1487场比赛,凭借894个进球、1963次助攻,累计得到2857

分，因此有"2000分先生"的美名。值得称道的是，格雷茨基共拥有61项NHL纪录，这样的壮举不可复制，更是难以超越。

格雷茨基与冬奥会有4次交集：一次作为运动员，两次作为教练员，还有一次是冬奥大使。1998年长野冬奥会是NHL球员首次大规模"现身"，但巨星云集的北美两国意外爆冷，加拿大男子冰球队最终获得第四名，没有拿到冬奥金牌也成为格雷茨基职业生涯最大的遗憾。2002年，在美国犹他州举行的盐湖城冬奥会上，格雷茨基作为加拿大男子冰球队执行教练亮相，这一次枫叶国终于问鼎，格雷茨基也被铭记为将阔别50年之久的金牌带回加拿大的英雄教练。四年后，他再次担任加拿大男子冰球队执行教练出战都灵冬奥会。2010年的温哥华冬奥会是格雷茨基最后也最浓重的冬奥记忆。2003年7月，格雷茨基担任冬奥申办大使，在国际奥委会第115次全会上做了最后陈述，助力温哥华成功获得举办权，并担任了开幕式最后一棒火炬手和男子冰球队顾问。

不管是冰场上还是平日间，格雷茨基的言谈举止总显露出旁人少有的优雅。冰球是世界上对抗最激烈的运动之一，格雷茨基却给大家留下了温和、谦逊的共同印象，他打球干净利落、充满智慧，做事一丝不苟、严守规则，在20年的职业生涯中，几乎没有任何场上打架记录，并5次获得NHL联盟最佳道德风尚"宾夫人纪念奖杯"。退役后的冰球大帝继续着自己的冰球事业，他既是凤凰城郊狼队的所有者和主教练，也是多伦多"格雷茨基餐厅"的老板——所有产品尾数定价都是9毛9分，还是著名的韦恩·格雷茨基葡萄酒酿酒厂创始人，更是慈善家，韦恩·格雷茨基基金会在加拿大的善举不胜其数。然而，相比所有这些成就，格雷茨基最自豪的角色是作为父亲和丈夫，他与妻子珍妮特·琼斯育有5个孩子：女儿宝琳娜和爱玛，儿子泰伊、特雷弗和特里斯坦。

速滑"全能王"

——埃里克·海登

1980年2月,在普莱西德湖冬奥会速度滑冰比赛中,埃里克·海登完成了冬奥会历史上从未有过的壮举——在一届冬奥会上赢得5枚个人金牌。海登不仅包揽了500米、1000米、1500米、5000米、10000米所有男子速滑小项的冠军,而且每项都刷新了奥运纪录,其中1项还破了世界纪录。要知道,作为"冰上田径"的速度滑冰,运动员也有擅于短距离和中长距离之分,而一人全面横扫就好比让博尔特拿到中长跑金牌。

为了梦想

1958年,海登出生于美国威斯康星州麦迪逊市,幼年时期曾进行过包括冰球、橄榄球、自行车、举重等多项运动的系统练习,但他逐渐发现,自己更擅长速度滑冰。13岁时,海登在电视机旁全程观看了 1972 年札幌冬奥会，遂立志要拿到冬奥速滑金牌。从那时起，他便开始全力以赴练习滑冰，每天在冰上和旱地训练至少 5 个小时，甚至在家中的地下室还安装了一块 2 米宽的塑料板，闲暇时穿着袜子在上面模拟滑冰。随着年龄的增长，成为冬奥冠军的念头在海登心中有增无减，尽管同龄人无法理解他的抱负，但他坚信，只要持续耕耘，一定会有所收获。

1976 年因斯布鲁克冬奥会上，17 岁的海登分别于 1500 米、5000 米比赛中获得第 7 和第 19 名。随后的 1977—1979 三年间，海登获 2 次速滑世青赛冠军、3 次速滑全能世锦赛冠军、3 次速滑短距离世锦赛冠军，这位美国首位速度滑冰世界冠军的名字甚至在速滑强国荷兰和挪威都家喻户晓。不久，年轻的海登就迎来了在家门口实现梦想的机会。

冬奥辉煌

1980 年 2 月 13 日，第十三届冬奥会在美国纽约州普莱西德湖隆重开幕，海登代表全体运动员宣誓。15 日，500 米比赛拉开了速滑项目的序幕，在这个他并不太擅长的小项中，海登与上届冬奥会金牌得主、世界纪录保持者叶夫根尼·库利科夫同台竞技，两人在赛道上并驾齐驱，直到最后一个弯道时，苏联运动员速度略减，海登凭借 0.34 秒的优势获得第一枚冬奥金牌，并以 38 秒 03 的成绩创造了新的奥运纪录。第二天，海登在 5000 米比赛中领先世界纪录保持者挪威选手凯·斯坦什杰梅特 1 秒有余，斩获第二枚金牌。接下来的几天中，他先以 1.5 秒的优势赢得了 1000 米比赛，后在中途遇冰面缝隙险些摔倒出局的情况下，奋起直追，最终领先逾 1 秒拿到 1500 米冠军。2 月 23 日，这位21岁的速滑明星以14分28秒13的成绩、近8秒的巨大优势打破了男子10000米的世界纪录，摘得第五金。令人惊讶的是，在五连胜的前一天晚上，海登还熬夜为美国男子冰球队欢呼加油，比赛当天甚至睡过了头，早餐只匆匆吃了几片面包就冲到了冰场上。

海登的成就不仅是冬奥速滑圈的"天花板"，也是其他任何冬奥选手都难以比拟的——历史上唯一一位在单届冬奥会上赢得5枚金牌的运动员。尽管这位现象级人物在赛场上叱咤风云，于生活中却十分低调，曾有后来的美国速滑运动员描述说："除非有人告诉你，否则你永远不会知道他的成就，当人们因他的辉煌历史而惊讶时，他也只会说'嗯，那是我'，这就是海登。"这个1980年冬奥会的"金牌收割机"，在赛后拒绝了蜂拥而至的媒体采访和商业赞助，按照自己心中的计划，默默踏上新的征途。

速滑之外

在普莱西德湖取得巨大成功后，海登转为一名职业自行车手，不仅赢得了1985年美国职业自行车锦标赛冠军，还参加了1986年的环法自行车赛——是有史以来第一支参加环法自行车赛的美国队一员，并入选了美国自行车名人堂。海登一生都追求于完成自己的三个梦想：拿到速滑奥运金牌、成为职业自行车手、做一名医生。在成功完成前两个梦想后的1991年，海登从斯坦福大学医学院毕业，成为一名专门从事运动医学的整形外科医生，还担任了2002—2014年四届冬奥会的美国速滑队队医，并出版了一本名为《更快、更好、更强》的运动科学类书籍，更医治了无数运动员，帮助他们实现职业生涯的更好成绩。

  如今，花甲之年的海登在美国帕克城和盐湖城拥有自己的骨科诊所，手术台上的他一如42年前在谢菲尔德奥林匹克冰场上一样，沉稳镇静、心无旁骛，任何事都无法影响到他。

天生的冰壶运动员

——尼克拉斯·埃丁

在世界冰壶圈，尼克拉斯·埃丁的名字如雷贯耳，他曾率瑞典男子冰壶队四战冬奥，带回1金1银1铜3枚奖牌，他组建并带领的埃丁队是第一支也是唯一一支连续4个赛季赢得男子冰壶世锦赛的队伍。如今，他以38枚世界冰壶联合会赛事奖牌的成绩，与队中的三垒选手奥斯卡·埃里克森并列世界冰壶联合会冠军奖牌榜第一，在队伍中担任"一击定音"的四垒。

埃丁于1985年出生在瑞典恩舍尔兹维克的一个奶牛场，1998年长野冬奥会上瑞典女子冰壶队的夺牌让他对这项运动大感兴趣，并在翌年悄然开启了自己的冰壶生涯。16岁时，埃丁在大大小小冰壶赛事中的成绩让他顺利进入了当地的一所体育学院。两年后，他与队友在加拿大魁北克举行的冰壶世青赛上登顶，正是这次夺冠让他下定了做一名职业冰壶运动员的决心。然而，职业选手这条路在世纪初并不好走，彼时冰壶刚刚入奥，职业化还处于起步阶段，通过比赛得到的收入少之又少。埃丁不得不在每天辛苦训练之余依靠打零工维持生计，相继做过制冰机操作员、儿童冰壶培训师等多项兼职。也是在这段时间，他组建了日后享誉世界壶坛的"埃丁队"。随着在世青赛、混双欧锦赛上一路过关斩将，以及优秀选手的加入，这支前途无量的潜力股很快就受到了瑞典奥委会的关注，在奥委会的补贴下，埃丁和队友们得以全职训练和比赛，并迅速化解了瑞典前冰壶名将彼得·林霍尔姆退役后导致的冰壶竞争力下滑危机，开创了瑞典男子冰壶队横扫国际赛场的新时代。

在 2009—2010 赛季，埃丁队包揽了欧锦赛和瑞典男子锦标赛的冰壶金牌，但在男子冰壶世锦赛中的表现却不尽人意。同样的遗憾于 2010 年温哥华冬奥会重现，埃丁率领的瑞典男子冰壶队"棋差一着"，最终获得第四名，无缘领奖台。2014 年索契冬奥会，埃丁再次带队出征，在循环赛后以 8 胜 1 负的战绩位列第一，但半决赛中不敌大卫·默多克领衔的英国队。随后的季军争夺战中，前十轮投壶结束，瑞典队和中国队打成 4 比 4 平，依靠加时赛精密的战术布置，瑞典队最终胜出，来之不易的铜牌也成为埃丁职业生涯的第一枚奥运奖牌。此次冬奥会结束后，瑞典的两支顶级冰壶队——埃丁队与埃里克森队组成了新埃丁队，队长埃丁依旧担任四垒，三垒即是奥斯卡·埃里克森。新埃丁队在 2014—2018 年冬奥周期中，共斩获 3 次瑞典男子锦标赛冠军、4 次欧锦赛冠军以及 2 次世锦赛冠军，是公认的世界顶级强队。

2018 年平昌冬奥会上，埃丁带队在半决赛中碾压瑞士队，并在决赛遇到了实力处于劣势的美国队。但由于各种细小错误的累积，瑞典队在比赛临近结束的关键几壶上错失机会，丢掉了冠军宝座。这是一场让瑞典人扼腕叹息的失败，从那时起，埃丁就一直期待着北京冬奥会。

受遗传因素的影响，埃丁从青少年时期起就出现了背部问题，14岁时患上椎间盘突出症，多年的艰苦训练更是导致伤病缠身，陆续做了腰部、右肘、左膝、左肩、右脚踝等部位的十余次手术。尽管冰壶运动员的职业生涯普遍很长，如加拿大女选手珍妮弗·琼斯，在2014年索契冬奥会上夺冠时已经将近40岁，但埃丁的情况则大为不同，由于伤病的困扰，冬奥金牌梦随时可能破灭，所以这一次他必须把握住。为此，在备战北京冬奥会期间，埃丁每年训练时间超过1000小时，并通过打台球培养自己长时间集中注意力的能力，还会定期进行心理训练。

2022年北京冬奥会前，埃丁队已经连续在三届世锦赛中折桂，对冬奥金牌势在必得。冰立方内，由尼克拉斯·埃丁、奥斯卡·埃里克森、拉斯穆斯·弗拉纳、克里斯托弗·松德格伦组成的瑞典梦幻组合首先在循环赛中取得6比0的佳绩，随后又在半决赛中以5比3战胜劲敌加拿大队，最终经过加局以5比4击败英国队，最终获得北京冬奥会男子冰壶金牌。在颁奖典礼上，瑞典队中的这位"四朝元老"笑得最为开心。2个月后，埃丁率队继续在2022年男子冰壶世锦赛中以8比6力压加拿大队，实现"四连冠"。

二十余载征战赛场，埃丁所获荣誉无数，奖牌和奖杯在他瑞典卡尔斯塔德的家中随处可见，但唯有3枚冬奥奖牌，2014年铜牌、2018年银牌、2022年金牌被精心置放于显眼的玻璃柜中。从温哥华到北京，由第四名、第三名、第二名到第一名，埃丁一步一个脚印。北京冬奥会闭幕后不久，埃丁宣布这支名号19年之长的传奇之队会继续打到下一个冬奥周期结束，目标当然是米兰－科尔蒂纳丹佩佐冬奥会的冰壶金牌。

冬奥女王

—— 玛丽特·比约根

2018年平昌冬奥会上,挪威越野滑雪偶像玛丽特·比约根豪取5枚奖牌,不仅成为当届冬奥会登上领奖台次数最多的选手,更以8金4银3铜的成绩晋身为有史以来获冬奥奖牌最多的运动员,还追平了由她的同胞、冬季两项运动员奥勒·埃纳尔·比约恩达伦和越野滑雪运动员比约恩·戴利保持的纪录,并列为全球仅有的3位冬奥"八金王"。

玛丽特·比约根于1980年出生在挪威的特隆赫姆,7岁时第一次参加比赛,19岁踏入国际赛场。盐湖城冬奥会上,她虽然在15公里、30公里中仅分别排在第50名和第14名,但却代表挪威队斩获女子4×5公里接力赛亚军,拿到人生第一枚冬奥奖牌。同年,她在德国举行的国际雪联越野滑雪世界杯中获得个人短距离冠军,第二年在意大利举行的该赛事中蝉联冠军,职业生涯早期的比约根凭借出色的爆发力,成为短距离项目的一把好手。

都灵冬奥会的前一年，比约根在德国奥伯斯多夫越野滑雪世锦赛上摘得3金1银1铜的惊艳表现，使大家坚信，只要不出意外，都灵夺金"板上钉钉"。然而，就在开幕前一周，比约根突患支气管炎，赛时又频频胃痛，最后无奈以1枚10公里的银牌结束了此届冬奥行。

四年后的温哥华冬奥会，比约根已接近30岁，但优异的成绩昭示着挪威人的状态比以往任何时候都好。她首先在10公里中夺得铜牌，然后接连赢得个人短距离、双追逐、4×5公里接力3枚金牌，并收获了30公里亚军。由此成为这届冬奥会获奖牌最多的选手，更在回国后获颁霍尔门科伦奖章——挪威滑雪运动员的最高荣誉。

2014年，这位上届冬奥会的巨星在索契再放异彩，奖牌不断向她涌来，不仅成功地卫冕双追逐冠军，还拿到女子团体短距离的金牌，收官战中她击败了同胞特蕾莎·约豪格和克里斯汀·斯托默·斯特拉，赢得30公里集体出发的桂冠。随着第10枚冬奥奖牌的入账，比约根追平了此前越野滑雪女运动员——苏联的赖萨·斯梅塔尼娜和意大利的斯特凡尼娅·贝尔蒙多的奖牌纪录。与此同时，第6枚金牌的到来，也标志着她与苏联越野滑雪健将柳博夫·叶戈罗娃和速滑选手莉迪亚·斯科布利科娃并列成为冬奥会历史上拥有最多金牌的女运动员。既比斯梅塔尼娜和贝尔蒙多拥有更多金牌，又比叶戈罗娃和斯科布利科娃握有更多奖牌，比约根就此成为新一代冬奥女王，只不过，巅峰时刻还未真正到来。

平昌冬奥会上，已接近38岁"高龄"的比约根誓将不老传奇续写到底，赛场内外同样对这位冬奥女王的表现充满期待。开幕式后的第二天，她以双追逐银牌拉开了史诗级壮举的序幕。随后,比约根在 10 公里比赛中获得铜牌,在 4×5 公里惊心动魄的接力赛中作为最后一棒战胜了瑞典选手斯蒂纳·尼尔森,为挪威队夺得金牌,这是她职业生涯中的第 7 个冬奥冠军。最后一天的比赛中,比约根在 30 公里集体出发中拿到第 8 枚冬奥金牌。加上团体短距离的铜牌,15 枚冬奥奖牌总数比之前的纪录保持者奥勒·埃纳尔·比约恩达伦还多出 2 枚。

平昌冬奥会结束后,38 岁的比约根宣布退役。在她的职业生涯中,除了 15 枚冬奥奖牌外,还累计获得了 26 枚世锦赛奖牌,其中 18 枚是金牌。比约根的世界杯奖牌也是同样令人惊叹——在她参加的 2000—2018 年的世界杯中,共获得 184 次前三名和 114 次个人冠军,其中 2005、2006、2012、2015 年夺得总冠军,此外还赢得六个水晶球奖杯,这意味着她曾六次成为国际雪联越野滑雪年度积分最高的女运动员,足以证明她扎实的滑行技能和稳定的赛场发挥。

事实上,玛丽特·比约根的辉煌成就不能只归因于她是"带着滑雪板出生"的挪威人,更应归功于她科学认真的训练。自 19 岁参加国际大赛以来,比约根对自己每天的每项训练都有严格详细的记录,她的训练日记显示,早期的她每年训练大约 520 小时,到 30 岁出头也就是温哥华冬奥会大获全胜后,她的训练量显著增加,提高到每年 940 小时,即便是怀孕生子的 2015—2016 赛季,她花在训练上的时间仍接近 700 小时。

前贤多晚达,莫怕鬓霜侵。比约根用坚持成就了传奇,当 2018 年挥手离别赛场时,她的名字已成为冬奥历史上的一座丰碑,既令人景仰,也激励着后来者去传承和超越。

玛丽特·比约根冬奥会成绩一览表

年份	年龄	10公里	15公里	双追逐	30公里	个人短距离	4×5公里接力	团体短距离
2002	21	未参赛	50	未参赛	14	未参赛	银牌	/
2006	25	银牌	/	未完赛	未参赛	18	5	4
2010	29	铜牌	/	金牌	银牌	金牌	金牌	未参赛
2014	33	5	/	金牌	金牌	11	5	金牌
2018	37	铜牌	/	银牌	金牌	未参赛	金牌	铜牌

注:斜杠表示该届没有此项目的比赛。

"双奥"冠军
——艾迪·伊根

奥运赛场的领奖台永远只留给极少数的伟大拼搏者,若要在夏季和冬季奥运会不同项目上都获得奖牌更难比登天,历史上仅有6名运动员完成过这一壮举,而其中的艾迪·伊根则创造了"双奥"冠军的奇迹——1920年安特卫普奥运会轻重量级拳击比赛第一名和1932年普莱西德湖冬奥会四人雪车项目金牌得主。这位史上第一个也是唯一一个在冬、夏奥运会不同项目上都成功登顶的奇才其实还拥有更多身份:一战炮兵中尉、二战陆军中校、藤校校友、罗德学者、体育官员、律师。

1897年,艾迪·伊根出生在美国丹佛市的一个贫苦家庭,儿时的伊根就以一部微型小说中的主人公为榜样,立志毕生践行"真理、忠诚、爱国、责任和力量"的美好理想。12岁的伊根在牧场做杂役时首次接触到拳击,尽管很快就在这项运动上展现出惊人天赋,但他始终把主要精力放在学习上,只用业余时间打拳，为乐趣而战。1916年秋，19岁的伊根获得奖学金进入丹佛大学，入学没几个月便在美国西部业余拳击锦标赛中轻松获胜。1917年秋，伊根从丹佛退学应征入伍，成为驻扎法国的美国炮兵中尉，在接受一战炮火洗礼的同时还将美国远征军拳击桂冠收入囊中。1919年初，从战场归来的伊根在战友的鼓励下前往耶鲁大学，学习之余在基督教青年会担任体育教练，同年在全美业余拳击比赛上横扫一众对手，收获"全国业余冠军"的头衔。1920年夏，伊根以在校大学生的身份参加了安特卫普奥运会并在轻重量级拳击比赛中脱颖而出，随后分别于四分之一决赛和半决赛击败南非的托马斯·霍尔斯托克、英国的哈罗德·弗兰克，又在决赛中力克挪威选手斯维尔·索斯达尔，成功夺得人生第一枚奥运金牌。

从奥运会赛场回来的伊根活跃于耶鲁校园，既是校橄榄球队的主力，又担任校拳击队队长。1921年他以优异成绩从耶鲁毕业，并进入哈佛大学法学院学习，翌年，在罗德奖学金的资助下前往牛津大学深造。初到英格兰的伊根凭借拳击才华很快打开了一片天地，不仅在牛津拳击俱乐部颇受欢迎，还成为首位获英国业余拳击锦标赛冠军的美国人。1924年取得学位后，一个偶然的机会使他开始了为期两年的世界巡回赛。据他的妻子回忆："伊根走遍欧洲，甚至踏足印度、澳大利亚和新西兰，在每个国家都挑战了业余冠军，以不败之身完成了这次旅行。"但是，这位货真价实的"世界冠军"似乎从未想过进入职业拳坛，而是对法律情有独钟，最终从心所愿成为一名全职律师。

罗德奖学金

罗德奖学金雅承英国政治家、商人塞西尔·罗德爵士的遗愿于 1903 年设立,每年 11 月在若干国家和地区遴选百余名刚毕业的本科生前往英国牛津大学攻读任何专业的硕士、博士或第二本科学位,得奖者被称为"罗德学者"。罗德奖学金被公认为地球村最难申请的奖学金,有"世界本科生诺贝尔奖"的美誉,全球录取率仅万分之一。罗德学者的评定标准除了优秀的学术表现外,还包括个人特质、领导能力、仁爱理念、勇敢精神和运动素质等多个方面。

罗德奖学金逾百年的资助历史中,已培养出近万名罗德学者,覆盖美国、德国、澳大利亚、南非、巴基斯坦、牙买加、印度、中国香港等 30 多个国家和地区,其中不乏有人成长为大国总统、军界战将、商业巨子、诺奖得主、藤校校长、奥运冠军等。2015 年起,罗德奖学金在中国内地正式开放申请,每年 4 个名额,任何专业方向均可申请。

1932 年普莱西德湖冬奥会举办前夕,伊根与老朋友杰伊·奥布莱恩共进晚餐,后者是当时美国奥林匹克雪车委员会的负责人,他盛情邀请伊根加入美国雪车队参战冬奥会——原组合中一位运动员临时退出,从没坐过雪车的伊根则毫不犹豫地答应下来。那一年,由于持续高温和降雨,范霍文伯格山奥林匹克雪车赛道险象环生,先后有 6 人被送进医院,而由 1928 年圣莫里茨五人雪车金牌得主比利·菲斯克做舵手、奥布莱恩押后亲任刹车手、伊根和克利福德·格雷居中的四人组合,如有天助般四滑三胜,最终以 7 分 53 秒 68 的总成绩排名第一,比同胞亨利·翁布热率领的队伍快了将近 2 秒，德国组合获得季军。"那次滑行在我的记忆中永远地清晰可见，"伊根回忆最后一次滑行时说，"它只有大约两分钟，但对我来说似乎是一个永恒的过程。我记得被雪覆盖的地面就像一幅失焦的动态照片一样闪过，在离地面只有几英寸的地方飞速前进，我紧紧抓住带子，手好像在打滑，但我仍然紧紧抓住。"1932 年 2 月 15 日，艾迪·伊根通过雪车项目赢得人生第二枚奥运金牌，"双奥"奇才横空出世。

普莱西德湖冬奥会后，伊根重拾律师事业，在纽约开始了私人执业生涯，还在纽约南区担任了五年的美国助理检察官。第二次世界大战期间，他于空中运输司令部工作，以中校军衔退役。战后，伊根担任纽约州体育委员会主席。1956 年，艾森豪威尔总统任命他为人民体育委员会主席，他在余生中一直鼓励年轻人参加体育活动。1967 年，伊根因心脏病发作去世，享年 70 岁。1983 年，与拳王阿里、"跳远之神"鲍勃·比蒙等人成为美国奥林匹克名人堂的首批入选者。

美国奥林匹克名人堂

美国奥林匹克名人堂由美国奥委会于 1979 年建立，名人堂第一批成员于 1983 年入选，与艾迪·伊根同批的还有花滑名将迪克·巴顿、"拳王"穆罕默德·阿里、跳远名将鲍勃·比蒙、"20 世纪最佳田径运动员"杰西·欧文斯等。1992—2003 年，名人堂处于休眠状态，2004 年起恢复吸纳新成员。2020 年，名人堂入驻位于美国科罗拉多州斯普林斯市的美国奥林匹克博物馆。截至 2022 年 11 月，名人堂总共有 119 名奥运选手和残奥选手、11 支运动队、5 名教练和 19 名特别贡献者。

近年来的入选者确定过程分为两个环节。先由运动员、美国奥林匹克名人堂成员、历史学家和美国奥委会代表组成的提名委员会选出15名候选人,再通过网上公开投票选出正式入选者,即5名运动员、1个运动队、1名残奥会运动员和1名教练。在宣布入选者时,还会包括1名老将和1名"特殊贡献者"。

在伊根之后,还有五人追随他的脚步,成为在夏季和冬季奥运会不同项目上都赢得奖牌的运动员:挪威的雅各布·图林·塔姆斯、民主德国的克里斯塔·卢丁·罗滕伯格、加拿大的克拉拉·休斯、美国的劳林·威廉姆斯和艾迪·阿尔瓦雷斯。不过,"双奥"冠军的成就再无人能及。随着奥运赛场竞技比拼的日趋激烈,伊根式奇迹或许会永远闪耀在奥林匹克的历史长河中。

在夏奥会和冬奥会不同项目上都获得奖牌的运动员

运动员	国籍	赛会名称	参赛项目	奖项
艾迪·伊根	美国	1920年安特卫普奥运会	拳击男子轻重量级	金牌
		1932年普莱西德湖冬奥会	雪车男子四人	金牌
雅各布·图林·塔姆斯	挪威	1924年夏蒙尼冬奥会	跳台滑雪男子标准台	金牌
		1936年柏林奥运会	帆船男子8米级混合接力	银牌
克里斯塔·卢丁·罗滕伯格	民主德国/德国	1984年萨拉热窝冬奥会	速度滑冰女子500米	金牌
		1988年汉城奥运会	场地自行车女子个人追逐赛	银牌
		1988年卡尔加里冬奥会	速度滑冰女子1000米	金牌
			速度滑冰女子500米	银牌

续 表

运动员	国籍	赛会名称	参赛项目	奖项
		1992年阿尔贝维尔冬奥会	速度滑冰女子500米	铜牌
克拉拉·休斯	加拿大	1996年亚特兰大奥运会	公路自行车女子个人公路赛	铜牌
			公路自行车女子个人计时赛	铜牌
		2002年盐湖城冬奥会	速度滑冰女子5000米	铜牌
		2006年都灵冬奥会	速度滑冰女子5000米	金牌
			速度滑冰女子团体追逐赛	银牌
		2010年温哥华冬奥会	速度滑冰女子5000米	铜牌
劳林·威廉姆斯	美国	2004年雅典奥运会	田径女子100米	银牌
		2012年伦敦奥运会	田径女子4×100米接力	金牌
		2014年索契冬奥会	雪车女子双人	银牌
艾迪·阿尔瓦雷斯	美国	2014年索契冬奥会	短道速滑男子5000米接力	银牌
		2020年东京奥运会	棒球	银牌

了不起的飞鹰

——迈克尔·爱德华兹

每一届冬奥会上都有运动员战胜重重困难实现梦想,尽管他们中的一些人很难触及领奖台,但励志故事却感动着千千万万人,这些勇敢拼搏者的代表之一就是迈克尔·爱德华兹,他有个更广为人知的别称——"飞鹰艾迪"。艾迪是第一位代表英国参加冬奥会跳台滑雪的运动员,虽然在1988年卡尔加里冬奥会男子个人标准台和个人大跳台2个小项的比赛中双双垫底,可他的传奇经历和人格魅力却为之赢得了极高声誉,直到今天他仍然和34年前一样广受欢迎。

艾迪于1963年出生在英国彻特纳姆市的一个工人家庭,作为泥瓦匠的儿子,按照寻常思路,子承父业不失为一种稳妥的选择。只不过,艾迪从小就对学习父亲的手艺兴趣不浓,而是立志要登上奥运会的竞技场。为此,他尝试了各种运动,并终于在13岁第一次穿上滑雪板时确定了自己的强项。4年后,17岁的艾迪进入英国高山滑雪国家队,他的目标是参加 1984 年萨拉热窝冬奥会高山滑雪项目,但不幸未能获得参赛资格。可他并不打算轻易放弃奥运梦想,于是注意到了跳台滑雪这项运动。由于英国还从未有跳台滑雪运动员参加冬奥会,甚至全国都没有多少人了解这个项目,艾迪意识到如果以此为突破口,他进入冬奥会的机会要大得多。1986 年夏天,艾迪将目标锁定于 1988 年卡尔加里冬奥会,随即走上了坎坷遍布的备赛之路。

孤军奋战的艾迪缺少资金、装备破烂,只身一人来到 1980 年冬奥会的主办地——美国纽约州普莱西德湖,在美国教练约翰·维斯康的指导和滑雪器材管理员查克·伯霍恩的帮助下开始训练。虽然在美国雪场训练的开销比欧洲已便宜了许多,但全自费的艾迪依旧为资金发愁,训练之余,他从事任何能做的兼职工作,从铲雪到擦洗地板"来者不拒",但也仅能勉强维持生计。一年后,在参加世锦赛的途中,不舍得住旅馆的他甚至露营在芬兰的一家精神病院。除了资金的匮乏,英国滑雪协会的阻碍同样束缚着这位未来的"飞鹰"。因为英国此前从未有过跳台滑雪运动员参加国际大赛,英国滑雪协会担心艾迪给国家"丢脸",所以先后四次提高冬奥会参赛最低成绩标准,要求艾迪在世锦赛上必须跳出 65 米以上的距离才能代表英国参加冬奥会。但没有什么能阻止艾迪在实现梦想的道路上勇敢前行,他坚持每天练习跳跃 60 次,摔倒受伤都是家常便饭。1987 年跳台滑雪世锦赛上,苦练一年的艾迪虽在比赛中位居末位,但将近 70 米的飞行距离仍超过了此前英国滑雪协会规定的及格线。此时,艾迪的故事已在全球悄然流传开来,人们对他议论纷纷,但更多的声音是对其敢于追梦的肯定和支持。

当这位英国首个冬奥会跳台滑雪运动员抵达卡尔加里时,艾迪的粉丝举着巨大的横幅，上面写着"欢迎来到卡尔加里，飞鹰艾迪"，从此，"飞鹰艾迪"的绰号诞生了。比赛当天，在全球观众的瞩目下站上梦寐以求的冬奥会跳台的艾迪，戴着粉红色护目镜，穿着从头盔、滑雪服到滑雪靴、滑雪板等全套借来的装备——滑雪靴由于过于肥大甚至需要在里面套六双袜子——兴奋地向人群挥了挥手，台下成千上万名观众对他的欢呼声甚至不低于对当时的世界冠军马蒂·尼凯宁。稍作调整后，艾迪舔了舔嘴唇，神情坚毅地起身从陡峭的斜坡上呼啸而下，跃起飞翔时全世界都屏住了呼吸，在空中有点失去平衡的他挣扎了一下，很快又调整回正常飞行姿态，几秒后伴随着平稳落地，解说员呼喊道："飞鹰着陆了！"着陆瞬间艾迪激动地向观众挥舞双臂，坚持25年的人生梦想终于落地开花，赛后抱着滑雪板走出雪场的他被媒体团团包围，那一刻灿烂的笑容好似自己才是真正的冠军。最终成绩公布，艾迪在男子个人标准台和大跳台项目中均列最后一名，但由于是英国在冬奥会上的首位跳台滑雪选手，他依然创造了个人和英国纪录。

艾迪曲折艰难的参赛过程和百折不挠的拼搏精神让他成为卡尔加里冬奥会上的超级英雄，他用实践告诉世界，成功不是战胜所有人，而是突破自己。1988年卡尔加里冬奥组委主席兼首席执行官弗兰克·金甚至在闭幕式上提到了艾迪："你们（运动员们）打破了世界纪录，你们创造了许多自己的个人最佳成绩，你们中的一些人甚至像飞鹰一样翱翔。"然而，为了保证冬奥会的观赏性和竞技水准，在卡尔加里冬奥会后不久，"飞鹰艾迪规则"推出了，要求只有参加国际赛事并进入前30%或前50名的选手才有资格参加冬奥会。艾迪还想继续自己的跳台滑雪生涯，他参加了1989年世锦赛，尽管在成绩上取得了更大进步，却再没能获得冬奥会参赛资格。

退役后的艾迪终于子承父业，开始了泥瓦匠的日子，但"飞鹰艾迪"的精神已经深深刻进了他的生活中。工作之余的艾迪继续练习滑雪，取得了业余速度滑雪世界第九名的成绩，他还以自己的亲身经历出版了一本名为《滑雪道上》的畅销书，甚至在芬兰录制了几首流行歌曲，其中最有名的一首是《我的名字叫艾迪》。40岁时，他获得了英国德蒙福特大学的法律学位，还受邀做跳台滑雪表演为慈善机构筹款。除此之外，更有不少英国电视栏目邀请艾迪，无论是当主持人还是做节目评论员，艾迪都以"飞鹰"的形象活跃在荧幕上。2010年，艾迪受邀成为温哥华冬奥会加拿大温尼伯段的火炬手。2016年，基于他本人经历改编的传记电影《飞鹰艾迪》上映，艾迪的人气再次全球飙升，也让更多人了解到跳台滑雪这项运动。如今，花甲之年的他依旧活跃，不断地用真实经历诠释着何谓"人生最重要的不只是凯旋，还有奋斗"，激励着一代又一代追梦人。

十战七胜

——埃里克·弗伦泽尔

冬奥史上获得奖牌最多的北欧两项运动员并非来自北欧,而是七登领奖台的德国人埃里克·弗伦泽尔。

1988年,埃里克出生于德国萨克森州的安娜贝格-布赫霍尔茨。他对北欧两项的认知完全来源于父亲——拥有一名北欧两项教练父亲的体验或许就是2岁即穿上滑雪板,6岁便被送上滑雪跳台的顶端。2007年3月,18岁的埃里克在意大利塔维西奥获得世青赛个人冲刺赛冠军,同年,完成了国际雪联北欧两项世界杯首秀,彼时,谁也无法想到这个瘦弱的少年将是未来的赛场霸主,以连续五届总冠军的战绩成为世界上拥有最多水晶球奖杯的北欧两项选手。

2010年,埃里克来到温哥华,参加了人生第一届冬奥会,与队友约翰内斯·雷泽克、蒂诺·埃德尔曼、比约恩·基尔切森携手在惠斯勒赢得了北欧两项团体赛铜牌。一年后,埃里克在奥斯陆的霍尔门科伦山斩获世锦赛个人大跳台金牌，首次拥有了世界冠军的头衔，随后又拿到个人标准台铜牌以及 2 枚团体赛银牌，而这仅仅是他职业生涯中的一个小巅峰。2011 年 12 月，埃里克在利勒哈默尔赢得第一个世界杯冠军，并于接下来的 2012—2013 赛季，以 6 场胜利强势终结了法国人杰森·拉米·查普斯对北欧两项世界杯的统治，捧起荣耀无限的水晶球奖杯。2013 年 2 月，埃里克于意大利特伦蒂诺的个人大跳台赛事中第二次成为世界冠军，一个北欧两项实力派正在冉冉升起。

2013—2014 赛季，在奥地利塞菲尔德 18000 余名热情洋溢的观众注目下，埃里克横扫个人标准台 5 公里、10 公里和 15 公里的全部 3 个项目，被媒体称为"塞菲尔德之王"。由于在世界杯总积分榜上遥遥领先，埃里克显然是 2014 年索契冬奥会北欧两项赛场上的焦点。在俄罗斯高尔基跳台滑雪中心标准台上跳出 103 米的成绩后，埃里克与日本选手渡部晓斗逐渐"脱离"了越野滑雪的大部队，临近终点处，埃里克陡然发力，最终以 4 秒的优势获胜，拿到第一枚冬奥金牌，并凭借团体赛的亚军，将冬奥奖牌数提升至 3 枚。2017 年，埃里克创造了北欧两项运动前无古人的成就——连续第五次夺得世界杯总冠军，个人胜利达到 40 场。与此同时，他拥有了第五枚世锦赛金牌。

2018 年，担任国家队护旗手的埃里克在平昌迎来职业生涯的最高光时刻。尽管落后于跳台滑雪标准台比赛中成绩最好的奥地利选手弗朗茨·约瑟夫·雷尔 36 秒出发，但越野滑雪赛的收尾阶段，索契决战的经典情景重现，埃里克在困难系数最大的最后一个爬坡上发起了势不可挡的总攻，当进入体育场冲刺赛段时，成功甩开渡部晓斗，率先冲线，成为继民主德国运动员乌尔里希·韦林后，又一位卫冕冬奥会北欧两项个人标准台冠军的选手。

随后的个人大跳台变成了展示德国力量的舞台，埃里克与同胞法比安·里斯勒、约翰内斯·雷泽克分获铜牌、银牌和金牌。团体赛中，由埃里克、文森兹·盖格、法比安·里斯勒和约翰内斯·雷德泽克组成的黄金搭档在 4×5 公里的全程表现突出，以 52 秒以上的巨大优势战胜了上届冠军挪威队。对埃里克来说，这场胜利也意味能够与奥地利的费利克斯·戈特瓦尔德、芬兰的萨姆帕·拉尤宁并肩成为获得北欧两项冬奥金牌最多的运动员。

平昌冬奥会的辉煌确立了 29 岁的埃里克在北欧两项运动中的头号种子地位，状态正佳的他又不负众望地在 2019、2021 年世锦赛上拿到了 2 金 2 银 1 铜。北京冬奥会前，埃里克被视为夺冠大热门，媒体普遍预测他具备夺得 2—3 枚金牌的实力，然而，出乎所有人意料的是，新冠病毒竟成为其登上最高领奖台的绊脚石：因核酸检测呈阳性且一直无法复阴，埃里克无奈错过了北京冬奥会的 2 项个人赛，直至团体项目开始前，才终于解除隔离。重归赛场的他没有浪费来之不易的机会，联手队友曼努埃尔·法伊斯特、尤利安·施密德、文岑茨·盖格尔力挫日本队摘得银牌，一举成为冬奥会历史上获奖牌数最多的北欧两项运动员。

如今，拥有 7 枚冬奥奖牌、7 次世锦赛冠军、5 次世界杯总冠军的埃里克在国际雪联官网的注册信息依旧处于活跃状态，各大赛场上时常能够看到他的身影，这位血液中流淌着北欧两项"基因"的老将或在 2026 年米兰-科尔蒂娜丹佩佐冬奥会创造新的奇迹。

埃里克·弗伦泽尔冬奥会成绩一览表

年份	年龄	男子个人标准台+10公里越野滑雪	男子个人大跳台+10公里越野滑雪	男子团体大跳台+4×5公里越野滑雪
2010	21	10	40	铜牌
2014	25	金牌	10	银牌
2018	29	金牌	铜牌	金牌
2022	33	未参赛	未参赛	银牌

钢架雪车无冕之王

——马丁斯·杜库尔斯

凭借 11 次世界杯总冠军、12 次欧锦赛冠军、6 次世锦赛冠军和 2 次冬奥会亚军的耀眼成绩,马丁斯·杜库尔斯被尊称为钢架雪车"超人",在他 20 余载的职业生涯中,只差一枚冬奥会金牌,是名副其实的钢架雪车"无冕之王"。

1984 年,马丁斯·杜库尔斯出生于拉脱维亚,和长他 3 岁的哥哥托马斯·杜库尔斯一起在著名的锡古尔达雪车雪橇赛道旁长大,这条赛道正是由他们的父亲——拉脱维亚前雪车运动员丹尼斯·杜库尔斯管理。1994 年,当第一次看到钢架雪车后,丹尼斯就决定将这个项目引入锡古尔达赛道,他召集了一些志愿者来体验,其中便包括 2 个儿子马丁斯和托马斯。马丁斯很快被这项运动的魅力所折服,尤其当听到钢架雪车再次进入冬奥大家庭的消息时,做一名职业钢架雪车运动员的梦想就已深植其心。

2004 年,不足 20 岁的马丁斯开始参加世界杯比赛。2006 年,顺利获得都灵冬奥会参赛资格的同时，马丁斯还拿到了经济学学士学位。这届冬奥会共有27名运动员参与比拼，首战冬奥的他表现不俗，排名第七。2008年2月，马丁斯赢得人生第一座世界杯冠军，并连续3年取得世界杯总成绩前三的佳绩，还于2009—2010赛季获得了世界杯总冠军。与此同时，随着第一座欧锦赛冠军的入账，更拉开了他狂揽12座欧锦赛冠军的辉煌序幕。

2010年温哥华冬奥会开幕式上，马丁斯担任拉脱维亚体育代表团旗手，随后在惠斯勒滑行中心的首轮比赛中创下了52.32秒的纪录。加拿大运动员乔恩·蒙哥马利主场作战，于接下来的两轮中都名列第一，但最后一轮比赛前仍落后马丁斯0.18秒。至总成绩公布，蒙哥马利以领先0.07秒的优势夺冠，马丁斯屈居亚军。短暂消化失望情绪后，他对世界杯再度重拳出击，2010—2011赛季的5场比赛全部获胜，2011—2012赛季以7场胜利位居榜首，并在接下来的2012—2013赛季中几乎横扫对手，获得9场比赛中的8个冠军、1个亚军，2013—2014赛季第五次捧得世界杯总冠军。由于史无前例的出色表现，全世界的钢架雪车迷送给他"超人"的昵称，在2012年钢架雪车世界杯总冠军颁奖典礼上，他正是身着超人装扮接过水晶球奖杯，那一刻，钢架雪车巨星的光彩在粉丝们眼中无比闪耀。

2014年索契冬奥会前，刚刚入账的2014—2015赛季世界杯总冠军奖杯让马丁斯成为当之无愧的夺冠热门，他的目标也是那枚早应得到的冬奥金牌。然而在4轮比赛中，俄罗斯的亚历山大·特列季亚科夫表现更为突出，以0.81秒的优势摘金，马丁斯又获银牌。不过，已发挥出自己全部水平的他并不觉得遗憾，与金牌的擦肩而过反倒激起更强斗志。2015年，马丁斯在德国温特贝格再次夺得世锦赛冠军，次年在奥地利伊戈尔斯成功卫冕，并于

2017年在德国柯尼希斯湖拿到职业生涯的第五个世锦赛冠军。与此同时，他也未让2015—2016、2016—2017赛季的世界杯总冠军旁落。

2018年平昌冬奥会倒计时阶段，马丁斯已连续9次成为欧锦赛冠军（2010—2018）。不过，这一年他在世界杯上的长期统治被韩国选手尹诚彬抢了风头，不仅如此，后者还在本土作战的平昌冬奥会上以4轮比赛全部第一的战绩将金牌收入囊中。至于马丁斯，则因比赛中的一次小失误而整体落后尹诚彬1.76秒，获得第四名。原本计划在这届冬奥会后退役的他十分不甘心，于是咆哮着再度杀回赛场，夺得2019年欧锦赛和世锦赛双冠军，并接着拿下了2020、2022年欧锦赛冠军。世界杯赛场上同样风光无限，奋起斗志的马丁斯在接下来连续三个赛季获得世界杯总冠军，11次世界杯总冠军的纪录不禁让人惊呼当年的钢架雪车之王又回来了。

2022年北京冬奥会上，大家的目光再次聚焦于这名老将，但令人叹息的是，马丁斯又一次遭遇冬奥魔咒，过去几年无往不胜的他最终"兵败"延庆，仅位列第七。

在马丁斯38年的人生里，钢架雪车几乎是他的全部，这个在雪车雪橇赛道边长大的孩子，从小就立下为拉脱维亚争取荣誉的目标。长大后，他用一个个冠军和纪录，将拉脱维亚的国名带到全世界，5次被评为拉脱维亚年度最佳运动员，还被授予三星勋章——拉脱维亚的最高荣誉，通常只授予国家元首、皇室成员和政要。从2006年都灵到2022年北京，身边的对手换了一批又一批，马丁斯却从未缺席，每次赛后，他都是笑着向对手和观众竖起拇指离开赛道的那位。虽然2022年仍未圆梦，但这位战神级运动员已用6届世锦赛冠军、12届欧锦赛冠军、61次世界杯冠军证明了自己是钢架雪车赛场中当之无愧的"超人"。2022年8月，马丁斯在社交媒体上宣布退役，开启人生的新篇章。冬奥金牌或许是他一生的遗憾，但在钢架雪车的历史长河中，马丁斯·杜库尔斯的名字无疑会永远被铭记，并将激励一代又一代年轻的钢架雪车运动员奋起搏击、挑战极限。

专为冬奥会而生的比赛型选手

——谢蒂尔·安德烈·奥莫特

挪威选手谢蒂尔·安德烈·奥莫特为人谦逊、低调,但穿上滑雪板的他气冲霄汉,宛若一条鲨鱼游转于雪海之中,被冠以绰号"鲨鱼宝宝"。他参加了1992、1994、1998、2002和2006年冬奥会,曾在20岁和34岁时成为赢得高山滑雪金牌最年轻和最年长的运动员,是冬奥历史上功勋最卓著的高山滑雪健儿。

奥莫特1971年出生于挪威奥斯陆,自幼崇拜86次世界杯冠军、瑞典传奇高山滑雪运动员英格玛·斯滕马克,幼年的奥莫特放学后总喜欢赶回家在电视上观看斯滕马克的比赛。奥莫特的父亲是一名高山滑雪教练,在偶像的激励和父亲的教导下,18岁的他就已是世界青年滑雪锦标赛超级大回转亚军。

奥莫特的首次冬奥亮相充满了坎坷。1991年11月,正在紧张备战中的奥莫特突患单核细胞增多症,不得不住院治疗进行静脉滴注喂养,这让他的体重暴减22斤。医生要求他半年内不能上雪,然而仅 2 个月后,他便回到了阿尔贝维尔冬奥会集训队中。1992 年 2 月 9 日,奥莫特在滑降比赛中的表现中规中矩,于 56 位选手中排名第 26。但一周后,在超级大回转项目中,他一举成为高山滑雪有史以来最年轻的冬奥冠军,也是自 1952 年斯坦·埃里克森夺得大回转金牌 40 年后,挪威又一位冬奥会高山滑雪金牌得主。奥莫特铆足劲儿冲击两天后的大回转冠军,却止步铜牌。由于在最后一场回转比赛第二轮中错过一个旗门,奥莫特的回转成绩被判无效。不过,这届冬奥会后不久他便赢得了世锦赛大回转的金牌。

1994 年利勒哈默尔冬奥会正值奥莫特竞技状态的上升期,此前他刚在 1993 年世界杯中获得超级大回转和大回转的冠军,并成为 1994 年高山滑雪世界杯总冠军,人们对他的表现充满期待。在克维特夫耶尔滑雪场,3 万名挪威观众为他振臂高呼,滑降再次成为他的首项赛事,奥莫特最终以 0.04 秒的微弱差距摘银,4 天后在超级大回转比赛中继续进账 1 枚铜牌。本土作战的奥莫特还参加了全能项目的竞争,以合计 3 分 18 秒 55 的成绩赢得 1 枚银牌,与挪威队友拉塞·库斯和汉斯·克里斯蒂安·斯特兰·尼尔森一起出席了颁奖仪式,这是自 1956 年来再次由同一国家的运动员横扫高山滑雪领奖台。最后的回转比赛中,奥莫特又一次未能完成第二轮比赛。

四年后,长野冬奥会的结果远未达到奥莫特的预期,其最好成绩仅是超级大回转比赛的第五名,但不佳的战绩并非这位世界顶级高山滑雪运动员的职业谢幕,反而是大爆发前的沉寂。2002 年盐湖城冬奥会已是奥莫特的第四次冬奥之旅,30 岁的他参加了全部 5 个小项的竞争。在获得滑降第四、大回转第七、回转第六后,奥莫特于一向擅长的超级大回转中拿下了自己的第二枚奥运金牌,并紧接着站上了全能比赛的最高领奖台。

2006年都灵冬奥会上,这位意气风发的比赛型选手带伤出战,参加了超级大回转和滑降项目。作为当时世界排名第六的选手,奥莫特以0.13秒的优势力压头号种子赫尔曼·迈尔,晋级超级大回转"三冠王",同时以34岁的年纪成为当时最年长的高山滑雪冬奥冠军。这一战也使他成为冬奥有史以来获金牌、奖牌最多的高山滑雪运动员,该纪录至今无人能破。1年后,35岁的他告别赛场,结束了职业生涯。

除了8枚冬奥会奖牌,谢蒂尔·安德烈·奥莫特还获得过5枚世锦赛金牌以及21次世界杯冠军,在世界杯全部5个高山滑雪项目上都有金牌入账,历史上有此成就的男选手总共只有5人。回顾近20年的职业生涯,热爱是他坚持下去的最大动力。奥莫特说自己做过的极刺激的事情是驾驶F16战斗机和F1赛车,但都比不过坐在零下20摄氏度的缆车上,准备从山顶穿越终点线。"我真的很喜欢以每小时110公里的速度从山上冲下的感觉。"他在采访中多次表示。

退役后的奥莫特不再一年滑雪180多天,他留下大部分时间陪伴家人,同时在挪威高斯塔布利克经营着一个滑雪比赛营地,每年都为百余名学童组织滑雪比赛,与孩子们分享他丰富的滑雪知识,还有他对滑雪特别的热爱。

谢蒂尔·安德烈·奥莫特冬奥会成绩一览表

年份	年龄	滑降	超级大回转	大回转	回转	全能
1992	20	26	金牌	铜牌	未完赛	未参赛
1994	22	银牌	铜牌	12	未完赛	银牌
1998	26	13	5	未完赛	未参赛	未参赛
2002	30	4	金牌	7	6	金牌
2006	34	4	金牌	未参赛	未参赛	弃权

冬季两项之王

——奥勒·埃纳尔·比约恩达伦

迄今为止,获冬奥会金牌最多的运动员共有 3 位,成绩都是 8 枚,均来自挪威。其中的玛丽特·比约根和比约恩·戴利是越野滑雪选手,另一位就是有着"冬季两项之王"称号的奥勒·埃纳尔·比约恩达伦。在他 25 年的职业生涯中,曾连续参加过 1994—2014 年的六届冬奥会,共收获 8 金 4 银 1 铜,截至北京冬奥会结束,比约恩达伦依旧牢牢占据着冬季两项金牌榜、奖牌榜双第一。

比约恩达伦于 1974 年出生在挪威斯特兰达的一座农场,16 岁进入盖洛体育学院训练冬季两项。1994 年利勒哈默尔冬奥会举办前,20 岁的他顺利成为冬季两项国家队队员,在自家门前的博克贝纳恩滑雪场完成了冬奥首秀。比约恩达伦在 20 公里个人追逐赛和短距离中分列第 36 名和第 28 名,同时作为东道主接力队的一员获得男子接力赛第七名。虽然并未有令人惊艳的成绩,但初出茅庐的这段经历让他受益匪浅。4年后在长野冬奥会短距离比赛中，比约恩达伦赢得人生第一个冬奥冠军，并在接力赛中收获银牌。如此跨越式的战绩并非偶然，此前他的1996—1997赛季世界杯总排名已上升到世界第二。

2002年盐湖城冬奥会无疑是比约恩达伦的冬奥巅峰时刻，这届冬奥会赛前的世界杯巡回赛上，他就已横扫了全部3项的世界杯金牌。在盐湖城士兵谷滑雪场的比约恩达伦状态正佳，对奖牌充满了渴望，他甚至参加了越野滑雪30公里的比赛，在参赛的78名选手中排名第五，距离领奖台仅1.8秒之差。休息一天后，他接连在个人赛、短距离、追逐赛和4×7.5公里接力赛中取得全面胜利，包揽了冬季两项男子所有4个小项的金牌，成为迄今为止冬季两项有此成就的唯一一人。

当比约恩达伦到达都灵冬奥会赛场时，已是万众瞩目的顶尖冬季两项运动员，并在过往的四年里，包揽了三次世界杯冠军。不过，这届冬奥会上，他与金牌失之交臂，仅收获了个人赛和追逐赛的银牌，以及集体出发的铜牌。2009年，当赢得自己的第87次世界杯冠军时，他超越了瑞典高山滑雪运动员英格玛·斯滕马克，成为世界杯历史上最成功的滑雪运动员。在一年后的温哥华冬奥会上，这位挪威人将自己的奖牌总数提高到了11枚，他先在个人赛中获得银牌，又与队友一起夺得接力赛冠军，创下了冬季两项运动员的奖牌纪录。

在2014年索契冬奥会的冬季两项比赛中，比约恩达伦勇摘10公里短距离金牌，并与队友通力合作，以领先第二名32秒6的巨大优势折桂混合接力赛，从而将自己的冬奥奖牌增加至13枚，这也使他超越了同胞、越野滑雪运动员比约恩·戴利，成为获冬奥奖牌最多的运动员。尽管四年后，这两个挪威人在奖牌榜上被玛丽特·比约根超越，但并不影响比约恩达伦依旧是冬季两项赛场上的绝对王者。

除了在六届冬奥会比赛中表现神勇，比约恩达伦还拥有19个世界冠军的头衔，另外，他曾160次进入世界杯的前三名，获过93个世界杯分站赛的冠军，甚至还在越野滑雪比赛中得过世界杯冠军。比约恩达伦的非凡成就和超乎常人的稳定发挥在很大程度上要归功于一丝不苟的科学训练，他从16岁起每年都要进行900—1000个小时的训练。在盐湖城冬奥会之后，比约恩达伦的影响力达到顶峰，他独特的训练方式开始被许多运动员效仿。通常在备赛期间，为提早进入比赛状态，比约恩达伦都会远离家乡，独自一人到海拔1500米的山里进行训练。他独创的射击方法也备受欢迎，此前在冬季两项的射击比赛中，运动员每次射击前都要进行两次呼吸调整，但比约恩达伦只进行一次，这个小小的改变能让射击5发子弹的时间减少一半以上，连他在射击时用来遮挡光线的眼罩上画着一只圆睁的眼睛这样的小细节都成为风靡一时的潮流。此外，他还是第一个与私人射击教练、运动心理学家合作的冬季两项运动员，对冬季两项的热爱持续推动他不断重塑自我，更凭一己之力提高了这项运动的专业训练标准。

退役后的比约恩达伦受聘于中国冬季两项国家队，与白俄罗斯妻子达荷亚·多姆拉切娃（冬奥会冬季两项4枚金牌得主）分别以主教练和女队教练的身份帮助中国队备战了2022年冬奥会，使得中国队的个人成绩和团体成绩纷纷取得里程碑式进步。国际奥委会主席巴赫曾称赞他："奥勒·埃纳尔·比约恩达伦是有史以来最伟大的运动员之一，是全世界年轻运动员的榜样。"

奥勒·埃纳尔·比约恩达伦冬奥会成绩一览表

年份	年龄	个人赛	短距离	追逐赛	集体出发	男子接力	混合接力
1994	20	36	28			7	
1998	24	7	金牌			银牌	
2002	28	金牌	金牌	金牌		金牌	
2006	32	银牌	11	银牌	铜牌	5	
2010	36	银牌	17	7	27	金牌	
2014	40	33	金牌	4	22	4	金牌

注：斜杠表示该届没有此项目的比赛。

意大利"食人族"
——阿尔明·佐格勒

2014年2月9日,当阿尔明·佐格勒在索契山崎奥林匹克滑行中心赢得男子雪橇铜牌时,这位40岁的老将创造了一项前无古人的纪录:连续参加六届冬奥会且从未空手而归——2002、2006年摘金,1998年夺银,1994、2010、2014年揽铜。无与伦比的冬奥夺牌成绩,加上系列国际大赛中的超级冷静和稳定发挥,所向披靡的他被送以"食人族"的称号。

1974年,阿尔明·佐格勒出生于意大利南蒂罗尔州的梅拉诺。因为冬日寒冷、路面冰冻,小学期间的每天早上,佐格勒都会乘雪橇从位于梅拉诺福亚娜山家里的农场一路滑行到学校,这条长达3公里的滑行路线也是他的启蒙训练场。都说兴趣是最好的老师,佐格勒也不例外,爱滑雪橇的他很早便加入了福亚娜体育俱乐部,并在11岁就赢得了天然赛道上举行的国际比赛。到了14岁时,俱乐部教练谢韦林·翁特霍尔茨纳鼓励佐格勒转滑人工赛道，这为他日后在冬奥会上大获成功埋下了种子。或许教练都没想到自己能如此慧眼识珠，转滑人工赛道的当年，佐格勒即在青少年世界杯上大获全胜，随着1992、1993年相继获得雪橇青少年世锦赛银牌和金牌，年仅19岁的佐格勒顺利进入意大利国家队。

1994年，20岁的佐格勒在挪威利勒哈默尔以1枚铜牌的战绩完成了他的冬奥会处子秀，与两位雪橇传奇人物——德国运动员乔治·哈克尔、奥地利选手马尔库斯·普罗克一同登上领奖台。4年后，在1998年长野冬奥会上，挡在佐格勒身前的只剩哈克尔一人。时间来到21世纪，2002年的盐湖城冬奥会上，他再次与老对手哈克尔和普罗克同列三甲，但这一次佐格勒站上了最高领奖台。4年后，当冬奥会在他的家乡意大利都灵举行时，佐格勒有机会在自家门口的切萨纳赛道上主场作战冲击金牌。前两轮滑行中，佐格勒意气风发，熟悉赛道的他信心十足，成绩遥遥领先，然而，在第三轮获得第二名后，他在最后一轮仅排第五。不过，最终4轮成绩的加总使其以0.11秒的优势坐稳了头把交椅，成功卫冕，也因而获得了曾属于常胜将军乔治·哈克尔的"当今最优秀的雪橇运动员"的头衔，据佐格勒回忆，这是他职业生涯中最美好的时刻。

2010年，36岁的佐格勒与以菲利克斯·洛赫、大卫·穆勒为代表的新一代德国雪橇天才在温哥华冬奥会上交手，小他15岁的洛赫成功夺冠，佐格勒收获1枚铜牌，平了哈克尔连续五届冬奥会均有奖牌入账的纪录。2013年12月18日，在意大利罗马奎里纳尔宫，总统乔治·纳波利塔诺将意大利国旗交予阿尔明·佐格勒，随后这位开幕式旗手在举国瞩目下参加了人生第六届冬奥会。面对众多年轻对手，索契雪橇赛道上的佐格勒全无惧意，4

轮比赛结束后，以 3 分 28 秒 797 的总成绩位列菲利克斯·洛赫、阿尔伯特·德姆琴科之后，又一次站上领奖台，而这枚铜牌也让他成为历史上第一位连续六届冬奥会都有斩获的运动员，里程碑式的人物就此诞生。

  索契冬奥会结束不久，佐格勒宣布退役。通常，对于职业雪橇运动员来说，25 岁可谓巅峰年龄，30 岁左右便进入重在参与的阶段，而佐格勒凭借自己摸索的训练方法将职业生涯延续到了不惑之年，创造了不老奇迹：尽管退役时已经 40 岁了，但他仍和以前一样壮实，卧推推起 140 公斤的大重量绝不在话下。这样强壮的身躯，让"食人族"在逾 20 年的职业生涯中获得 6 次世界冠军头衔，以及 16 枚世锦赛奖牌、18 枚欧锦赛奖牌、10 座世界杯男单总冠军和无人能及的 57 场世界杯个人胜利，传奇中的传奇非他莫属。退役后的佐格勒变身意大利国家队技术指导，21 岁的女儿尼娜·佐格勒也追随其脚步在延庆"雪游龙"完成了冬奥会首秀，年轻的她有望继承父亲的天赋，在未来一展才华。

自由式滑雪之父

——斯坦·埃里克森

踌躇满志的笑容、英俊挺拔的外表、蓬松茂密的金发和别具一格的滑雪范儿是斯坦·埃里克森的标志,在自由式滑雪领域,他是无可争议的第一宣传者和代言人,这位出生在冬季也长眠于冬季的先驱者从蹒跚学步起就开始滑雪,没想到这一滑就在身后留下了不可磨灭的足迹,为世界冬季运动留下了丰厚的遗产。

斯坦·埃里克森于1927年出生在挪威奥斯陆的一个体育世家,父亲马吕斯·埃里克森不仅是跳台滑雪运动员,还曾以体操选手的身份参加过1912年奥运会,退役后从事滑雪设备生产和销售,母亲波吉特是当地妇女滑雪社团的主席。父母的启蒙教育让他得以在很小的年纪就磨炼出扎实的滑雪基础和良好的滑行姿态。随着年龄的增长,埃里克森对滑雪的热情有增无减,就算是在二战纳粹占领挪威时期,类似滑雪的大型聚会被明令禁止时,抵不住白雪诱惑的他还是会悄悄在隐蔽的森林中练习,甚至还和朋友们组织秘密雪上技巧比赛。常年的滑行练习让埃里克森逐渐成长为一名出色的高山滑雪运动员，并成为 1948 年圣莫里茨冬奥会挪威代表队的一员。次年，他赢得挪威国家滑雪比赛高山滑雪冠军，紧接着在 1950 年美国科罗拉多州阿斯彭高山滑雪世锦赛上获得回转铜牌。

在 1952 年奥斯陆冬奥会上，本土作战的埃里克森以领先奥地利选手克里斯蒂安·普拉夫达 2 秒的成绩夺得高山滑雪大回转金牌和 1 枚回转银牌，成为首个非阿尔卑斯山地区的冬奥会男子高山滑雪金牌得主，还因此收获了祖国挪威颁给他的霍尔门科伦奖章。此后的 2 年，埃里克森一直辗转于各大滑雪赛事中，特别是在 1954 年高山滑雪世锦赛上，狂揽回转、大回转、全能 3 枚金牌。不过，雪场上成绩了得的埃里克森一旦完成了比赛，往往就"原形毕露"，从小在树林里练出的功夫加之体操背景，使他总能自出机杼地变出新花样。例如，当滑下山坡时，所经之处常能卷起团团积雪，雪粒在阳光照射下熠熠生辉，穿着挪威风格毛衣的埃里克森此时会以优雅时尚的姿态在地形多变的雪道上如履平地，不时纵身高高跃起，调皮地在空中摆出造型，这样随性自由、肆意快乐的滑雪方式在今天看来，便是雪上技巧和空中技巧的结合体。也正因如此，状态巅峰期的埃里克森并没有选择继续纵横赛场，而是决定急流勇退转型为教练，以让自己的滑雪才能发挥得更加淋漓尽致。

20 世纪 30 年代后期，滑雪场、索道、拖牵在美利坚的山麓上如雨后春笋般涌现，随着滑雪场硬件设施的革新和完善，这项运动受到越来越广泛的关注。在荣膺"三金王"之前，埃里克森就于 1953 年移民到美国。1954 年，他在密歇根州博因山滑雪场如愿成为一名滑雪教练，还获得了管理职位，开启了自己辗转多地的"校长"生涯。随后的十几年中,除了博因山,他还在加利福尼亚州天堂谷、密歇根州松树诺布、佛蒙特州休格布许、科罗拉多州斯诺马斯和阿斯彭、犹他州帕克城等美国多个滑雪胜地担任滑雪学校校长或主任,将全部精力转移到滑雪运动的分享和推广上。不同于寻常概念中的"校长",这位前奥运冠军可不会天天坐在办公室,无论走到哪个滑雪场,痴迷滑雪的他都是天天泡在雪道上,每当周日中午 1 点,天气晴朗时,埃里克森就会结合他的体操和滑雪才能,表演各种空中技巧。人们站在雪道旁,边吃午餐边观赏他翻腾,甚至会付费观看他的表演,这种情景前所未有。无疑,埃里克森表演的各种空中技巧和优雅而鲜明的滑雪风格被视为自由式滑雪的最初探索。

埃里克森别具一格的工作和生活方式也让他成为一名广受欢迎的滑雪场管理者,他最终于 20 世纪 60 年代后期在犹他州的帕克城定居,并直接参与了著名的帕克城滑雪场的布局规划与开发建设。他的声望巩固了帕克城冬季运动胜地的地位,美国国家滑雪队还将这里设为永久总部且常年在此训练。1981 年,犹他州滑雪产业大亨埃德加·斯特恩聘请埃里克森着手建立鹿谷滑雪度假村并担任滑雪总监,还将这个度假村中美丽的旅舍以斯坦埃里克森的名字命名。在滑雪度假村建成后,人们总能在小屋偶遇到与滑雪爱好者热情攀谈的埃里克森,该度假村后来与帕克城滑雪场一起承办了 2002 年盐湖城冬奥会部分雪上项目的比赛。

2015 年 12 月 27 日,担任鹿谷滑雪度假村滑雪总监一职达 35 年的埃里克森在他帕克城的家中去世,享年 88 岁。3 年后的 12 月 11 日——埃里克森生于 1927 年此日,前犹他州州长迈克·莱维特将这一天命名为斯坦·埃里克森日,以纪念他对犹他州及全球滑雪界的重大影响。此外,埃里克森还在 1982 年入选美国国家滑雪和单板滑雪名人堂，于 1997 年被挪威国王授予皇家功勋勋章——挪威政府授予海外侨胞的最高荣誉。

斯坦·埃里克森的魅力在于，他帮助人们认识到滑雪不仅仅是一项运动，更是一种生活方式。他在 70 岁高龄时，仍与一众年轻滑雪运动员们激烈角逐参加滑雪慈善赛事；他在得知滑雪运动员受伤后，会第一时间与其联系，给予祝福和鼓励；他直到 80 岁左右，仍然坚持每天中午在帕克城滑雪场表演后空翻，将自己对滑雪的热爱真正融入生活中；他在接受电视节目采访时，会带着老式木制滑雪板和皮靴来追忆早期的滑雪运动。作为滑雪领域第一位享誉全球的巨星，作为自由式滑雪早期的先驱者和普及人，埃里克森也被大家尊称为"自由式滑雪之父"，他的故事犹如一盏明灯，照亮了每一位在滑雪道路上奋力前行的人。

命运沉浮,逆水行舟

——维克多·安

他是冬奥会"六金王",曾因国内派系斗争"背井离乡",从韩国到俄罗斯再到中国,从安贤洙到维克多·安,所有的努力和折腾,都不过是为了给自己所热爱的短道速滑寻找一个最干净的环境。

天才逆风成长

安贤洙于 1985 年出生在韩国首尔。利勒哈默尔冬奥会期间,刚接触滑冰不久的他在电视机旁观看了短道速滑的全部比赛,尤其是看到韩国选手蔡智勋为国争光的画面时,安贤洙心中燃起一团难以抑制的对短道的爱火。纯粹的热爱加之年复一年的训练,使得安贤洙在 2002 年 1 月举行的世界青年短道速滑锦标赛上一举获得 1000 米、1500 米和 5000 米接力 3 项冠军,而这场比赛也彻底改变了他的命运。看台上,时任韩国短道速滑队主教练全明奎(前韩国冰上联盟副会长)关注到安贤洙的表现后,当即决定用他代替另一名受伤的国家队队员参加1个月后举行的盐湖城冬奥会。跳过所有程序从青年队直接跃升至国家队,这样的做法虽然是出于为国拿牌的好心,但也给安贤洙招来了非议,更开启了他被队友排挤的运动生涯。不幸的安贤洙在职业生涯之初就被卷进短道队的内部纷争,屡遭打压的同时他却能做到成绩飞跃式进步,背后的艰辛和历经的折磨令人难以想象。

经过盐湖城冬奥会和同年世锦赛的历练,短道速滑正式进入了"安贤洙时代"。他在2003—2006年间连续4次获得世界冠军,又拿到2003—2004赛季和2005—2006赛季2次世界杯总冠军,甚至在2003—2004赛季短道速滑世界杯北京站上将3000米世界纪录提高了将近6秒。2006年2月,在都灵帕拉维拉体育馆,冬奥赛场上的安贤洙不仅一鼓作气斩获1000米、1500米、5000米接力金牌,还以1分26秒739的成绩创造了1000米的奥运纪录,与陈善有并肩成为当届冬奥会上获得3枚金牌的韩国短道速滑选手,连同500米比赛的铜牌,他一人就贡献了韩国奖牌收获的三分之一强,一代领军人物就此诞生。2007年米兰世锦赛中,安贤洙在1000米和5000米接力赛中先后夺冠,凭借这2场胜利,他成为世界短道速滑历史上第一位"五连冠"。

从安贤洙到维克多·安

2008年1月,正为新一届国家队选拔做准备的安贤洙在训练中发生意外,导致左膝盖骨骨折,后十字韧带挫伤。重要关口的受伤让他无缘国家队,同时失去了蝉联第六个世界冠军的机会。

经过前后 8 个月的 3 次手术，安贤洙终于可以正常行走，此时应进行康复训练的他急需得到大韩冰上联盟的帮助，但由于受伤并非在国家队比赛期间发生，安贤洙无法得到国家资助，这顿使他有了被国家抛弃的感觉。现役奥运冠军且正值职业巅峰的选手得不到好的康复治疗，这在中国是难以想象的，不缺短道速滑人才的韩国的如此做法难说不会造成人才的流失。没办法，安贤洙只能全自费做康复训练，并通过朋友的帮助前往俄罗斯治疗，由此与后者结下了缘分。

2009 年 4 月，伤后的安贤洙重返赛场，通过一系列比赛积分拿到国家队选拔赛第七名的成绩，而这个成绩却不足以获得冬奥会入场券。温哥华冬奥会结束不久，韩国国家队选拔标准出现了变化，一批柔韧性好、有体力的年轻选手脱颖而出，不少比赛经验丰富、对抗好的老队员却因此被淘汰，安贤洙恰在后者之列。屋漏偏逢连夜雨，2010 年 9 月，他所在的城南市冰上俱乐部因财政问题难以为继而解体，安贤洙由此失去了训练的地方，而韩国冰上联盟背后的处处阻挠导致没有任何一所新的俱乐部愿意接纳他，安贤洙的境遇一度落到谷底。

所幸 2011 年 1 月，俄罗斯冰联向他发来归化邀请，承诺给予冬奥直通车名额并提供一切便于训练的条件。但仍心系祖国的安贤洙并没有答应，他还是想身披太极旗出征，然而在 3 个月后的国家队选拔中他以一名之差再次落选。随着代表韩国作战的梦想破灭，对冬奥会魂牵梦萦的安贤洙登上了飞往俄罗斯的航班。2011 年末，时任俄罗斯总统梅德韦杰夫签署总统令，给予安贤洙俄罗斯国籍，安贤洙正式改名为维克多·安，这位冰上天才终于可以在纯粹的环境中专注地练习了。

新的身份，新的辉煌

俄罗斯为安贤洙提供了梦寐以求的训练条件，他甚至拥有了自己的专属团队。而他的到来，对短道"跛足"的俄罗斯来说也可谓"久旱逢甘霖"，时任俄罗斯冰上联盟主席拍着维克多·安的肩膀说，只要让冬奥短道速滑决赛场上出现俄罗斯人的身影就好，而都灵"三冠王"的能力又何止于此。2012—2013 赛季短道速滑世界杯卡尔加里站上，他赢得了自四年前受伤以来的首枚国际大赛金牌，并以 2013—2014 赛季世界杯排名第二和欧锦赛 4 金的优异成绩度过了奥运准备期。

2014 年 2 月，安贤洙在索契冬奥会的首战 1500 米比赛中获得铜牌，为俄罗斯实现了短道速滑奖牌"零的突破"。随后，他与队友弗拉基米尔·格里格列夫分获 1000 米冠亚军，俄罗斯短道金牌就此"破冰"。接下来，安贤洙又登上 500 米小项最高领奖台，这使他的冬奥奖牌累积到 7 枚，金牌涨至 5 枚，凭借这枚金牌，他也成为第一位集齐短道速滑全部 4 项冬奥金牌的运动员。加之 5000 米接力的收官金牌，"三冠王"的奇迹再次上演，而 6 金战绩也让安贤洙晋级为史上拥有最多冬奥金牌的短道速滑选手。普京总统两发贺电，祝贺他作为俄罗斯人实现了奥运梦想。戏剧性的是，韩国队在这届比赛上的表现却是"一摔再摔"，愤怒的韩国民众开始寻找逼走安贤洙这位冰坛巨星的罪魁祸首，甚至时任韩国总统朴槿惠都不得不下令调查此事。韩国短道速滑队内的派系斗争很复杂，而安贤洙很纯粹，作为一名运动员，他只是想参加冬奥会。

索契冬奥会后，安贤洙在同年的蒙特利尔世锦赛上，凭借

1000 米金牌和 3000 米铜牌的成绩，再创造了一项新纪录——短道速滑历史上唯一一位六获世界冠军头衔的运动员，这一次更是他继 2006 年和 2007 年世锦赛后，第三次荣膺全能冠军之誉。随后的几年，他又在世锦赛和欧锦赛上为俄罗斯赢得 10 余枚奖牌。

从赛道上，到冰场边

2020 年退役后的安贤洙接受老朋友王濛的邀请，出任中国短道速滑国家队技术教练，与主教练金善泰一起，带领中国短道速滑国家队在北京冬奥会上取得 2 金 1 银 1 铜的好成绩。期间，短道速滑首金产生后，一张名为"人类的悲喜并不相通"的照片在中、韩网络上迅速走红，照片中安贤洙因自己执教的中国队表现甚好而喜上眉梢，旁边的韩国队教练则因自家选手摔出赛道而面如死灰。部分网友或许会刻意解读这一画面，但此时他的高兴无关国别，这是全心执教终开花结果的欣慰，也是作为前短道速滑运动员对这项运动爱的果实，就像裁判眼中只有运动员的号码牌一样，对安贤洙来说，自己的队员取得佳绩就是最让他开心的事。北京冬奥会结束后，他拒绝了下一冬奥周期的教练职位邀请，返回韩国与家人团聚。

两个名字，一代传奇，安贤洙曾和王濛一样，塑造了属于他那个时代的辉煌。作为短道速滑场上的顶级高手，他却无法完全主宰自己命运的轨迹，多番辗转，做孤独的斗士，所求不过是一片冰心，在他心中运动本就是圣洁纯粹的。

维克多·安冬奥会成绩一览表

年份	年龄	500 米	1000 米	1500 米	5000 米接力
2002	16	未参赛	4	13	取消成绩
2006	20	铜牌	金牌	金牌	金牌
2014	28	金牌	金牌	铜牌	金牌

单板滑雪巨星

——肖恩·怀特

他是冬奥会单板滑雪唯一一位"三冠王",也是史上第一个在夏季和冬季世界极限运动会都参加比赛并获得奖牌的选手,还是单板职业运动员商业化第一人,他就是肖恩·怀特,被粉丝们称为"飞翔的番茄""单板滑雪界的乔丹""单板滑雪之王"。

天才少年

肖恩于1986年出生在滑板运动的故乡——美国加州,尽管因被诊断有先天性心脏缺陷,而在1岁时不得不接受两次重大心脏手术,但术后痊愈的肖恩很快便展现出在单板滑雪方面的过人天赋,从4岁上雪到6岁主攻单板,小小年纪的肖恩已难觅同龄对手,第一次参加业余比赛就得到了世界顶级单板滑雪品牌波顿(BURTON)的赞助。13岁时,肖恩·怀特在少年组滑雪比赛中冠军拿到手软并选择成为职业选手。2 年后，即在欧克利极地挑战赛中取得了职业生涯第一个冠军。世界滑板头号人物托尼·霍克曾说："一般人玩的技巧，他可以在五倍之上的高空完成。"

肖恩·怀特的"开挂"之路始于 2003 年，不满 17 岁的他轻取冬季世界极限运动会单板滑雪 U 型场地技巧和坡面障碍技巧冠军，至 2006 年都灵冬奥会开幕前，已经拿遍了除冬奥金牌之外的单板滑雪所有世界冠军。或许是首次参加冬奥会过于兴奋，在都灵 U 型场地技巧赛场上的肖恩差点惨遭滑铁卢，首轮即因落地失误面临淘汰。随后现场 DJ 按他要求，将背景音乐换成其最爱的重金属歌曲，伴随着熟悉的旋律，肖恩在空中翻腾跃动，尽情展示自我，连续两轮拿到高分，毫无悬念地将人生第一枚冬奥金牌纳入囊中。随着在单板滑雪领域崭露头角，更多人注意到了这个有着红色长发和惊人技巧的男孩，并亲切地称他为"飞翔的番茄"。

"三冠王"诞生

到了 2010 年温哥华冬奥会，24 岁的肖恩·怀特技术已臻化境，在最后一轮出场前就将金牌牢牢锁定。不过，极限在肖恩的世界里，从来不是禁锢的边界，而是打破的目标，他决定表演从未公开展示过的 double McTwist 1260。伴随完美落地，他成为史上第一个在国际大赛中使用该动作的运动员，这一跳也被视为温哥华冬奥会最经典的一幕。

2014 年索契冬奥会对肖恩·怀特来说意义非凡，观众都在期待他成为冬奥历史上首个单板滑雪"三冠王"。然而，比赛中的肖恩完全不在状态，屡次失误，最终仅位列第四，之后的两年甚至一度淡出了竞技赛场。正当人们以为一代传奇就要彻底告别职业赛场时,肖恩·怀特突然强势回归——在 2017—2018 赛季国际雪联 U 型场地技巧世界杯美国斯诺马斯站中,以满分的绝对优势夺冠,同时拿到了平昌冬奥会的入场券。

2018 年平昌冬奥会进行到决赛最后一刻时,场上形势对肖恩·怀特来说非常严峻,他必须超过日本选手平野步梦的 95.25 分才有机会问鼎。短暂的放空排压后,肖恩选择了曾险些因之丧命的动作 back-to-back 1440s,无论是腾空高度还是落地姿态都无懈可击,最终以 97.75 分的超高分绝杀夺冠,31 岁的单板滑雪之王就此重新站上冬奥之巅,俯瞰众生。

谢幕之战

时间转到北京冬奥会,临近 36 岁的肖恩已是 U 型场地技巧项目中年纪最大的运动员,对手全是从小把他当作偶像的年轻后辈,持续伤病的身体似乎也在提醒他:该说再见了。

2022 年 2 月 11 日,单板滑雪男子 U 型场地技巧决赛在云顶滑雪公园举行,第九位出场的肖恩·怀特在第一轮比赛中发挥稳定,拿到 72 分,位居第四。第二轮他秀出更高难度动作,以 85 分继续保持第四。随后的比赛中,因完成 double cork 1440 下落时滑雪板中部撞到了 U 型池边缘,肖恩落地时近乎摔倒,这个严重失误意味着他的最终成绩定格在 85 分,无缘领奖台。

虽然与奖牌失之交臂,但当肖恩摘下头盔,露出他那标志性的红发时,现场瞬间爆发出热烈且持久的掌声与欢呼,大家一致地选择用这样的方式向单板滑雪之王致敬,因为所有人都清楚,无论肖恩谢幕之战的成绩如何,都丝毫不会影响其在世界单板滑雪界的地位，他是一代单板滑雪爱好者心中永远的神。

传奇永不落幕

肖恩·怀特之所以是公认的最伟大单板滑雪运动员之一，不仅是因无人能及的竞技成绩——除了冬奥"三冠王"，其还在世界极限运动会中创造了 15 金 5 银 3 铜的成绩，其中单板滑雪项目为 13 金 3 银 2 铜，滑板项目为 2 金 2 银 1 铜，是史上第一个在夏季和冬季极限运动会都参加比赛并获得奖牌的运动员，更在于他凭一己之力推动了该运动的商业化运营，并用亲身经历为职业单板滑雪运动员书写了一部商业价值变现范本。

2006、2010 年冬奥会的夺冠为肖恩·怀特带来了巨大的曝光量，赛后赞助商蜂拥而至，与之签约合作的知名品牌涉及服装、百货、房地产、体育用品等多个领域。红牛、GoPro 都曾花重金为他修建专属训练场以备战冬奥会，顶级单板滑雪品牌波顿更是从他 7 岁起就签下赞助合同至今——不少人将这个合作比作耐克与乔丹。此外，肖恩·怀特还与户外运动品牌欧克利（OAKLEY）合作推出签名款产品、为美国知名连锁百货公司塔吉特（TARGET）设计了联名系列服装、与育碧娱乐软件公司合作推出了多款以肖恩·怀特命名的滑雪游戏。在 2011 年美国《商业周刊》选出的最具影响力和最具市场价值 100 名运动员中，肖恩·怀特排名第二。除了吸引赞助商之外，肖恩·怀特热衷于创办和投资体育类企业。例如，他与波顿合作创建了自己的滑雪用品系列"The White Collection"，并入股猛犸象山、雪峰和大熊山等美国加州著名滑雪场。2014 年，肖恩·怀特成为国际单板滑雪运动顶级赛事沸雪的大股东，2019 年还曾以赛事老板的身份来到北京为沸雪单板滑雪大跳台世界杯站台。在 2022 年北京冬奥会谢幕之战中，肖恩·怀特的滑板上印着醒目的"White Space"字样，这是他最新创立的个人滑雪板品牌。

30 多年前，医生曾断言肖恩·怀特活不过 20 岁。可他从未向命运低头，即便 2004 年右膝手术、2006 年右脚踝骨裂、2009 年和 2012 年左脚踝骨折、2012 年左膝盖手术、2013 年双脚踝骨裂、2017 年面部缝合 62 针也未过多停歇，屡屡逆风飞扬后终成一代传奇：作为单板滑雪运动员，肖恩·怀特的成绩前无古人；作为顶级赛事股东、品牌主理人以及乐队创始人——他创建的乐队曾在各地巡演并与华纳兄弟签约发售专辑，肖恩·怀特的故事远未结束。

后　记

2002年冬,地处北京密云的南山滑雪场"开板"不久,正在读研的我因缘际会到此一游。靠着年轻胆大,第一次上雪不到半小时便冲至中级道而乐此不疲,就这样与冰雪运动结了缘。现在回想起来,彼时北京的雪场不仅屈指可数,还常门可罗雀,对大部分人而言,滑雪绝对是小众运动中的小众。即便是滑冰,也难比肩如今的飞盘、陆冲甚至腰旗橄榄球。因此,在那个时期,不要说举办一届冬奥会,不少人甚至都不知奥运会还有冬夏之别。

2022年初,受《经济日报》的邀约,我在北京冬奥会赛时阶段开设了"说场馆谈运动"专栏,重点对单板滑雪、高山滑雪、跳台滑雪、速度滑冰、短道速滑等项目进行趣味科普。虽然前前后后只写了十篇,每篇体量也相对有限,但刊出后反响的热烈程度着实超出预期,这也让我更加确认,此时的冰雪运动已经真正进入了寻常百姓家,人们是希望进一步了解它、体验它和享受它的。于是,搞一本书的想法越来越强烈,并在北京冬奥会收官之夜即付之行动。

为了赶在2022—2023年雪季结束前——北京冬奥会一周年和冬季奥林匹克运动会第一百年两个重要时点交汇期——上市发行,我与郭雨鑫、杨心仪两位年轻的冰雪运动达人并肩作战,前者负责赛会篇和国家篇的大部分初稿,后者承担项目篇、人物篇以及少量赛会篇的初稿,历时9个月,一天不休,经过数轮修改完善,终于定稿。不提期间的苦乐欢笑,在这里,仅由衷感谢挚友吴浩,生活·读书·新知三联书店总编辑尹涛、副总编辑叶彤的鼎力支持,特别感谢成华、王婧娅两位编辑老师的超高效率和品味创意,并对在写作和出版过程中给予不同形式帮助的各位朋友真心说一声谢谢。

疫情终将过去,胜利必将到来!让我们共同迎接后冬奥时代的第一个冰雪季!

白宇飞

2022 年 12 月 1 日